Thomas Feibel
Die Internet-Generation

THOMAS FEIBEL

DIE INTERNET-GENERATION

WIE WIR VON UNSEREN COMPUTERN GEFRESSEN WERDEN

LANGEN MÜLLER

Besuchen Sie uns im Internet unter:
http://www.herbig.net

Lektorat: Harro Schweizer
Schutzumschlaggestaltung: Wolfgang Heinzel
Umschlagmotiv: Felix Weinold, Schwabmünchen
Herstellung und Layout: Prill Partners/producing, Berlin
Druck und Verarbeitung: Westermann Druck, Zwickau
Printed in Germany
ISBN 3-7844-2785-5

»Eine stillstehende Uhr hat doch täglich zweimal richtig gezeigt und darf nach Jahren auf eine lange Reihe von Erfolgen zurückblicken.«

Marie von Ebner-Eschenbach

»Viagra for brain.«

Schauspieler Paul Newman in *Vanity Fair*
auf die Frage, was er sich noch wünsche

»Dann muss die Maus also immer auf dem Mauspad sein? Das ist nicht wie bei einer Fernbedienung?«

Oprah Winfrey in ihrer Talkshow
zu einem Computerlehrer

INHALT

13 **ZU DEUTSCH FÜRS INTERNET**

15 **Warte, warte nur ein Weilchen**
15 Ein Maschinenpferd in Mannheim
16 Mobilität ist alles
17 Geschichte einer Hass-Liebe
19 Die lahme Revolution
21 Wer ist tot?
22 **Der kalte Krieg ist noch nicht vorüber**
22 Fünf gute Gründe, warum die Deutschen den Computer nicht mögen
27 **Ins Internet. Wozu denn?**
27 Im Westen nichts Neues
29 Dumm surft gut?
30 Fünf gute Gründe, warum die Deutschen das Internet nicht mögen
32 Microsoft-Produkte sind fertig. Sie haben Fehler – Ein Gespräch mit Kurt Sibold

35 **VON WEGEN TECHNOLOGIEFEINDLICH**

37 **Vorsprung durch Dampftechnik**
37 Tüftler am Werk
38 Ein Herz für Schwachsinn
40 **Den Spieltrieb füttern**
41 Ins Netz gegangen
41 Das Internet als kreuzgemütlicher Ganztagszeitvertreib
42 Die Deutschen sind drin
44 Das Internet löst das Herrentäschchen ab
45 Männer und ihr Spielzeug
48 Der Deutsche beißt sich durch – Ein Gespräch mit Sten Nadolny

50 **Wo bleibt die Kritik?**
50 Ja, aber funktioniert das auch alles?
50 Schöne neue Welt, du klemmst
53 Wo bleiben die Denker? –
Ein Gespräch mit Joseph Weizenbaum

57 **KÖNNEN WIR NICHT EINFACH NUR GUTE FREUNDE SEIN?**

59 **Warum Eltern ihre Kinder nicht mehr verstehen**
59 Punkt sieben
59 Eltern, die Beta-Version
61 Alles super
64 Keine Zeit, keine Zeit
68 **Die große Sprachlosigkeit**
68 Eltern interessieren sich nicht dafür,
was ihre Kinder am Computer machen –
Ein Gespräch mit Jan-Uwe Rogge
73 Kleiner historischer Abriss über »Kinder und Computer«
75 Lust auf Doppelmoral?
77 Zwischen Nest und Internet –
Ein Gespräch mit Gabi Mankau
82 **Das Glück an der Kasse**
82 Ich kaufe, also bin ich
83 Beim Einkaufen nur gespart
83 Die Upgrade-Gesellschaft
85 Shoppen als kultureller Wert
86 Ich bin nicht okay, du bist nicht okay
86 Her mit dem Taschengeld

89 **TSCHÜSS, JUGENDKULTUR!**

91 **Auf der Suche nach der verlorenen Jugend**
91 Ein Fall für den Spezialisten
91 Alle, die gegen Deospray sind, sollen aufstehen
93 No more heroes

99 Ich war ein glühend aggressiver Mensch –
Ein Gespräch mit Wolfgang Bergmann
107 **Die jungen Köter-Kunden**
107 Zahnkids
109 Kinder durchs Mikroskop gesehen
112 Wie sich Marken online blamieren

115 **DENN SIE WISSEN, WAS SIE TUN**

117 **Lasst Zahlen sprechen**
117 Ein Kommunikations-Zeitalter wird besichtigt
119 **Die Umfragen**
119 Einfluss
121 Surfgewohnheiten
125 Interessen
139 Selbstdarstellung
141 Kommerz
147 Werbung für alle und überall

149 **SEXYBIENCHEN KNUDDELT LANG-SCHWANZ 0787**

151 **Der magische Knochen**
151 Unter Paläontologen
151 Noch mal in Zahlen
153 50 Millionen Handys, und warum sie so beliebt sind
159 Kommunikation geht über Gesundheit
161 **Des Wahnsinns dicke Daumen**
161 Piep, piep, piep
162 SMS-Konsum in Zahlen
164 **Lust und Last mit elektronischer Post**
164 Betroffen über das Geschehene
164 E-Mail für Ungeschickte
166 Wie selbstverständlich sind E-Mails?
168 E-Mail nervt
169 Attachments sind unwürdig –
Ein Gespräch mit Sten Nadolny

171 Jugend und E-Mail
172 **Fremde Welt des Chat**
172 Sei du mein Schatzimausi!
173 Sag mir erst, wie alt du bist
174 Der Zorro-Effekt
177 Chatsüchtig? Du weißt aber auch gar nichts – Ein Gespräch mit Marlene, 15 Jahre alt
183 Verändert der Chat das Gewissen? – Ein Gespräch mit Bernd Schorb

189 **DER DIGITALE ANALPHABETISMUS**

191 **Lesen und Sterben im Internet-Zeitalter**
191 Wer wen das Fürchten lehrt
192 Die fleischfressende Pflanze
193 How to schlepp a book
195 Batterien nicht inbegriffen
196 Klagen ohne zu leiden
197 Lesestrategie
199 Endstation Lesen – Ein Gespräch mit Klaus Ring
203 **Portal Combat**
203 Wieviel Nachrichten braucht der Mensch?
207 Wollen Sie 0,5 KB mehr wissen?
211 Welches Wort ist hier das deutsche?
212 Einmal mehr, bitte – Ein Gespräch mit Dieter E. Zimmer
215 Suchen ja, aber finden?
216 Jens Reich: Wie ich mein Wissen finde
217 Dummheit, die von innen kommt
220 Software statt Wissen
221 **Trau schlau wem**
221 Schön und klug
221 Der feine Unterschied zwischen Information und Wissen
223 Wissen macht reich
225 Die Information bin ich
226 Fernsehen klärt alles

227 Was Moderatoren wissen
228 Fernsehen ist die schnellste Form des Aufstiegs – Ein Gespräch mit Ulrich Norsch
230 Ohne mich
235 **Internet versus Media**
235 Fernsehen, das Medium Nummer 1
235 Wie viel Fernsehen verträgt der Mensch?
237 Sind die Zuschauer doof?
239 Immer weniger Fernsehen durch Internet?
240 Immer mehr Wissen in immer kleinere Köpfe

243 **BLÖD WIE SCHULE**

245 **Wie die Deutschen den Respekt vor dem Lehrer verloren**
245 Einer ist immer der Dumme
246 Die Lehrer in unseren Köpfen
247 Ansehen? Welches Ansehen?
252 Der Schüler ist schuld
253 Anwalt Liebling
256 Mitbestimmung für Eltern. Der Staat kann nicht alles leisten – Ein Gespräch mit Elke Picker
258 Das Ende der Dinosaurier
261 Je mehr Computer in der Schule, desto größer die Probleme – Ein Gespräch mit Kurt Sibold
263 Tagesthemen in der Schule
265 Es besteht erheblicher Nachholbedarf – Ein Gespräch mit Jens Reich
268 **Letzter Ausgang Computer**
268 Wie die Schule die DDR ablöste
271 Gerontologisches von der Front
273 Der McGyver-Effekt
274 Wer weiß mehr?
276 Wenn das Internet die Hausaufgaben macht
279 Fort wie Fortbildung
281 Was machen eigentlich die Medienpädagogen?
283 Was der CD-ROM-Markt zu bieten hat

285 Was kann Lernsoftware?
288 Schlechte Zensuren zerstören die Zukunft des Kindes – Ein Gespräch mit Wolfgang Bergmann
293 **Wenn die Wirtschaft erklärt, wie Schule geht**
293 Finger zeigen
295 Die geöffneten Töpfe
297 Gut, dass hier ein Kaffee steht
298 Hilf, Industrie, hilf!
300 Die Bundespost war der private Osten des Westens
300 Neues Image
303 Richard Roy (Microsoft) gibt im Netz Selbstauskunft
306 Geht es auch dreister?
308 Und was ist dann passiert?
309 Nach der Schule kommt der Job. Tübingen allein ist zu wenig – Ein Gespräch mit Klaus Mangold

317 **LINKS GIBT ES NUR NOCH IM INTERNET**

319 **Regieren geht über studieren**
319 Übung macht den Bürgermeister
320 Wählen ja, bloß wen?
324 Rettet die Wahlen
325 Politik als Showgeschäft
327 Stell dir vor, es wäre Internetwahl und keiner geht hin
329 Die Verlierer der Vernetzung – Ein Gespräch mit Peter Glotz
337 Ein Staat speckt ab
338 Alles für die Jugend
341 Sendezeiten für das Internet?
345 Mit Tralala zum Wahlerfolg – Ein Gespräch mit Norbert Blüm

357 **EPILOG: Die wunderbare Qualität der Dinge**

366 Dank
367 Register

KAPITEL 1

ZU DEUTSCH FÜRS INTERNET

Warum Deutschland schon immer
zur Technik ein gespaltenes Verhältnis besitzt,
die Deutschen heute den offiziellen Rang
eines Technologiemuffels bekleiden,
den Computer nicht mögen und Microsoft
dennoch keinen Fehler macht

»Immer Neues will man han,
ist man auch beim Alten besser dran.«

Altes deutsches Sprichwort

WARTE, WARTE NUR EIN WEILCHEN

Ein Maschinenpferd in Mannheim

Am 12. Juni 1817 bricht in Mannheim der badische Forstmeister Karl Freiherr Drais von Sauerborn auf einem aus Holz gebauten Gefährt in das benachbarte Schwetzingen auf. Die Apparatur sieht nicht sehr bequem aus. Sie bietet eine Sitzmöglichkeit und eine Lenkstange. Halb steht der Freiherr, halb sitzt er auf dem Laufrad und stößt sich mit den Füßen ab, um von der Stelle zu kommen. Er bringt es auf beachtliche 14 Stundenkilometer. Doch die große Aufmerksamkeit verdankt Drais nicht nur dem »hölzernen Maschinenpferd«, sondern auch seiner Garderobe. Er trägt an jenem Tage ein mit Spitzen besetztes Hemd, dazu einen grünen Zylinder, einen grünen Frack und eine grüne Hose. Hin und wieder versucht er, mit seinem Spazierstock sich die Hunde vom Leib zu halten, die ihn laut kläffend verfolgen. Obwohl er für die gesamte Strecke nur eine Stunde braucht und die Postkutsche ganze vier, lachen ihn Mannheims Bürger aus. Der Spott begleitet ihn bis zu seinem Tod 1851. Noch heute steht ein Nachfolgemodell dieses Gefährts im Mannheimer Reißmuseum. Aus der Laufmaschine gehen später zwei andere wichtige Erfindungen hervor: Die Draisine, die mit und ohne Motor auf Schienen ihren Einsatz findet, und – das Fahrrad.

Gleich aus doppeltem Grund (Kleidung, Fahrrad) könnten sich die Grünen dem Freiherrn verbunden fühlen. Den Grünen wiederum haftet immer noch der Ruf an, technologischen Dingen gegenüber eher unaufgeschlossen zu reagieren. Möglicherweise zu unrecht. Schließlich übertrugen die Grünen kürzlich einen ihrer Parteitage im Internet. Nur erinnert sich niemand daran. Unvergesslich dagegen bleibt das schmerzverzerrte Lächeln des führerscheinlosen Umweltministers Jürgen Trittin, als der sich auf der Internationalen Automobil-Ausstellung umständlich aus einem Wagen schälte.

Mobilität ist alles

Geben wir es einfach zu, dann ist es leichter:

Wir Deutschen sind latent technologiefeindlich.

Wir tun uns schwer. Zumindest zu Beginn beinahe jeder neuen technologischen Errungenschaft. Zur Erinnerung: Als die Eisenbahn eingeführt wurde, hieß es seinerzeit, die Geschwindigkeit schade der Gesundheit der Passagiere. Sie führe sogar zu deren Tod, da das menschliche Auge nicht so viele Eindrücke verarbeiten könne. Und in den ersten Tagen des Automobils sah es das Gesetz sogar vor, dass ein Mensch vor dem Gefährt herlaufen musste, um mit einer roten Flagge Fußgänger, Radfahrer und Hunde, Schafe, Schweine und Pferde von der Fahrbahn zu scheuchen. Die festgelegte Höchstgeschwindigkeit betrug damals ganze sieben Stundenkilometer, die entsprechende juristische Vorlage ging auf die Zeit der Dampfkraftwagen zurück.

Die Kette der Vorbehalte ist so endlos wie die Anzahl der Erfindungen, die Einfluss auf das alltägliche Leben nahmen. Etwa beim Grammophon, beim Telefon, beim Radio, beim Lichtspieltheater, beim Fernsehen, bei der Compact Disc, beim knatternden Faxgerät oder dem Handy.

Auf neue Entwicklungen reagieren die Deutschen zunächst zaudernd und warten erst einmal ab. Was als nachvollziehbare Bangigkeit beginnt, wächst sich dabei zu einem Strauß hysterischer Ängste aus.

Angst, dass uns die Technik über den Kopf wächst.
Angst, die Kontrolle zu verlieren.
Angst, sich wieder einmal umstellen zu müssen.
Angst, dass die bereits fest in unserem Leben etablierten Dinge ihren bisherigen Wert verlieren.
Und natürlich die Angst, sich unsterblich zu blamieren.

Über neue Erfindungen wissen wir oft nichts Genaues und fürchten alles. Am Besten illustriert dies die Debatte in den Medien über die Genforschung. Die meisten Zeitungen setzen auf Angst, wie die *Bild*-Zeitung etwa: »Sekte klont Menschen in der Eizelle einer Kuh.« Überall plappern wir munter mit. Über den italienischen Arzt, der Menschen klonen will, oder den genetischen Fingerabdruck. Dabei bleibt uns der genaue Vorgang des Klonens ebenso verborgen wie die tiefere Bedeutung des entschlüsselten Genoms an sich, und kaum jemand weiß, wie der genetische Fingerabdruck eigentlich aussieht. Macht nichts, wir haben zu allem eine Meinung, aber keine Ahnung. Wer es nett mit den Deutschen meint, nennt sie ein Volk von Kulturpessimisten. Dazu besitzen wir aber, pardon, einfach zu wenig Substanz.

Im Zweifelsfall immer gegen den Wandel. Tagesthemen-Chef Ulrich Wickert macht für die ablehnende Haltung der Deutschen jüngere historische Bezüge verantwortlich: »Wir haben diese Technologiefeindlichkeit bei uns aufgebaut. Sie ist eine Reaktion auf das geschichtliche Phänomen des Dritten Reichs«, erklärt er im Gespräch. »Damals wurden in der Waffentechnologie sehr fortschrittliche Raketen gebaut. Hinterher kam die große Ablehnung. Und heute gibt es eine Bewegung gegen den Transrapid, den Airbus und die gesamte Weltraumforschung.«

Vor allem aber mögen wir Deutschen den Computer nicht.

Geschichte einer Hass-Liebe

Tief greift der Computer in unser Leben ein und treibt uns regelmäßig zum Wahnsinn. Besonders in seinen zahlreichen Verkleidungen. Ortsfremde werden in den U-Bahn-Stationen von Frankfurt oder München niemals nachvollziehen können, hinter welchem Zahlencode sich die ganz gewöhnliche Stadtfahrt verbirgt. Für die Fahrt von Stuttgart nach Göppingen (Preis: 6,80 Mark) erklärt der DB-Automat: »Es werden fünf Belege gedruckt.« In allen modernen Hotels schieben Gäste in unterschiedlichen Tempi die Magnetstreifenkarte durch den Schlitz ihrer Zimmertüren, die sich nicht öffnen. Wer fühlte sich noch nicht von neuen Flaschenrücknahmeautomaten in den Supermärkten verhöhnt? Sie ziehen die Flaschen ein, verschlingen ganze Wasserkästen, bleiben aber immer wieder den Pfandzettel schuldig. Viele Automaten an den Flughäfen wollen nach dem Einschieben der Kreditkarte das E-Ticket einfach nicht ausspucken.

All diese Erlebnisse kratzen empfindlich am Selbstwertgefühl der Volksseele.

Heute steht der Computer in jedem Büro, in jeder Bibliothek, in jeder Universität und beinahe schon in jeder Schulklasse. Der Computer steckt in den Medien drin und kommt auch nachrichtenkonform wieder heraus: Heutzutage schafft es ein bösartiger Computervirus wie »I Love You« sogar bis in die *Tagesschau*.

Wie stark allerdings der PC in die privaten Haushalte eingezogen ist, zeigt eine Studie, die das Institut der deutschen Wirtschaft in Köln (IW) im Juli 2000 veröffentlichte.

PC-Verbreitung

Rang	Land	PC-Verbreitung pro 100000 Einwohner
1.	Luxemburg	73160
2.	USA	45860
3.	Singapur	45840
4.	Schweiz	42180
5.	Australien	41160
6.	Dänemark	37740
7.	Norwegen	37340
8.	Schweden	36140
9.	Finnland	34920
10.	Kanada	33000
11.	Island	32610
12.	Niederlande	31600
13.	Deutschland	30470

Quelle: Institut der deutschen Wirtschaft, Juli 2000

Ergebnis: Als eine der führenden Wirtschaftsnationen hinkt Deutschland eklatant hinterher. Die Deutschen rangieren in der privaten Nutzung weltweit an 13. Stelle. Aber sie holen auf.

Die lahme Revolution

In Deutschland hatte niemand ernsthaft mit der Verbreitung des Computers als Massenmedium gerechnet. Schließlich färbte noch vor zehn Jahren der PC alle eingegebenen Worte in ein tiefes Grün oder Orange und dümpelte in den meisten Büros als bessere Schreibmaschine vor sich hin. In der Wissenschaft wurden die Möglichkeiten weitaus effizienter genutzt. Der gewöhnliche junge Mensch kam erst mit dem Rechner in Berührung, wenn er seine Diplomarbeit damit schreiben wollte. Die freiwillige Tätigkeit am Computer schien allein Sonderlingen vorbehalten zu sein. Nur wer schwere Akne hatte, wurde damals Informatiker. Es herrschte jene betrübliche Zeit, als ein simpler Bildschirmschoner für den Unterhaltungswert am PC zuständig war. Besonders die bekannten »fliegenden Toaster« hatten es den Nutzern angetan und eroberten im Sturm sämtliche Büroetagen. Silber-Toaster im schönsten Design flatterten nun auf allen Bildschirmen hektisch mit Engelsflügeln vorüber, wobei sich selbst die Farbe des Toasts in verschiedenen Bräunungsstufen einstellen ließ.

Es waren vor allem Computerspiele, die zur Verbreitung des Computers als Massenmedium beigetragen haben. Genau jenes Genre, das bis in die tiefsten pädagogischen Kreise hinein verpönt ist. Noch heute scheinen allein Computerspiele die Verantwortung dafür zu tragen, wenn Schüler durch extremes, gewalttätiges Verhalten Aufmerksamkeit auf sich ziehen.

Jedes Mal, wenn ein Schüler für ein Massaker verantwortlich ist, zeigen ARD, ZDF, RTL und SAT.1 unisono den gleichen Ausschnitt eines veralteten Ballerspiels und lassen dabei aus dem Off verlauten, dass im »Umfeld des Jungen auch viele Gewaltspiele« gefunden wurden. Kein Wort über den Vater, der Schusswaffen sammelt.

Mochten die ersten Computerspiele noch banal aussehen, wurden sie Anfang der neunziger Jahre immer anspruchsvoller, und ihre Umsetzung verschlang bald schon Millionenbudgets. Jedes Detail musste immer realistischer und perfekter werden.

Zu fast jedem Kinofilm gab es ein passendes Spiel. So mancher abgehalfterte Star, der in Hollywood keinen Fuß mehr in die Türe bekam, erhielt eine kleine Rolle für die Spielfilmsequenzen eines Computerspiels. Nicht zuletzt trieben diese Spiele die technischen Voraussetzungen immer fleißiger voran. Diese Endlosschraube dreht sich bis heute. Auch ein Grund, warum Firmen wie *Intel* immer wieder gerne den Spieleentwicklern unter die Arme greifen.

Computerspiele ebneten nicht nur den Weg für Computer, sondern auch für Software.

1994/95 gab es bereits CD-ROMs mit Sprachkursen, Lernprogrammen und Multimedia-Lexika. Damit nahm der Computer erstmals vor der Internet-Ära die Rolle des Wissensvermittlers ein und gewann in den privaten Haushalten zunehmend an Bedeutung. Aber allein die Markteinführung der CD-ROM 1995/96 in Deutschland war ein Drama. Obwohl diese Multimedia-Scheiben informatives Material in Ton, Film und Schrift anboten, konnte sich das kaum jemand ansehen. Die Computerindustrie schlummerte im Dornröschenschlaf. Ein handelsüblicher Computer besaß nun mal keine entsprechende Ausstattung. CD-ROM-Laufwerk, Boxen und Soundkarte zählten lange Zeit nicht zur Grundausstattung.

Das Schlagwort »Multimedia« machte die Runde, schien aber nur eine Bedeutung zu haben: viel Ärger. Eltern, die ihre Kinder an den Computer lassen wollten, sahen sich mit völlig neuen Problemen (»Stellen Sie die Farben Ihres Computers auf 256 um«) konfrontiert, auf die sie kein Schwangerschaftskurs der Welt vorbereitet hatte.

In den neunziger Jahren sah nur die alternative Holzspielzeug-Fraktion ihre Kinder in Ruhe aufwachsen. Die computerbegeisterten Väter hingegen klebten vom Kleinkindstadium an bis zur Adoleszenz ihres Nachwuchses durchgehend am Telefon, um von den entsprechenden Hotlines Hilfe zu erfahren.

Wer ist tot?

Es herrschte Aufbruchstimmung. Endlich kamen all die jungen Leute zum Zuge, die schon seit geraumer Zeit in den Startlöchern standen. Vor allem Söhne bekannter Väter erhielten Spielgeld in Millionenhöhe. Ganz gleich ob sie nun Holtzbrinck, Burda oder Lahnstein hießen. Keiner von ihnen hat sich in der Multimedia-Branche gehalten. Wer keinen Sohn besaß, adoptierte einen auf dem Arbeitsmarkt. Die deutschen Medienkonzerne stürzten sich vorwiegend auf 20-Jährige mit Pferdeschwanz, steckten sie in schwarze Anzüge, überließen ihnen die digitalen Abteilungen inklusive Millionenbudgets und jagten sie weltweit von Messe zu Messe, wo sie dann ihr Credo verkündeten: »Das Buch ist tot.«

Die Buchbranche ergriff eine veritable Panik, nahm aber alsbald mit großer Genugtuung zur Kenntnis, dass sich das alles verheißende Multimediageschäft mehr als schleppend entwickelte. Zwar päppelte sich der deutsche Softwaremarkt noch hoch, ohne allerdings auch nur annähernd an die Umsätze der Computerspiele-Industrie und vor allem der Buchverlage heranzureichen. Die Fluktuation an 20-Jährigen in schwarzen Anzügen hingegen stieg rapide. Viele wechselten in Internetbereiche und erklärten nun: »Die CD-ROM ist tot, sie ist nur ein Übergangsmedium.«

Der Buchhandel weigerte sich lange, elektronische Medien ins Sortiment aufzunehmen, bis man auch dort feststellte, dass sich damit Geld verdienen lässt. Aber das Ganze war dem Buchhandel zu mühsam.

Heute verkauft sich vom totgesagten Medium Buch mehr denn je. Übrigens: darunter eine nicht ganz unbeachtliche Anzahl an Computerbüchern. Und wir wissen: Das einzige Übergangsmedium sind Milchgesichter in schwarzen Anzügen.

DER KALTE KRIEG IST NOCH NICHT VORÜBER

Fünf gute Gründe, warum die Deutschen den Computer nicht mögen

1. Grund: Die Deutschen sind zu perfekt

Immer wieder wird uns weltweit Perfektionismus bescheinigt. Zu Recht. Wenn die Deutschen tatsächlich mal etwas in Angriff nehmen, dann mit einer unnachahmlichen Gründlichkeit und eiskalter Präzision. Das trug uns immerhin zwei Weltkriege ein. Perfektion wiederum steht mit dem Computer auf knallhartem Konfrontationskurs. Denn der ist alles andere als perfekt. Oder wie es einmal eine Bibliothekarin so treffend ausdrückte: entweder arbeiten oder Computer. Der Rechner macht es auch dem gutmütigsten und nachgiebigsten Perfektionisten schwer. Ein augenfälliges Beispiel: Die Word-Rechtschreibhilfe. Ganz offensichtlich hat sie sich die komplette Verhunzung der deutschen Sprache zum Ziel gesetzt. Der gewöhnliche Perfektionist schaltet sie aus.

Was ist ein Trabsrapid?

Kurze Proben der Word-Rechtschreibehilfe

Tatsächlicher Begriff	Vorschläge von Word
Rollerblades	*Rollerblödes, Rollerbades, Rollerblaues*
Mauspad	*Mauspfad, Mausrad, Mausbad*
Referendariat	*Referendariaht, Referendarrat, Referendartat*
Kanzlerschaft	*Kanzlerschaf, Kanzlerschuft*
Transrapid	*Trapsrapid, Trabsrapid, Trankrapid, Tranksrapid*

Nein, der Computer ist alles andere als perfekt. Und seinen zahlreichen Meldungen (»Schwerer Ausnahmefehler«) ist weder mit gutem Willen noch mit logischem Denken beizukommen. Der Perfektionist ahnt, dass der Computer ein sehr gutes Gerät sein *könnte*. Tatsächlich birgt aber der Rechner einfach zu viele Risiken und ist nun mal nicht sicher. Dennoch kommt der deutsche Perfektionist voll auf seine Kosten: Er fertigt unentwegt Sicherheitskopien an.

2. Grund: Die Deutschen sind zu unflexibel

Wir sind für den Computer nicht gemacht. Punkt. Aus. Fertig. Denn der Computer erfordert ein hohes Maß an Flexibilität, das die Deutschen einfach nicht haben. Das Rad dreht sich beim Computer zu schnell. Den richtigen Zeitpunkt, einen Rechner zu kaufen, gibt es nicht. Schon am nächsten Tag wird das weitaus bessere Nachfolgemodell zum gleichen Preis angeboten. Alle zwei Jahre muss kräftig nachgerüstet werden. Sicher, es lauern an allen Ecken und Enden preiswerte Angebote, aber die haben zu wenig Speicher, zu kleine Festplatten oder eine minderwertige Grafikkarte. Nur besitzen wir nicht so viel Geld, um all das billige Zeug zu kaufen.

Komisch: Jedes Gerät macht Probleme, aber für jedes Problem wiederum muss als Lösung ein neues Gerät herhalten. Wer sich einen neuen tragbaren Computer kauft und bisher auch einen elektronischen Taschenkalender genutzt hat, erlebt eine Überraschung. Die neuen Generationen der Notebooks hat neue Anschlüsse, verzichtet aber auf die alten. Eine Synchronisation der Daten zwischen dem Handheld und dem Laptop ist somit nicht mehr möglich. Entweder begräbt der Kunde schweren Herzens sein Gerät an der Biegung des Flusses, oder er findet – schwer genug – einen kompetenten Verkäufer. Und der zaubert einen USB Serial Adapter aus dem Ärmel. Noch ein Gerät. Das Maß an Flexibilität, das der Deutsche mitzubringen hat, ist eben stark an sein finanzielles Budget gekoppelt. Dass wir hier zögerlich reagieren, ist also nur verständlich. Aber unabhängig von den hohen Kosten sind wir auch mental einfach zu unflexibel.

Ein Beispiel: Wenn Microsoft eine neue Version von *Word* herausbringt, dann rufen Amerikaner und Engländer begeistert: »Wow, lasst uns gleich mal nachsehen, welche neuen, coolen Tools dort zu finden sind.«

Nur der Deutsche verzieht leidig das Gesicht. »So ein Mist«, sagt er kopfschüttelnd. »Ich hatte mich gerade an die alte Version gewöhnt.«

3. Grund: Die Deutschen sind traumatisiert

»Die nächste Folie«, sagte der Herr mit den langen Strähnen, die er sich geschickt wie ein Nest um den kahlen Schädel drapiert, »zeigt Ihnen, wie wir mit einer ganz einfachen Tastenkombination ein Makro herstellen.«

Waren das nicht grauenvolle Zeiten? Innerbetriebliche Computer-Fortbildungen inklusive DOS- und Word-Kursen in schlecht gelüfteten und abgedunkelten Räumen mit stotternden Referenten. Damals wurde das alles noch mit kirchlicher Andächtigkeit EDV genannt. Wer schlau war, schrieb sich damals nur die wichtigsten Tastenkombinationen auf, die dann auf den Tastaturrand geklebt wurden. Die anderen nahmen die kiloschweren Stapel Fotokopien mit, in die sie nie wieder hineinschauen würden. Sehen wir den Tatsachen ins Gesicht: Wir entstammen der Generation der Computeridioten. Damals ging beim Computer einfach alles schief, was schief gehen konnte. Dateien verschwanden spurlos, Festplatten rauchten fröhlich ab und der Drucker schob immer eine Seite mehr als benötigt aus – wenn er überhaupt druckte.

Den Hersteller anrufen hatte keinen Sinn. Die Druckerfirma A schob die Schuld auf den Softwarehersteller B. Beide wiederum schworen bei einem erneuten Anruf darauf, dass der Hersteller des Computers C die alleinige Verantwortung für das Malheur trug. Am Ende fragten wir im zuckersüßen Ton einen Kollegen, um den wir sonst in der Kantine regelmäßig einen Bogen machten. Der konnte natürlich auch nichts ausrichten, und bald schon gaben wir unsere Bemühungen krampfhaft freundlicher Verbindlichkeiten wieder auf. Es war eine wilde Zeit. Übrigens fast die selbe Zeit, als die Gewerkschaften noch Sturm liefen, weil der Computer alle Arbeitsplätze vernichten wollte. Tatsächlich aber, und das wissen wir aus reichlich eigener Erfahrung, zerstörte er nur wertvolle Arbeitszeit.

Probleme mit dem Computer

Haben Sie schon einmal mit Ihrem Computer Probleme gehabt?

Aussage	Total	Männer	Frauen
Ja, ich habe hin und wieder Probleme mit meinem Rechner	54 %	55 %	51 %
Ja, aber ich habe nur sehr selten Probleme mit meinem Computer	32 %	31 %	34 %
Ja, ich habe sehr oft Probleme mit meinem Computer	10 %	9 %	13 %
Nein, ich habe noch nie ein Problem mit meinem Computer gehabt	4 %	5 %	3 %

Eine **EARSandEYES**-Umfrage unter 500 Computernutzern zwischen 16 und 49 Jahren (Stand: 2001)

4. Grund: Der Computer ist den Deutschen zu kompliziert

Um den Computer zu beenden, fährt die Maus auf »START«. Entschuldigung, aber ist das logisch? Auch wenn alles im Computerbereich stets besser zu werden scheint: Der Umgang mit dem Computer ist und bleibt zu kompliziert. Wer sich einmal einen Fernseher gekauft hat, muss eben überhaupt keine Flexibilität mitbringen. Von allen Geräten sind wir es gewohnt, dass sie sich beim Einschalten *einschalten* und beim Abschalten *abschalten*. Nur der Computer kann das nicht. Der muss immer erst »hochfahren« und später »runterfahren«. Seit kurzem schaltet er sich zumindest danach auch alleine aus. Und bei aller deutscher Leidenschaft fürs Handwerkliche: Die Probleme, die beim Computer anfallen, können selten alleine gelöst werden. Viele Rechner fahren partout nicht mehr runter. »Ja, ja«, meinen die Profis mit großväterlichem Lächeln, »das ist ein altes Problem.« Es folgt der Rat, Windows 98 neu zu installieren. Aber wer kann das schon?

Von 500 befragten Computernutzern gaben nur vier Prozent an, noch nie ein Problem mit dem Computer gehabt zu haben. Und die lügen.

5. Grund: Die Deutschen finden den Computer nicht sexy

Nein, wirklich: So ein PC trifft wahrhaft keinen unserer Sinne. Er macht uns nicht an. Ganz gewöhnliche Gefühle, die sich bei schicken Einbauküchen, rasanten Sportwagen oder extrem kleinen Handys einstellen, greifen hier komplett ins Leere. Dem steuert nur die Mac-Gemeinde mit ihren bunten I-Macs entgegen. Die Tatsache bleibt nun mal bestehen, dass der gewöhnliche PC sehr hässlich ist. Meist grau oder eierschalenfarben. Darüber hinaus nimmt er mit Monitor und Mauspad einen ganzen Schreibtisch in Beschlag und sorgt im Beinbereich für ein Gewirr aus Kabeln und Mehrfachsteckdosen, das sich nicht bändigen lassen will. Und wer sagt eigentlich, dass durchschnittliche Tastaturen so groß wie ein Frühstückstablett sein müssen?

INS INTERNET. WOZU DENN?

Im Westen nichts Neues

Was bietet das Internet eigentlich Neues?

Die Kommunikationsrevolution?
Wirklich? Kommunikation gab es auch schon vorher – vom Waschweibertratsch bis zum Telefon. Die Menschheit telegrafierte, schrieb Briefe und benutzte das Telefon.

Die Downloadrevolution?
Napster, Kinofilme im Netz. Aber schon vor dem Internet hörten wir Musik, gingen ins Kino und spielten »Mensch ärgere Dich nicht« und »Lara Croft«. Also auch nicht so richtig neu.

Die Wissensrevolution?
Ist nur eine Informationsrevolution. Das leistet auch jede gute Bibliothek. Dauert zwar länger, ist aber auch verlässlicher.

Die Versandhandelrevolution?
Bücher bei Amazon und BOL bestellen ist sehr praktisch. Quelle und Otto machten den Versandhandel auch schon ohne Internet vor. Und das viel erfolgreicher. Der Onlinebuchhandel hat laut *FAZ* einen derzeitigen Marktanteil von 2,3 Prozent.

Die Schmutz-und-Schund-Revolution?
Weder Sex, Gewalt noch Neonazis sind eine Erfindung des Internets. Das alles war auch vor der digitalen Revolution in hinreichendem Maße in anderen Medien vorhanden. Auch wenn viele Interessengruppen versuchen, das Internet für ihre Zwecke zu nutzen, so ist das World Wide Web vor allem ein Spiegel der Gesellschaft. Erst neulich bot ein Amerikaner seine Seele im Internet zur Versteigerung an.

Das Internet bietet jedoch eine neue Sache, die wirklich revolutionär ist.

Verfügbarkeit.
Ständige Verfügbarkeit ist der größte Vorteil des World Wide Web und fast sein einziger. Information und Kommunikation sind zu jeder Tages- und Nachtzeit zugänglich. Erst durch Verfügbarkeit stellt das Internet alles andere bisher Dagewesene in den Schatten.

Zur Zeit ist die deutsche Bevölkerung mit den zahlreichen Möglichkeiten des Internets überfordert. Wer zum ersten Mal im Internet ist, weiß überhaupt nicht, wo er anfangen soll. Es gibt keine Strukturen, keinen Anfang und kein Ende, an denen wir uns orientieren können. Unser bisheriges Rezeptionsverhalten greift hier nicht. Zu viele kreisende Informationen sorgen für Verwirrung. Und wer verkraftet schon unentwegt Informationen.

In Deutschland sind nach einer Meldung von Associated Press (AP) nur 19 Prozent aller Haushalte online. Tendenz steigend. Vor allem von Meldung zu Meldung. Das Bundesbildungsministerium geht von 20 Millionen Internetanschlüssen in Deutschland aus. Zuverlässige Zahlen gibt es offensichtlich nicht. Die Gesellschaft für Konsumforschung (GfK) spricht von einer noch höheren Zahl. Das ist aber reiner Zweckoptimismus.

AP meldet weiter, dass ihre 19 Prozent zu den aktivsten Internet-Fans Europas gehören, die monatlich acht Stunden und 16 Minuten im Internet verbringen. Oder zu den lahmsten. Wer weiß das schon so genau. Schließlich sind die Anschlüsse nicht immer die schnellsten, und wir alle hatten schon einmal das Bedürfnis, während der Ladezeiten die Steuererklärung zu machen. Amerikanische Statistiker wie Nielsen/NetRatings bescheinigen den Deutschen 15 Sitzungen im Monat. Im Durchschnitt wird dabei eine Seite 20 Minuten und 14 Sekunden lang betrachtet und insgesamt eine halbe Stunde gesurft. Die Marktanalysen des Nachrichtenmagazins *Focus* gehen euphorisch davon aus, dass bis zum Jahr 2010 über 70 Prozent der Haushalte ans Netz der Netze angeschlossen sein werden.

Frankreich verfügt übrigens derzeit nur über neun Prozent Online-Anschlüsse und steht entsprechend am unteren Ende der Statistiken. Bei der Verbreitung des PC liegen die Franzosen laut oben genannter Studie des IW Köln auf Platz 24. Grund zur Schadenfreude besteht jedoch nicht.

Dumm surft gut?

Auf 19 Prozent Deutsche im Internet kommen 81 Prozent, die nicht online sind.

Einer Forsa-Umfrage nach haben 43 Prozent der Deutschen überhaupt kein Interesse am Internet. In der Tagespresse wird diese Bevölkerungsschicht als Spielverderber vorgeführt und »Internetmuffel« genannt. Auch der Terminus »Internet-Totalverweigerer« fällt ab und zu, der an die siebziger Jahre erinnert, als Kriegsdienstverweigerer noch langhaarig, drogensüchtig und kommunistisch waren und allgemein als »Drückeberger« angesehen wurden.

Motive der Internetmuffel

	Prozentzahl
Interessiert mich nicht	26,2
Bin zu alt dafür	22,1
Habe keinen PC	20,3
Internet bietet nichts, was ich brauche	14,0
Zu kompliziert	13,0
Zu teuer	11,9
Keine Zeit dafür	8,3

Quelle: @facts, MediaGruppe Digita/forsa 2000

Diese 43 Prozent sind

- zu alt. Die meisten über fünfzig Jahre oder schon im Ruhestand.
- weiblich. Zwei Drittel der Befragten waren Frauen.
- keine Gutverdiener. Auf der Webseite des IW Köln heißt es: »Während die Internet-Nutzer vergleichsweise gut verdienen, sich aufgeschlossen und mobil zeigen, verfügen die meisten Internetmuffel nur über einen unterdurchschnittlichen Verdienst.«
- schlecht gebildet. Die Mehrzahl verfügt nur über einen Hauptschulabschluss.

Fünf gute Gründe, warum die Deutschen das Internet nicht mögen

1. Grund: Den Deutschen ist das Internet zu teuer

Rund 60 Prozent der Amerikaner sind online. In den Vereinigten Staaten kosten Ortsgespräche eben nichts. In Deutschland sind ja die Ortsgespräche teurer als Ferngespräche. Da kommt ein ganz hübsches Sümmchen zusammen. Amerikanische Zustände werden wir mit der Telekom wohl niemals erreichen. Den günstigen Tarif für Vielsurfer, auch Flatrate genannt, kennt die Telekom nur aus ihren eigenen widersprüchlichen Pressemeldungen. Letzter Stand: Die Telekom nimmt die Flatrate nach kurzer Zeit vom Markt. Aber nicht nur der Ex-Monopolist hält die Hand auf. Auch der Anbieter, der so genannte Provider, der den Netzzugang zur Verfügung stellt, kassiert kräftig Gebühren. Je mehr heruntergeladen wird, desto teurer wird es. Und ganz ehrlich: Bei den Telefontarifen der verschiedenen Anbieter, die sich beinahe täglich ändern, kennt sich doch niemand wirklich aus.

2. Grund: Den Deutschen ist das Internet zu lahm

Surfen kann so langsam sein. Das hängt von zwei Aspekten ab.

Erstens, der Rechner. Er hat zu wenig Speicher, zu wenig Leistung.

Zweitens, die Leitung. Eine analoge Leitung ist die Zeitlupe einer Zeitlupe. ISDN ist nur Zeitlupe. Und das gepriesene T-DSL soll viel besser sein. »Wenn es funktioniert«, fügen die Telekom-Mitarbeiter meistens leise hinzu.

Eine Zigarette, heißt es immer wieder, verkürze unsere Lebenserwartung um jeweils fünf Minuten. Wenn alle Ladezeiten, die wir jemals vor dem Bildschirm verbracht haben, summiert würden, käme mit Sicherheit eine Dekade verschwendeter Lebenszeit heraus.

3. Grund: Den Deutschen ist das Online-Gehen zu kompliziert

Kaum jemand in Deutschland kann seinen privaten Internetanschluss alleine bewältigen. Allein schon die ISDN-Karte einzubauen, erfordert Erfahrung und ein geübtes Händchen. Wir brauchen Hilfe. Wenn dann noch eine Telefonanlage im Spiel ist, wird es für den Laien richtig kompliziert. Und wer kennt sich schon mit den ganzen Angaben zu Server, Proxies, Pop 3, SMTP und Konsorten aus? Eben.

4. Grund: Den Deutschen missfällt die Qualität der Inhalte

Die Struktur des Internets ist Chaos. Am liebsten würden wir das Internet gründlich mit Wischlappen und Domestos säubern. Am Besten richtig schön sortiert. Neue Ordnungssysteme sollen her. Aber die Struktur des Internets ist nun mal nicht hierarchisch. Zu jedem Thema gibt es Informationen. Und da herrscht bekanntlich nicht nur Schöngeistiges vor, sondern eben auch Sex, Mord und Totschlag. Und das drastisch und in übelster Form. Die meisten Jugendlichen kennen die Webseite www.rotten.com. Auf dieser Seite werden Polizeifotos von Selbstmördern und Mordopfern abgebildet. Aufgeschwemmte Wasserleichen, gespaltene Schädel. Und alles echt. Nur 14 Zeichen entfernt.

5. Grund: Den Deutschen ist das Internet zu unsicher

Das Internet ist nicht sicher. Immer noch nicht. Wir kaufen zwar jetzt ungehemmt online ein, aber an der möglichen Tatsache, dass Kreditkartennummern missbraucht werden, hat sich eigentlich nichts geändert. Auch E-Mails sind nicht sicher. Der amerikanische Präsident George W. Bush will keine mehr schreiben: »Ich war ein fleißiger E-Mail-Schreiber. Aber ich möchte nicht, dass meine private Post an die Öffentlichkeit gerät.«

Der eigene PC und seine Daten sind täglichen Angriffen ausgesetzt. Das wird einem allerdings erst nach der Installation einer Firewall bewusst.

Microsoft-Produkte sind fertig. Sie haben Fehler – Ein Gespräch mit Kurt Sibold

Kurt Sibold ist Vorsitzender der Geschäftsführung von Microsoft Deutschland. Deutschland ist die zweitgrößte Auslandsniederlassung von Microsoft.

Was unterscheidet Deutsche von US-Amerikanern im Umgang mit den neuen Medien?

Sibold: Deutschland ist immer im Nachteil. Die Statistiken zeigen, dass wir kleinere Zahlen in der Verbreitung des PC und der Nutzung des Internets haben.

Weshalb?

Die Amerikaner gehen von Kindesbeinen an offener mit neuen Technologien um. Sie sehen mehr die Chancen als die Gefahren. Sicherlich sind Bedenken berechtigt, aber die sollten dann nicht an erster Stelle stehen. Aber nicht nur die Amerikaner sind uns etwas voraus, sondern auch die Skandinavier.

Die Amerikaner haben also im Gegensatz zu den Deutschen keine Angst?

Amerikaner haben etwas weniger Angst. Manche haben sicherlich keine Angst, sind aber dennoch in der Lage, Risiken abzuschätzen. Die gehen nur nicht so sehr ins Detail und ziehen dann auch nicht die Schlüsse wie wir Deutschen. Wir sagen immer »ja, aber«. Das ist typisch deutsch.

Typisch deutsch?

Ja. Obwohl ich das nicht gerne höre. Aber Franzosen und Engländer sind uns durchaus ähnlich. Nur hat der Deutsche seine Maßstäbe wirklich extrem angelegt: also erst mal abwarten. Und dann diese ganzen Warnungen vor der Abhängigkeit. Das sind ja alles Themen, die es schon vor Computer und Internet gegeben hat.

Sind wir so erzogen worden?

Vermutlich sind das die Folgen unserer Geschichte. Natürlich ist es eine reine Erziehungsfrage. Eltern legen ja fest, was erlaubt und was verboten wird.

Sind die Deutschen technologiefeindlich?

Nein, der Begriff »technologiefeindlich« ist schon zu hart. Die Deutschen sind nur sehr vorsichtig. Vorsicht hat sich bisher zwar stets bewährt, aber ein übertriebener Warnmechanismus kann auch hinderlich sein. Die Entwicklung lässt sich ohnehin nicht aufhalten. Schon in kurzer Zeit werden das Internet und seine Technologie eine zu den USA vergleichbare Durchdringung erfahren. Spätestens da müssen wir uns fragen, ob es sinnvoll war, vier oder fünf Jahre zu zögern.

Vielleicht liegt das Desinteresse ja auch daran, dass neue Medien in gewissem Sinne unfertig wirken, nicht abgeschlossen sind und ständigen Veränderungen unterliegen.

Ich weiß, was Sie meinen. Ich glaube nicht, dass es so wahnsinnig wichtig ist. Die Meisten können nicht einschätzen, was fertig und was unfertig ist.

Microsoft arbeitet ja auch so. Es kommt Windows Version xy heraus, aber sie ist nicht fertig.

Jedes Softwarepaket ist fertig. Aber wie jede Software hat es Fehler. Das ist ein Unterschied.

Ein feiner Unterschied.

Wenn Sie sagen, die Software ist nicht fertig, dann impliziert diese Aussage, dass jemand gerne noch ein halbes Jahr weiterentwickelt hätte, wir es aber dennoch in diesem Zustand auf den Markt gebracht haben. Das ist nicht der Fall.

Nehmen wir an, Sie bekommen ein Auto, aber leider bremst es nicht. Was würden Sie machen?

Der Vergleich hinkt natürlich sehr, weil es da um Leben oder Tod geht. Das ist ein himmelweiter Unterschied. Ich glaube nicht an diese Theorie. Ich meine, die Deutschen sind zwar immer sehr anspruchsvoll, sehr penibel und sehr genau, aber ich glaube auch, dass die breite Masse damit umgehen kann, dass Software eben Fehler hat und in einem halben Jahr ein Update angeboten wird.

Das sagen Sie, weil Sie Microsoft leiten und auch noch Informatiker sind. Da sind Sie vorbelastet.

Stimmt. Ich habe mir ja diesen Beruf gewählt. Wobei ich mir schon zutraue, noch kritisch zu bleiben. Aber es stimmt schon, ich bin kein Beispiel für die Millionen von Leuten, die vor der Frage stehen, was sie jetzt machen sollen.

Und die Millionen warten erst einmal in Ruhe ab.

Richtig. Das kann man übrigens auch an der Adaption sehen. Wie werden diese Produkte angenommen, wo werden sie schneller angenommen. Es kommen ja ständig neue Sachen raus. Der Deutsche will erst einmal abwarten. Lasst erst die anderen die Fehler finden. Ein neues Produkt hat immer Fehler. Das machen die Amerikaner anders. Die sind da etwas schneller.

Wie kommt es, dass es kaum jemanden gibt, der noch nie ein Problem mit dem Computer hatte?

Tja, der PC ist das Problem und der Zugang zum Internet. Das ist alles noch zu kompliziert. Ich würde mir den Tag herbei wünschen, an dem die Software so fehlerfrei wie viele andere Dinge ist. Aber die Komplexität ist einfach zu groß.

Obwohl er kompliziert, unfertig und voller Fehler ist, hat es der Computer dennoch zum Massenmedium gebracht.

Das überrascht mich nicht, weil die Möglichkeiten, die sich mit dem PC im weiteren Sinn – dazu gehören neben dem Desktop oder dem Laptop auch der Personal Digital Assistant oder der Tablet PC – erschließen, sensationell sind.

KAPITEL 2

VON WEGEN TECHNOLOGIEFEINDLICH

Weshalb ein Teil der Deutschen ihr Faible für technische Spielereien weiterhin kultiviert, das Internet dem Vergleich mit einer Küchenmaschine standhalten kann und die Kunst der Kritik auf der Strecke bleibt

»Im Kommunismus gibt es die bunten Konsumgüter nicht. Aber unsere Welt ist besser. Es ist die Welt der Freiheit: Die Freiheit, unnützen Kram zu produzieren, gehört zum Menschen.«

Design Manager Alberto Alessi

VORSPRUNG DURCH DAMPFTECHNIK

Tüftler am Werk

Der Schüler sitzt zu Hause an seinem Tisch und vollführt erste Schreibübungen mit dem Füller. Seine Haltung ist typisch: konzentriert, bemüht, verkrampft. Aus den Fingerkuppen, die den Füller berühren, weicht das Blut.

Sobald der Schreibanfänger zu fest aufdrückt, verbiegt sich die Feder und bringt über einen eingebauten Stromkreis eine LED-Lampe zum Aufleuchten. Jetzt weiß auch der Schüler, dass er dem Füller zuviel Gewicht zumutet. Dieses Schreibwerkzeug mit eingebautem Alarm ist eine relativ neue Erfindung. Zu bewundern ist der Füller unter www.erfinderfamilie.de. Vom gleichen Erfinder stammt auch die ameisenfreie Picknickdecke.

Kein Zweifel: In Deutschlands Hobbykellern wird munter getüftelt und gebastelt, gegrübelt und gesägt. So verzeichnete das Deutsche Patentamt in München im Jahr 2000 einen Rekord. Ingesamt wurden 110 392 Patente in Deutschland angemeldet. Knapp 16 000 mehr als 1999. Darunter mehr oder weniger sinnvolle Errungenschaften wie den »Ritsch-Ratsch-Schuh« des Orthopädie-Schuhmeisters Peter Hartung, bei dem Leder und Stoff per Reißverschluss von der Sohle getrennt werden. Oder das Autoklo von Reinhard Wrobel: In der Mitte des Autositzes steckt ein Behälter. Wer nun in einen Stau kommt, rückt einfach den Riegel beiseite und legt los. Wie der Fahrer hinter dem Lenkrad die Hosen herunterlassen soll, bleibt allein seinen akrobatischen Künsten überlassen.

Es ist genau dieser Tüftelwahnsinn, der unsere latente Technologiefeindlichkeit zu widerlegen scheint. Der deutsche Erfindungsreichtum steigert immerhin das Selbstbewusstsein. »Wer ist Europas High-Tech-Region Nummer eins?« kräht eine Anzeige im ausgelegten Faltplan der Deutschen Bundesbahn. Und weiter: »Wo wurde das Automobil erfunden? Wo die Dauerwelle? Wer exportiert mehr als jedes andere Land der Welt? In welcher Region Europas werden die meisten Patente angemeldet?«

Die Lösung:

»Baden-Württemberg. Wir können alles. Außer Hochdeutsch.«

Rechnen leider auch nicht: Bayern führt bei den Patenten.

Rekord-Patentanmeldungen 2000

LAND	Anträge
Bayern	13 301
Baden-Württemberg	12 486
Nordrhein-Westfalen	10 330
Hessen	4 818
Niedersachsen	3 529
Rheinland-Pfalz	2 504
Berlin	1 265
Hamburg	1 222
Sachsen	1 021
Thüringen	762
Schleswig-Holstein	680
Sachsen-Anhalt	466
Brandenburg	396
Saarland	363
Mecklenburg-Vorpommern	212
Bremen	166

Quelle: Deutsches Patentamt 2001

Ein Herz für Schwachsinn

Erfindungen wie der Alarm-Füller und das Autoklo haben in Deutschland durchaus Chancen, sich durchzusetzen. Immer schon war ein Teil der deutschen Bevölkerung für technischen Schnickschnack offen. Und nichts schien in der Vergangenheit abwegig genug zu sein. So fragten Ehemänner nicht mehr länger die Gattinnen nach dem Verbleib ihrer Hausschlüssel, sondern stießen stattdessen einen munteren

Pfiff aus. Selbst im entferntesten Winkel der Wohnung piepte der Schlüsselanhänger dann sofort los.

Um ihre wertvollen Schallplatten bei Nutzung zu schonen, zogen Männer jeglichen Unbill auf sich und installierten mit Isopropylalkohol gefüllte Bürstengerätschaften auf dem Plattenspieler. Und ohne Fernbedienung geht gar nichts. Überall liegen gleich mehrere Exemplare herum, um Fernseher, Videorekorder, DVD-Player, Videokamera, ShowView, Satellitenschüssel, Stereoanlagen und Rollläden in Betrieb zu nehmen. Selbst Walkman und Autoradio verfügen heutzutage über *Remote Control*.

Auch vor Kindern machten elektrische Kinkerlitzchen nicht Halt. Um sie vom Sinn des Sparens zu überzeugen, war in den siebziger Jahren eine ganz besondere Sparbüchse angesagt: ein schwarzer Sarg mit Batteriebetrieb. Sobald die Münze in dem vorgesehenen Schlitz steckte, ruckelte eine Skeletthand aus Plastik mechanisch entgegen und zog das Geld ins Sarginnere.

Ein Mangel an unnützem Kram herrschte in den deutschen Haushalten wahrlich nicht. So schlossen Frauen romantische Ufolampen mit langen weißen Glasfasern in ihr Herz, die am Faserende beständig die Farben wechseln. Männer wiederum schienen vollkommen in Lichtschalter vernarrt zu sein, die auf Handklatschen reagieren.

Wir erwerben Wecker, die nur auf Zuruf das Alarmsignal unterbinden, und Körperwaagen, die das Gewicht mit mechanisch-weiblicher Stimme ansagen. Auf immer mehr Kanälen flimmern endlos lange und unglaublich schlecht synchronisierte Verkaufsspots mit gelifteten Frauen und untersetzten Herren. Um dem Schmutz in der Küche den Kampf anzusagen, schnallen sich die Damen ein riesiges Dampfgerät um und sehen wie Sigourney Weaver *(Alien)* mit Flammenwerfer aus.

Alle diese Geräte liefern ein Versprechen, das sie nicht halten können. Deutsche Hausfrauen wissen es schon längst: Das Internet ist wie eine Küchenmaschine, die mehr Zeit zur Reinigung beansprucht, als sie beim Raspeln tatsächlich eingespart hat.

DEN SPIELTRIEB FÜTTERN

Ins Netz gegangen

Überall Wald. »Da war ich«, ruft Thomas aus und strahlt. Er tippt vor Begeisterung auf den Bildschirm. Thomas ist Buchhändler in Kreuzberg und Kettenraucher. Ihm gehen Computer »auf den Sack«. Genau wie der größte Teil seiner Kunden, meist Schriftsteller, Politiker, Vermieter, Emanzen und Türken und Kurden, weil die sich hin und wieder direkt vor seinem Laden eine wilde Schießerei liefern. Thomas liebt die Veränderung nicht. Er ist immer im Laden. Alle zwei bis drei Jahre fliegt er nach Kanada und schießt Fotos von Bären, seine größte Leidenschaft. Bald reist er wieder nach Amerika, Alaska, Kanada. Es steht noch nicht so genau fest. Nur ins Internet will er nicht. Nun sitzt er zum ersten Mal davor. Jegliche Skepsis scheint von ihm gewichen zu sein. »Sieh mal, diese Blockhütte ist momentan frei.« Er kommt aus dem Lächeln gar nicht mehr raus und erkundigt sich nach der Druckfunktion. Thomas, der Buchhändler, findet Bären, Wanderwege, Autorouten, Flugverbindungen und Leute mit ähnlichen Interessen.

Der Rest des Abends ist damit gelaufen. Ein Gespräch unter Freunden kommt nicht mehr zustande. Die Nudeln werden kalt. Gegen zwei Uhr nachts meldet der Gastgeber an, müde zu sein. »Ja, ja«, sagt Thomas, ohne sich abzuwenden. »Hau dich ruhig in die Falle, ich gehe auch gleich nach Hause.«

Am nächsten Morgen ist die Druckpatrone leer.

Und die Moral von der Geschichte: Das Internet überzeugt sogar Skeptiker und notorische Ablehner des Computers. Weil im Internet jeder sein eigenes Interessensgebiet in einer seltenen Bandbreite findet. Ganz gleich wie speziell das Thema sein mag und vollkommen unabhängig davon, ob es sich um Berufe, Hobbys, Ausstellungen, ausgefallene Sportarten oder stark von der Norm abweichende Sexualpraktiken handelt. Überzeugte Nutzer des World Wide Web erzählen immer wieder bevorzugt anrührende Geschichten wie: »Ich suchte nach einem ganz alten Rezept meiner verstorbenen Großmutter. Ich hinterließ in den Newsgroups eine Nachricht. Bereits zwei Tage später bekam ich Antwort von einer Frau aus Neuengland. Sie hatte genau dieses Rezept. Ist das nicht unfassbar?«

Auch die Eltern im nach einer wahren Begebenheit gedrehten Film *Lorenzos Öl* fördern den Mythos und stoßen erst im Internet auf wichtige Informationen, die dem kranken Sohn Linderung versprechen. Solche Geschichten zielen stets auf drei Punkte ab:

1. Etwas ist unglaublich schwer zu bekommen.
2. Die Netzgemeinde ist unglaublich hilfsbereit.
3. Und alles klappt weltweit.

Neben den kommerziellen Angeboten ist das Netz voller seltener Kochrezepte und anderem privatem, meist nutzlosem Zeug. Millionen Langweiler aus aller Welt stellen sich am liebsten selbst dar. Bilder von Unterwassergeburten, Bar-Mitzwahs, umgebauten Eigenheimen und Fernreisen. Und es gibt wirklich nichts, was es nicht gibt. Wer heute eine eigene Homepage mit Bildern und Angaben über seine Hobbys anbietet, wird genau von jenem biederen Geist durchdrungen, der bisher nur Schrebergärtnern und Leserbriefschreibern vorbehalten war.

Das Internet als kreuzgemütlicher Ganztagszeitvertreib

Richtig netzbegeistert sind vor allem genau die Deutschen, die in Internetfirmen einem Beruf nachgehen. Mit Standleitungen und den neuesten Rechnern zählen sie zu den Privilegierten. Sie holen sich Musik und Filme in Sekundenschnelle, spielen stundenlang Games im Netz, flirten auf eindeutigen Chatseiten und lesen in aller Ruhe die zahlreich abonnierten, kostenlosen Newsletter. Ständig wird telefoniert, ein »Meeting« nach dem anderen abgehalten und zwischendurch auch mal gearbeitet. Die Internetbranche ist eine reine Inzestbande: Sie stellen ihre eigenen Kunden dar. Es sind überwiegend Programmierer, Designer und Online-Redakteure, die Bücher, CDs, Software, Klamotten, Blumen oder Sushi zum Mittagessen übers Netz ordern. Durch die Möglichkeiten des Internets erwachen schlummernde Grundinstinkte wie der längst verloren geglaubte Jäger- und Sammlertrieb. Es wird gesucht, geforscht und heruntergeladen – die Betroffenen nennen das dann »Recherche«. Oder sie mailen. Alle paar Sekunden trudelt elektronische Post herein. Wichtiges, Unwichtiges, News und Werbung. Wenn wir den ganzen Tag unsere E-Mails beantworten würden, kämen wir zu nichts anderem mehr. Dennoch leiten sich Freunde, Bekannte und Kollegen ohne Unterlass den ganzen Tag Anhänge zu: Kettenbriefe, die Leben retten, oder Spielchen wie »Langeweile«. »Hast du Langeweile?« fragt das Programm und öffnet sofort Hunderte von grauen Kästen auf dem Bildschirm, die nur durch einzelne Klicks auf »Okay« wieder verschwinden. Auch Videos, die lange herunterladen werden müssen, erreichen den Empfänger. Beispielsweise ein Film, in dem eine Frau einem Mann mit voller Wucht mehrere Male in die Genitalien tritt. Erst kürzlich machte auch ein seltsames Tondokument die Runde. Enrique Iglesias jault, kreischt und brüllt minutenlang, als würde er gefoltert. Im Hintergrund jodelt die Musik, den Ton kann er bei seinem Gekreische ohnehin nicht halten. Was ist passiert? Bei einer Playback-Show hatten die Veranstalter sein Mikro geöffnet und ihn heimlich aufgezeichnet. Das Ergebnis kursiert nun im Netz. Zur Belustigung der Netzgemeinde.

Die Deutschen sind drin

Die GfK geht von 24,2 Millionen Nutzern in Deutschland aus, vier Millionen mehr als das Bundesbildungsministerium, und erklärt das Internet kurzerhand zum »Massenmedium«.

Was die Deutschen am liebsten tun

Ginge es hier statt des Internets um das Lesen allgemein, dann würden vermutlich die Post, *Der Spiegel*, Tageszeitungen und Packungsaufschriften die Umfragen anführen. Denn im Internet nimmt – wie bei den meisten Medien – das sexuelle Potential den größten Raum ein. Nach Genres sortiert bietet das Netz mehr Sex-Seiten als alle anderen Medien. Und das sieht sich keiner an?

Womit beschäftigen sich die Nutzer im Netz?

Private E-Mails senden/empfangen	52 %
Suchmaschinen/Webkataloge nutzen	39 %
Berufliche E-Mails senden/empfangen	27 %
Informationen über CDs/Musik	25 %
Aktuelle Nachrichten zum Weltgeschehen	25 %
Information zu Computer oder Software	24 %
Online-Banking	23 %
SMS senden/empfangen	20 %
Aktienmarkt, Börsenkurse, Indizes	20 %
Software zum Herunterladen	19 %

7. Welle, 2000/2001, 14- bis 69-jährige deutschsprachige Bevölkerung, 52,5 Mio., 8 021 Interviews
Quelle: GfK Online-Monitor

Wo gehen die Deutschen ins Internet?

ORT	2000/2001	2000	1999/2000
Zu Hause	66 %	64 %	53 %
Arbeits-/Ausbildungsplatz	41 %	37 %	39 %
Öffentliche Orte (Internetcafe)	8 %	7 %	6 %
Bei Freunden/Verwandten	33 %	24 %	27 %
Über Handy	5 %	-	-

Vergleich 5.-7. Welle, 2000-2001, 14- bis 69-jährige deutschsprachige Bevölkerung
Quelle: GfK Online-Monitor

Wo es die Deutschen am Liebsten tun
Offensichtlich zu Hause. Menschen, die in Internetfirmen arbeiten, kennen aber gar kein Zuhause. Auch wenn die Umfrage etwas anderes sagt: Gesurft wird am liebsten bei der Arbeit.

Wie die Deutschen den Geschlechterkampf meistern
Frauen holen auf, heißt es immer wieder. Das klingt so gönnerhaft. Tatsächlich handelt es sich meist um Männer, die am Computer spielen, programmieren oder rumschrauben. Frauen sind weitaus pragmatischer und integrieren solche Kerle in ihrem näheren Bekanntenkreis. Frauen wollen nicht stundenlang rumpuzzeln, ihre Zeit nicht mit Kleinkram vergeuden, sondern wünschen einfach nur rasche Ergebnisse.

Frauenanteil unter den Internet-Nutzern

Wie entwickelte sich der Frauenanteil unter den Internet-Nutzern in den Jahren 1998-2001?

Welle	Männer	Frauen
Welle 7 2000/2001	58 %	42 %
Welle 6 Mitte 2000	60 %	40 %
Welle 5 1999/2000	61 %	39 %
Welle 4 Mitte 1999	65 %	35 %
Welle 3 1999/1998	69 %	31 %
Welle 2 Mitte 1998	69 %	31 %

1.-7. Welle, 2000-2001, Bevölkerung 14 bis 59 Jahre (Welle 1-4), 14 bis 69 Jahre (ab Welle 5)
Quelle: GfK Online-Monitor

Das Internet löst das Herrentäschchen ab

Demnächst tragen wir das Web in handlichen Geräten mit uns herum. Der Standard UMTS macht es möglich, von überall ins Internet zu gelangen. Selbst wenn das keiner verlangt hat. Neue Geräte wecken neue Bedürfnisse. Die alten haben schon alle. So stellte das Statistische Bundesamt im September 2000 fest, dass neue Informationstechnologien in den deutschen Haushalten stärker zunehmen. Demnach verkaufen sich immer mehr Geräte. Im Jahr 2000 sollen 28,4 Prozent der Bevölkerung mit Handys ausgestattet gewesen sein. Neben den steigenden Zahlen für Computer, Notebooks, Modems und ISDN-Anschlüsse zählen Anrufbeantworter und Faxgeräte mittlerweile zum gängigen Standardinventar.

Die aktuellen technologischen Errungenschaften präsentiert jedoch die Cebit. Die Messe in Hannover erfreut sich ständigen Zuwachses. Während noch im Jahre 1970 60 900 Menschen die Messe besuchten, waren 1980 schon 184 200 auf den Gängen. 1990 suchten stolze 561 060 Gäste die Messe auf. Im Jahr 2000 wiederum 782 010.

Unbestritten: Die Cebit ist das Mekka der Branche und der Technologie-Begeisterten. Wer nicht hingeht, kommt trotzdem nicht daran vorbei. Sämtliche Produkte werden ausgiebig in Tagespresse, Yellow Press, IT-Magazinen und Fernsehprogrammen vorgestellt. Sie alle zeigen Standards, die in einem Jahr wieder vergessen sind. Aber dann kommen wieder Neue. Die Geräte selbst werden mit einer zärtlichen Sorgfalt fotografiert, die früher allein auf erotische Aufnahmen verwendet wurde. Denn Männer haben zu technischen Geräten ein libidinöses Verhältnis.

Männer und ihr Spielzeug

Die siebziger Jahre haben die Frauen befreit. Keine Unterdrückung mehr, raus aus dem Joch. Doch erst die zweite Hälfte der neunziger Jahre befreite auch die Männer. Denn bis dahin drückte sich jedes männliche Wesen, das sich für technische Spielereien interessierte, nur in den dunklen, miefigen Kellern hinter Holzgittern herum, um dort ungestört mit seiner Hobbyeisenbahn zu spielen. Spätestens seitdem der Modecharakter in die Technikwelt einzog und alle sechs Monate schon das veränderte Design eine neue Anschaffung rechtfertigt, beschäftigen sie sich mit all ihren Gerätschaften ungestört im Freien. Apropos Mode: Levi Strauss brachte bereits eine Jacke auf den Markt, bei der Lautsprecher und Mikro fein säuberlich in den Kragen, das Mobiltelefon ins Futter eingearbeitet sind. Seit wenigen Jahren kursieren Bilder von Modenschauen, auf denen weitere Kleidungsstücke auf elektronische Gebrauchsgegenstände zurückgreifen. Zum Beispiel seltsame Brillen, die Dank des über einem Auge drapierten Displays aus jedem Träger einen Zyklopen machen, was bisher nur Besitzern von Videokameras vorbehalten schien. Alex Lightmen aus Beverly Hills besitzt eine Elektronikfirma, die bereits Handymikrofone zu Krawattennadeln umarbeitet.

Aber, ehrlich gesagt: Schleppen wir Männer nicht genügend mit uns herum?

Ganz gegen jegliche männliche Gewohnheit gilt beim Handy der Grundsatz: je kleiner, desto besser. Sie sind das perfekte Spielzeug, denn sie erfüllen heute ganz verschiedene Bedürfnisse. Mit einem halbwegs modernen Mobiltelefon empfangen und versendet man heute E-Mails, Bilder und SMS, manche führen Memofunktion, Terminkalender, Taschenrechner, Games und spielen auch MP3-Musiktracks ab. Nur zum Telefonieren werden sie bald schon zu schade sein. Und aus orthopädischer Sicht: Die Mobiltelefoniererei hat die Körpersprache des Mannes und sein Verhalten in der freien Wildbahn komplett verändert. Ständig versuchen sie in Restaurants, Hallen und auf öffentlichen Plätzen aus ihrem Körper die Intimität einer Telefonzelle nachzubauen, indem sie Hand und Handy ans eine Ohr halten, während die freie Hand den anderen Ellebogen stützt. Dazu schreiten sie militärisch tänzelnd auf und ab, als hätten sie eine Grundausbildung bei der russischen Armee absolviert. Schlimmer sind die Herren der Kategorie Kopfhörer. Sie wandeln sicheren Schrittes durch die Stadt, lächeln Passanten an, gehen auf sie zu und sprechen sie an. Dem Herrn mit dem gewinnenden Lächeln würde jeder ein paar Groschen geben. Aber nein. In letzter Sekunde weicht er zur Seite – er telefoniert. Der kleine

Knopf im Ohr ist fast nicht zu sehen. Noch ein Beispiel. Wenn zwei Geschäftsmänner einen Termin vereinbaren wollen, ziehen sie heute ihre elektronischen Taschenkalender. Sehr beliebt ist der kleine Palm Pilot. Um etwas zu notieren, tippt der Besitzer mit einem dünnen Stift entweder auf einem Mini-Alphabet herum oder er gewöhnt sich eine schwungvolle Schrift namens *Graffiti* an. Im Zug sitzen oft Palmbesitzer in der ersten Klasse und hacken stundenlang mit ihrem Stöckchen und der Hektik eines Kokainkonsumenten auf die kleine Glasscheibe ein. Die Konkurrenz von Palm heißt Psion. Der *Psion Revo* sieht auf den ersten Blick wie ein Schmink-Set von Ellen Betrix aus, ist schmal und schick und verfügt über eine Tastatur. Und obwohl diese groß genug ist, halten acht Finger das filigrane Gerät, während die Daumen zum Tippen benutzt werden. Das sieht, zugegeben, nach körperlicher Beeinträchtigung aus.

Auch Notebooks werden immer kleiner. *Sony* mischte erst kürzlich mit seinen schicken tragbaren *Vaios* in Fliederfarben den gesamten Markt auf. Den meisten Bundesbürgern haben es diese ausgesprochen hübschen Notebooks angetan. Wer unterwegs mit seinen Excel-Tabellen spielen will, ist damit bestens bedient. Nur bitte nichts auf Diskette speichern. Denn während die zwei bis drei Kilogramm schweren Notebooks sämtliche Gerätschaften in sich integrieren, bietet der kleine *Sony* einen Mix unerfreulicher Einzelteile. Zunächst einen Knochen, an dem sämtliche Anschlüsse befestigt werden. Er schafft es einfach nie, gerade auf dem Tisch zu liegen. Dazu noch ein klobiges externes CD-ROM-Laufwerk und ein externes Diskettenlaufwerk. Ist alles angeschlossen, sieht der *Vaio* überhaupt nicht mehr schick aus, sondern wirkt eher wie eine behinderte Krake.

Der Deutsche beißt sich durch – Ein Gespräch mit Sten Nadolny

Sten Nadolny ist Schriftsteller *(Die Entdeckung der Langsamkeit)* und mag das Internet

Tun sich die Deutschen mit dem Internet schwer?

Nadolny: Nein, sie sind gelehrige Schüler. Wie immer. Sie tun sich nicht schwer. Die Deutschen sind traditionell in Fremdsprachen sehr gut, zumindest besser als die Franzosen. Und der Computer und die Bedienungsanleitungen der Programme sind dem Vergleich mit einer neuen Fremdsprache durchaus würdig. Und auf so was stürzen sich die Deutschen. Da ist im Sinne von Volkshochschule ein ganz großer Motor im Gange. Schon bald sind wir wieder die Musterknaben.

Woher kommt das?

Die Deutschen wollen mit der Zeit gehen. Die Deutschen sind immer hinter der Zeit her gewesen. Die Demokratie, die Souveränität – was haben wir nicht alles zu spät geschafft! Dadurch spüren sie so einen Drang, etwas zu finden, wo sie mal die Nase vorne haben könnten.

Aber sie haben die Nase nicht vorne.

Vielleicht nicht jetzt, aber sie holen eifrig auf.

Erklären Sie einem Deutschen in einem Satz, warum er das Internet braucht.

Das kann ich leider nicht. Ich kann einem Deutschen, der bisher auch Meyers Konversationslexikon kaum benötigte und sich auch sonst für nichts interessierte, auf keinen Fall erklären, wozu er das Internet braucht. Er müsste schon große Bedürfnisse haben, also ungeheuer anspruchsvoll sein, um dann auch mit dem Internet etwas anfangen zu können.

Dann erklären Sie es einem anspruchsvollen Deutschen in einem Satz.

Der Umgang mit den neuen Medien ist eine Sekundärfertigkeit für Leute mit einem ausgebildeten geistigen Leben. Sonst ist es nur Spielerei. Und überflüssig.

Also keine Spur von Technologiefeindlichkeit?

Nein, keine Spur. Die Deutschen sind höchstens technologiefeindlicher als Japaner oder Amerikaner. Aber ich beobachte um mich herum sehr viel Eifer. Die Verunsicherung führt zu einem unglaublichen Tatendrang. Die meisten Leute wandern in die Computerläden, holen sich die großen Schachteln ab, kommen damit nicht zurecht und beginnen, sich durchzubeißen.

WO BLEIBT DIE KRITIK?

Ja, aber funktioniert das auch alles?

Ein Mann betritt sein Hotelzimmer, packt sein Notebook aus der Tasche und stöpselt das Modemkabel ein. Während er seine E-Mails abruft, schlurft er zur Minibar und genehmigt sich einen Scotch. Doch das ist nur ein Traum. Denn: Um sein Modem anzuschließen, reist der moderne Mann mit einem dicken Strauß an Steckern. Er kann sich so gut vorbereiten, wie er will. Den richtigen für die Telefonbuchse hat er nie dabei. Der Telefonanschluss im Hotelzimmer selbst ist immer schwer zu erreichen. Für seine E-Mails kriecht der Mann genau durch jene Staubflusen, die das Zimmermädchen Tag für Tag übersieht. Entweder befindet sich die passende Steckdose - wenn er Glück hat - unter dem Nachttisch oder dahinter. Meistens gibt es aber gar keinen. Das Telefonkabel verschwindet unerreichbar hinter einer Wandverkleidung oder in einer zugeschraubten Verteilerdose. Es bleibt ein dumpfes Gefühl von Leere und Vorenthaltung. Die gesparten Telefonkosten, im Hotel nicht ganz billig, werden dann gleich in drei Scotchs investiert.

Der Kluge ruft deshalb seine Mails ab, indem er sein Notebook mit dem Handy verbindet. Der Nachteil: Der Vorgang ist unsäglich langsam. Einen Scotch kann man sich dann nicht mehr leisten.

Schöne neue Welt, du klemmst

Eigentlich sind die Deutschen das kompetenteste Volk der Welt. Sie kennen sich mit so vielen verschiedenen Dingen aus und könnten durchaus als weltmännisch durchgehen. Sie sparen auch nicht mit Kritik. Im Lokal lassen sie unbarmherzig einen Wein zurückgehen, wenn er korkt. Oder sie tauschen einen Anzug oder Mantel um, wenn sich ein kleiner Materialfehler eingeschlichen hat, und sie verlangen ihr Geld zurück. Kürzlich ging ein Ehepaar vor Gericht, weil das Bier im Urlaub statt drei Mark mehr als fünf Mark kostete. Die gesamte Differenz, knapp 120 Mark, verlangten sie vom Veranstalter zurück. Es lebe die Rechtschutzversicherung.

Nur beim Computer und dem ganzen elektronischen Spielzeug lassen wir uns mehr gefallen.

Wenn zum Beispiel die Autowerkstatt nach einem Fehler sucht, wird nur die Reparatur berechnet. Im Computerbereich die ganze Arbeitszeit. Dem Mitarbeiter eines Internetanbieters misslang beim Kunden die Installation des Netzanschlusses. Er brauchte zwei Tage. Die Rechnung: 800 Mark.

Und wenn eine Software nicht funktioniert, winkt der Verkäufer in den jeweiligen Computerabteilungen in 90 Prozent aller Fälle souverän ab. »Bei mir geht's«, verkündet er. Variante: »Es hat sich noch nie jemand beschwert.«

Das verschlägt uns dann die Sprache. Ähnliche Vorgänge würden wir bei einem defekten Rasierapparat oder einer Videokamera nie akzeptieren. Nur: Ausschließlich im digitalen Bereich beziehen die Deutschen den Fehler auf sich. Nicht die Technik versagt, sondern sie. Tatsächlich wird von Nutzerseite zu wenig kritisiert und erstaunlich viel hingenommen. Und die Presse?

Die Tageszeitungen konzentrieren sich meistens auf technische Neuerungen oder Wirtschaftsaspekte. Computerzeitschriften bieten zwar umfangreiche Tests von Druckern und Bildschirmen an, aber sie prüfen ausschließlich die Qualität. Ein Teil der kritischen Computerpresse fragt höchstens: »Was kann ich damit machen?«

Neue Hefte rund ums Internet entfachen dagegen nur immer wieder aufs Neue unseren Appetit nach technischem Schnickschnack. Ein aktuelles Beispiel hierfür ist die Zeitschrift *Tools and Toys,* der *Playboy* für technische Spielereien. Seiten über Seiten voller Handys. Mit und ohne Wap. Mit und ohne UMTS. LCD-Monitore, Rechner im neuen Look, Digitalkameras. Fehlt nur das ausklappbare Gerät des Monats, das dann in den Spinden landet. Gesamte Auflage:

100 000 Exemplare. Das Magazin trifft offensichtlich einen Nerv. Im Markt sehr erfolgreiche Zeitschriften wie *Tomorrow* und *Online Today* verstehen sich hauptsächlich als Wegweiser durch den Internetdschungel. Ständig präsentieren sie neue Webseiten, sortieren sie nach Themen und schieben immer wieder Promis vor, die mehr oder weniger Schlaues zum Internet sagen oder auf ihre Lieblingswebseiten hinweisen. Beide Hefte führen nur wenig Storys, sondern bauen mehr auf eine Fülle kleiner Kurzmeldungen und blasen sie mit großen Fotografien auf.

Ohne despektierlich sein zu wollen: Journalisten im Computerbereich gehören zu einer sehr privilegierten Klientel. Wenn mal etwas nicht funktioniert, reicht ein Anruf bei der Presseabteilung. Das trübt den Blick. Der gewöhnliche Kunde hat dieses Glück nicht. Nur wenige Journalisten sind sich dieser Gefahr bewusst.

»Es gibt eigentlich zwei Dinge, auf die wir immer wieder achten müssen: das Problem der Begeisterung für das Thema und das Problem des Medienzwangs«, sagt der Fernsehjournalist Christian Spanik. »Zum einen: Wir geraten schnell in die Gefahr, der verlängerte Arm der Industrie zu werden – vor allem wenn wir Spaß an diesen Sachen haben. Da führt kein Weg daran vorbei.« Spanik moderierte mehrere Jahre die Computersendung *NEUES* und ist der Computerexperte des *ZDF Morgenmagazins*. »Als Anwender zähle ich mich aber selbst zu den Technologiegeplagten. Gerade wenn Wunsch und Realität auseinander klaffen. Das relativiert dann wieder die Begeisterung ... Dennoch: Journalisten sind der Spiegel eines Marktes. Und am Markt gibt es Käufer und Verkäufer. Wir müssen beide Seiten spiegeln. Ich werde aber zwangsweise auch Wegbereiter, wenn ich eine neue Technologie kennen lerne, die ich toll finde. Dann setze ich mich dafür ein. Das Problem ist natürlich, dass ich mich irren kann.«

Fernsehen kann dabei nie in die Tiefe gehen, und das ist das Problem des Medienzwangs.

Spanik: »Nehmen Sie die Cebit. Das ist ein klassischer Moment, in dem ich innerhalb von Minuten entscheide, was ich wie in die Sendung nehme. Dann sitzt ein Techniker vor mir, der sich 300 Dinge überlegt hat, die er mir alle erzählen will. Und ich weiß, ich kann vielleicht ein oder zwei Details davon im Fernsehen erzählen. Unter Umstände nehmen wir dann lieber Sachen rein, die gut in unserem Medium kommen, die entsprechend schnell erklär- oder demonstrierbar sind, und lassen andere Dinge weg. Und dann bin ich eher ein Gefangener meines Mediums als der verlängerte Arm der Industrie.«

Es ist auch nicht die Aufgabe des Journalismus, eine gesellschaftliche Kritik an der Technik zu entwickeln. Vielleicht ist auch die Frage *Was kann ich damit machen?* falsch gestellt. Vielmehr müsste sie sich auf das Wesentliche konzentrieren. Die Frage, die sich die Presse und Konsumenten stellen müssen, lautet vielmehr:

Wozu brauche ich das eigentlich?

Wo bleiben die Denker?

»Die Deutschen«, stellt Joseph Weizenbaum fest, »sind mindestens so technologiegläubig wie die Amerikaner. Sie sind nur nicht so lange dabei.«

Weizenbaum kocht in der Küche Kaffee. Weil es in Deutschland keine Denker gibt, die sich mit den neuen Möglichkeiten des Computers und des Internet befassen, wird er immer wieder interviewt. Weizenbaum genießt aufgrund seiner fachlichen Kompetenz eine hohe Reputation, gilt aber in deutschen Journalistenkreisen als umstritten. Er ist sprunghaft, streitbar, witzig und widersprüchlich. Und manchmal hat er einfach keine Lust.

Auf seinem Schreibtisch liegen ein Notebook, ein paar kleine Geräte und ein Wust von Kabeln, Stiften, Zetteln und Briefen. Nur die Tastatur ist frei. Überall stehen Stühle und Sessel kreuz und quer herum. Am Abend zuvor hat er sich mit Freunden ein Interview mit dem Pionier in Sachen künstliche Intelligenz, Marvin Minsky vom Massachusetts Institute of Technology (MIT), angesehen. Weizenbaum arbeitete selbst lange Zeit als Professor am renommierten MIT. Als junger Jude musste er Berlin 1936 verlassen und kehrte erst 1996 zurück. Er studierte Mathematik, schrieb in den sechziger Jahren das Sprachanalyseprogramm »ELIZA« und gilt heute als einer der Vorreiter im Computerbereich.

Der 78-Jährige, der eine runde Hornbrille, einen Schnurrbart und sein weißes Haar lang trägt, ist in Deutschland eine kleine Berühmtheit. Keine große. »Mich hielten kürzlich Leute an und baten um ein Autogramm«, erklärt er und gießt Kaffee ein. »Das passiert mir dauernd. Aber die verwechselten mich mit George Tabori.« Erst neulich schlug Weizenbaum die Zeitung auf und entdeckte einen Artikel über sich. »Nein, nicht über mich«, korrigiert er lächelnd. »Sondern über Tabori. Schon wieder Tabori.«

Weizenbaum kennt viele Geschichten aus der Anfangszeit des Computers. Während einer Präsidentenwahl in den sechziger Jahren sollte er den Computer für den Sender CBS betreuen, der die Stimmenabgaben errechnete. Ausgerechnet der gab aber den Geist auf. Also sah der Sender, was die Konkurrenz von ABC sendete, und übernahm die Zahlen mit leichten Veränderungen hinter dem Komma. Heute gilt Weizenbaum als unerbittlicher Kritiker des Computers. Er warnt vor der Macht der Computer und bezeichnet das Internet als »Müllhaufen«.

Diese Behauptung kränkt Weizenbaum. »Ich bin überhaupt kein Gegner des Computers«, sagt er finster entschlossen. »Wirklich nicht. Ich sehe mich als Kritiker der Gesellschaft und unserer Ordnung. Oder sagen wir der Zivilisation.« Er rührt nachdenklich in seinem Kaffee. »Hätte ich Medizin studiert, dann würde ich die Gesellschaft kritisieren, indem ich über die Medizin in unserer Gesellschaft sprechen würde. Ich bin aber nun mal Computerspezialist.«

Wir sitzen in der Küche. Überall stehen Vorräte herum. Kisten und Kartons mit Weißwein, H-Milch und Gebäck, die für ein ganzes Jahr reichen würden. Er spielt an seinem goldenen Ring mit dem Davidstern. Vielleicht stört es Weizenbaum, dass heute jeder an einen Rechner rankommt. Zu

Weizenbaums Zeiten schien das nur wenigen, elitären Kreisen vorbehalten zu sein.

»Nein, das stimmt nicht. Es hat mit dieser Gesellschaft zu tun. Die Welt, in der wir leben. Stellen Sie sich ein Konzentrationslager vor, in dem alles, was möglicherweise ein Computer entscheiden könnte, tatsächlich vom Computer entschieden wird. Zwei Gefangene unterhalten sich miteinander. Der eine sagt: ›Es muss doch möglich sein, Computer vernünftig anzuwenden.‹ Der andere entgegnet: ›Ja, aber nicht in einem KZ.‹« Das ist eines von Weizenbaums widersprüchlichen und verwirrenden Bildern – deutsche Journalisten sind verwirrt. Sie sind es nicht gewohnt, dass ein angesehener Wissenschaftler und Professor gerne in Bildern spricht.

Leben alle Computernutzer demnach in einem KZ? »Nein, natürlich nicht. Aber in einem Irrenhaus. In einer vernünftigen Gesellschaft könnten wir Millionen von Computern besitzen, und wir würden sie vernünftig benutzen. Die Technik spiegelt bis zu einem gewissen Punkt unsere Gesellschaft wider. Gerade in Amerika zeigt der Computer auch eine hoch militarisierte Gesellschaft. Da kann der Computer gar nichts dafür. Wenn der liebe Gott die Naturgesetze so ändern würde, dass Transistoren nicht mehr funktionierten, würden wir uns etwas Neues ausdenken. Es wären aber wieder militärische Instrumente.«

Weizenbaum setzt seine Brille ab. »Der Computer wird ohnehin aus unserem Bewusstsein verschwinden. Der Computer steckt in jedem Auto, in jeder Nähmaschine. In zehn Jahren ist der Computer kein Thema mehr. Es ist wie mit dem Sauerstoff.«

Obwohl der Computer unfertig ist? »Irgendwann wird er fertig werden. Ich erzähle Ihnen eine kleine Geschichte. Ich fliege über den Atlantik. In einem großen Flugzeug. Und man lädt mich ein, das Cockpit zu besuchen. Alle klassischen Instrumente sind weg. Es gibt nur noch acht Bildschirme im Cockpit, und der Pilot kann darauf einstellen, was er für wichtig hält. Sie können alles aus dem Flugzeug aufrufen: vom Laderaum bis zum Hydrauliksystem. Es gibt noch vier alte Instrumente für den absoluten Notfall. Der Pilot ist begeistert, ich bin begeistert. Dann zeigt er mir eine kleine Sicherung. ›Das ist die Sicherung für den Hauptcomputer‹, erklärt er. ›Wenn etwas schief geht, dann ziehen wir sie raus, warten einen Moment und stecken sie wieder rein. Und dann geht es wieder.‹ Er kennt die Technologie nicht. Er ist kein Computerfachmann, sondern ein Luftfahrtmensch. Niemand muss etwas über die Technik des Telefons wissen, um es zu benutzen.«

Weizenbaum hält einen Moment inne. »In einem amerikanischen Krankenhaus können Sie Ihre Selbstauskunft in den Computer eintippen«, sagt er und macht ein grimmiges Gesicht. »Welche Krankheiten hatten Sie? Sind Sie herzkrank? Welche Krankheiten gab es in der Familie? Die meisten Patienten finden das viel besser und fühlen sich besser verstanden als von einer Krankenschwester. Das macht mich nachdenklich. Was stimmt mit den Krankenschwestern nicht?« Weizenbaum spielt mit seiner Brille herum.

Sind die Deutschen technologiefeindlich oder technologiebegeistert? »Wenn Amerikaner Technik anbeten, dann hat das ganz pragmatische Züge. Weizen muss geerntet werden – also welche Maschine könnte nützlich sein? In Deutschland wurde noch vor hundert Jahren die Arbeit als eine von Gott gegebene Pflicht angesehen. Und technische Vereinfachungen galten als Sünde.« Joseph Weizenbaum kramt einen kleinen weißen Kamm aus seiner Hosentasche und bändigt damit kurz seine Mähne. Er hängt seinen Gedanken nach. Draußen weicht das Tageslicht, die ersten Straßenlaternen springen an. »Ts«, macht Weizenbaum. »Tabori …«

KAPITEL 3

KÖNNEN WIR NICHT EINFACH NUR GUTE FREUNDE SEIN?

Warum deutsche Eltern nicht mehr Eltern sein wollen, bis an die Grenzen der Peinlichkeit ihrem Jugendwahn nachgehen, keinen Schimmer vom Internet haben und den Einkauf als traditionellen Wert vermitteln

»Lebe jung und unverkalkt.«

Aus der Kwai-Knoblauchpillenwerbung

WARUM ELTERN IHRE KINDER NICHT MEHR VERSTEHEN

Punkt sieben

Im Film *Galaxy Quest* springt ein 15-jähriger Junge mit einer Handvoll Feuerwerkskörpern die Treppe herunter. Vater und Mutter sitzen vor laufendem Fernseher und lesen Zeitung. Amerika.

»Bis dann«, ruft er hastig. »Bin bald wieder da.«

»Brandon«, die Mutter senkt langsam die Zeitung, »wo willst du denn mit den Leuchtraketen hin?«

Der Junge bleibt stehen. Er hat eigentlich keine Zeit. Er muss dringend seine Helden aus einer Weltraumserie retten. Ihm bleiben nur wenige Minuten. »Naja«, sagt er, »die Protector wurde, als sie aus dem Schwarzen Loch kam, extrem beschleunigt, und sie ist auf die Atmosphäre mit hoher Geschwindigkeit getroffen, das bedeutet … Ihr könnt euch sicher vorstellen, wie instabil … Wir wollen versuchen, Larado über Ultrafrequenz einzuweisen, und die Leuchtraketen sind zur visuellen Bestätigung.«

Ungläubig starrt ihn die Mutter an. »Ah. Ja. Gut«, sagt sie. »Wir essen um sieben.« Und zu ihrem Mann gewandt: »Hauptsache, er ist an der frischen Luft.«

Eltern, die Beta-Version

In Deutschland bereiten wir uns auf alles vor. Wir gehen jahrelang zur Schule, machen nach vielen Jahren eine Ausbildung oder absolvieren ein Studium. Danach folgen weitere Prüfungen. Die Deutschen lieben nun mal allerlei Zeugnisse, Befähigungsnachweise, Diplome und Zertifikate.

Nur in Sachen Kindererziehung sind wir offensichtlich Naturtalente. Schon die biologische Möglichkeit der Fortpflanzung an sich scheint uns pädagogisch zu befähigen.

Ein klein wenig anders geht es in den USA zu: Um in den Vereinigten Staaten die überhand nehmenden Schwangerschaften bei Teenagern einzudämmen, erhalten Schüler und Schülerinnen seit geraumer Zeit in einigen Bundesstaaten eine batteriebetriebene Puppe. Wie ein echtes Baby schreit sie zu Unzeiten, muss ständig gefüttert und gewickelt werden. Die amerikanischen Jugendlichen finden das zunächst sehr lustig, sind aber nach dieser Woche mit den Nerven völlig am Ende.

In Deutschland hingegen veranschaulichen wir lieber die Funktion des Kondoms. Aber weder in der Schule noch in der Freizeit und anderen Lebensbereichen erklären wir, wie das tägliche Leben mit Kindern abläuft. Die einzige »Elterngrundausbildung«, die wir jemals in unserem Leben kennen lernen, bleibt die Erfahrung der eigenen Kindheit. Bloß: Unsere Eltern übten damals noch – und wir stellten das Versuchskaninchen dar. Genau an dieser Praxis hat sich bis heute nichts geändert.

Kindererziehung ist ein Ganztagsjob, der nicht immer mit Gleichmut bewältigt werden kann. Noch immer verfügen die meisten Eltern über mehr gute Vorsätze als Geduldspotenzial: Eltern heben die Stimme, Eltern drohen und Eltern wundern sich nie, dass die Trotzphase des Nachwuchses meist eine eigene Trotzphase bei ihnen selbst auslöst. Und da nun mal die eigene Kindheit die einzige Kindheit bleibt, die wir wirklich aus nächster Nähe kennen lernen durften, schwören sich ganze Legionen junger Eltern voller Überzeugung, *alles ganz anders* zu machen.

Fakt ist: Junge Eltern wollen auf keinen Fall die Fehler ihrer Eltern wiederholen. Sie machen lieber ihre eigenen Fehler – und die ihrer Eltern dazu. Mit einem Unterschied: Während Eltern früher im leidenden Tonfall »Mein Kind ist so anstrengend« sagten, nennen sie das heute voller Stolz »hochbegabt«.

Alles super

Offensichtlich haben Erziehungsberechtigte Probleme mit ihrer Elternrolle. Sie wollen heute nicht mehr die Eltern ihrer Kinder, sondern ihre Freunde sein. In den deutschen Haushalten ist die reinste Kumpanei ausgebrochen. Alle verstehen sich *super*. Die Eltern haben die Grenzen zu ihren Kindern aufgelöst und können ja alles zusammen machen, über alles reden und ganz herzlich miteinander lachen. Sie fahren auch später gemeinsam in Urlaub oder telefonieren regelmäßig, wenn die Kinder längst aus dem Haus sind. Weil sie eben alle ein *Super*verhältnis haben. Echte Freunde eben, meinen die Eltern.

Die Jugend sieht das natürlich anders. Die ist schon allein vom Jugendlichkeitswahn der Alten *super*genervt. Die Jungen besitzen kaum noch Möglichkeiten, sich abzugrenzen.

Ihre Eltern stehen auf die gleichen Schauspieler, auf die gleichen Klamotten und hören die gleiche Musik. Die Alten kaufen identische Sweatshirts, identische Sneakers, identische Jeans. Fährt der Sohn Inline-Skater, wollen das die Alten auch. Ein Blick in die Grünanlagen der jeweiligen Stadt überzeugt: Während in den Halfpipes die Kinder geschmeidig ihre Tricks einstudieren, stolpern Erwachsene auf Inline-Skatern in voller Schutzmontur durch die Rabatte. Früher haben junge Mädchen das Make-up ihrer Mutter heimlich ausprobiert, heute können sie schon froh sein, wenn Mami nicht die kostenlosen Henna-Tattoos aus ihren Mädchenzeitschriften klaut. Es ist wie bei der uralten Fabel vom Hasen und dem Igel. Überall wo Jugend sein soll, waren Eltern schon da: Piercing, Bauchfrei, Kickboards.

Was sollen denn Jugendliche nur tun, wenn die Alten einfach nicht mehr altern wollen?

Vor ein paar Jahrzehnten schien noch alles in Ordnung zu sein. Die Jungen waren jung und die Alten alt. Damals funktionierte Familie nach ganz anderen Gesetzen und Maßstäben. Es herrschte die Institution der Großfamilie, die einen gewissen Schutz bot. Alle lebten gemeinsam unter einem

Dach. Sie hörten auf das jeweilige patriarchalische, wahlweise auch matriarchalische Oberhaupt, das ihnen Respekt einflößte. Zu dieser Zeit besaß Familie noch einen Stellenwert. Kinder sorgten zum Beispiel später für ihre Eltern im Alter. Möglicherweise beschwört in gewisser Weise die heutige Rentensituation diese alten Modelle wieder herauf. Es lohnt also gleich aus mehreren Gründen, sich mit dem Nachwuchs anzufreunden.

Im Allgemeinen kommen 71 Prozent der befragten Kinder gut mit ihren Eltern aus. Aber wenn Eltern tatsächlich die Freunde ihrer Kinder sein wollen, nimmt der Nachwuchs diesen Aspekt differenzierter wahr. Nur 12 Prozent bezeichnen ihre Eltern tatsächlich als Freunde. Ein wenig Distanz in diesem ungleichen Verhältnis kann eben nicht schaden.

Verhältnis zu den Eltern

Wie gut verstehst du dich mit deinen Eltern?

Antwort	Total	12-13 Jahre	14-15 Jahre	16-17 Jahre
Sehr gut, die sind echt okay	37 %	38 %	32 %	41 %
Ganz gut	34 %	32 %	36 %	33 %
Geht so	15 %	14 %	19 %	11 %
Super, wir sind Freunde	12 %	15 %	11 %	12 %
Gar nicht	2 %	1 %	2 %	3 %

Eine **EARSandEYES**-Befragung von 533 Kindern und Jugendlichen zwischen 12 und 17 Jahren. Stand: Frühjahr 2001

Nur 23 Prozent der Kinder sprechen mit ihren Eltern über alles. 77 Prozent machen in der Kommunikation mit ihren Eltern starke Einschränkungen.

Kommunikation mit den Eltern

Kannst du mit deinen Eltern über deine Probleme und Sorgen sprechen?

Antwort	Total	12–13 Jahre	14–15 Jahre	16–17 Jahre
Ja, aber nicht über alles	53 %	52 %	51 %	56 %
Ja, ich kann mit meinen Eltern über alles sprechen	23 %	23 %	23 %	22 %
Nein, aber das möchte ich auch gar nicht	21 %	22 %	21 %	20 %
Nein, ich kann mit meinen Eltern über gar nichts reden	3 %	2 %	4 %	1 %

Eine **EARSandEYES**-Befragung von 533 Kindern und Jugendlichen zwischen 12 und 17 Jahren. Stand: Frühjahr 2001

Allerweltsthemen wie Schule besprechen noch 89 Prozent mit ihren Eltern. 63 Prozent wenden sich beim Thema Geld zu Wort. Nur jeder Zweite teilt mit den Eltern persönliche Probleme und hält es für sinnvoll, die Eltern in die Probleme einzuweihen. Nur 15 Prozent sind bereit, mit ihnen über Schwierigkeiten im zwischenmenschlichen Bereich zu sprechen. Kinder brauchen Geheimnisse. Intimere Themen besprechen sie mit Freunden. Das hätten wir nicht anders gemacht.

Dass Erwachsene nicht immer der richtige Ansprechpartner sind, verdeutlicht das Gespräch zwischen dem Chef des Musiksenders VIVA, Dieter Gorny (47), und seiner 15-jährigen Tochter Ann-Kathrin:

BamS: Sprichst du mit deinem Vater über Liebeskummer?
Ann-Kathrin: Er macht sich ein bisschen lustig darüber.
Gorny: Das tue ich nicht, das unterstellst du mir jetzt.
Ann-Kathrin: Doch, er macht sich über alles lustig.

Quelle: Bild am Sonntag vom 1. Juli 2001

Themen mit den Eltern

Welche Themen besprichst du mit deinen Eltern?

Antwort	Total	12-13 Jahre	14-15 Jahre	16-17 Jahre
Probleme in der Schule	89 %	92 %	90 %	88 %
Geldprobleme	63 %	49 %	64 %	67 %
Ärger mit Freunden	56 %	64 %	54 %	55 %
Andere persönliche Probleme	55 %	62 %	50 %	57 %
Liebeskummer	15 %	13 %	13 %	18 %

Eine **EARSandEYES**-Befragung von 406 Kindern und Jugendlichen zwischen 12 und 17 Jahren. Stand: Frühjahr 2001

Keine Zeit, keine Zeit

Die Harmoniesucht der Eltern weht aus noch einem ganz anderen Grund durch den Alltag und gaukelt den Kindern ein partnerschaftliches Verhältnis vor. Oft geht es überhaupt nicht mehr anders. Viele Eltern räumen für ihre Kinder kaum noch Zeit ein. Wer gar keine Zeit hat, bekommt erst gar kein Kind und will sein Leben, seine Karriere und seine Beziehung zu 100 Prozent ohne Kinder führen und keine Kompromisse machen. Paare, die auch ohne Nachwuchs glücklich sind, werden in unserer Gesellschaft dennoch an der familiären Situation gemessen, als *Kinderlose* charakterisiert und wie Spielverderber behandelt. Zwar mag ja der urtraurige Tag eintreten, an dem die sich dann fragen, wie das wohl mit Kindern gewesen wäre, aber dann fallen ihnen rasch die Insignien ihrer Unabhängigkeit ein. Der allgemein beklagte Geburtenrückgang jedenfalls ist nicht etwa auf mangelnde körperliche Vereinigungen zurückzuführen, sondern auf einen klar strukturierten Egoismus. Und der hat selbst in den Familien Einzug gehalten. Meistens arbeiten beide Elternteile.

Mütter machen sich angesichts des Zeitmangels für die Familie mehr Vorwürfe als Väter. »Natürlich ist die am häufigsten gestellte Frage: ›Wie schaffst du das bloß?‹«, schreibt die Redakteurin Barbara Mauersberg in der *Frankfurter Rundschau*. »Und meine Antwort heißt: gar nicht.« Mauersberg arbeitet bei der *FR* und ist für das neue, farbige Magazin mitverantwortlich. »Unsere Familie lebt von Improvisation und maximaler Organisation«, erklärt sie. »Ich wollte nie eine behütende Mutter sein, aber meine Töchter vernachlässigen, das wollte ich auch nie. Mein Mann und ich, wir haben uns Haushalt und Kinderbetreuung geteilt, solange wir beide noch studierten. Seit zweieinhalb Jahren bin ich voll berufstätig, und mein Mann trägt den Hauptanteil des Familienlebens. Aber ich bilde mir ein, dass die Nachteile meiner Berufstätigkeit auf mir und ihm lasten – nicht auf den Kindern. (...) Manchmal bin ich eifersüchtig, wenn sich die Kinder mit ihren Fragen oder Problemen an meinen Mann wenden oder mich aus Versehen »Papa« nennen. (...) Weil ich zuviel arbeite, bin ich oft genervt und flippe schon bei Kleinigkeiten aus. Es erschreckt mich, wenn meine Kinder mir aus dem Weg gehen, weil sie meine Zornesfalte auf der Stirn sehen.«

Immer mehr Frauen fragen sich heute, was ihnen die Frauenbewegung eigentlich gebracht hat. In den siebziger Jahren nahmen sie Abschied von Haushalt und Wickeltisch, ergriffen einen Beruf, um sich selbst zu verwirklichen oder die Abhängigkeit vom Ehemann zu schmälern. Das Ergebnis: Heute gehen alle Frauen einer Beschäftigung nach *und* schmeißen den ganzen Haushalt. Zu Hause ist jeder Mann mehr oder weniger eine faule Socke und appelliert bewusst oder unbewusst an die mütterlichen Instinkte seiner Partnerin. Das funktioniert.

Das Achtzigerjahre-Experiment des Hausmannes, gleichermaßen bewundert und verlacht, darf als gescheitert angesehen werden. Die Männer langweilten sich zu Tode, studierten nebenbei oder schrieben an ihrem großen Roman. Auf

Was Mütter denken

Medien-Images nach Angaben der Mütter in Prozent

Kinder haben Spaß mit Medien	94
Medien sind für Kinder spannend	91
Medien liefern Gesprächsstoff für Kinder	90
Kinder lernen aus Medien	86
Kinder erfahren aus Medien, was in der Welt passiert	84
Medien haben Einfluss auf die Gewaltbereitschaft von Kindern	83
Medien liefern Unterstützung für die Schule	79
Aus Medien erfahren Kinder, was gerade »in« ist	78
Medien sind wichtig, damit das Kind bei Freunden mitreden kann	77
Medien halten Kinder vom Spielen ab	77
Medien fördern die Phantasie von Kindern	76
Medien sind für die allgemeine Entwicklung von Kindern bedeutsam	75
Durch Medien erfahren Kinder ungeeignete Dinge	74
Medien rufen aggressives Verhalten hervor	74
Medien bieten Kindern schlechte Vorbilder	69
Durch Medien erfahren Kinder, was in unserer Gegend passiert	68
Medien fördern die Kreativität von Kindern	67
Kinder können mit Medien richtig abschalten	62
Medien geben Kindern Vorstellung, was gut und schlecht ist	59
Medien vermitteln Eindruck vom wirklichen Leben	58
Medien bieten Kindern gute Vorbilder	52
Medien behindern die Kreativität von Kindern	49
Medien behindern die Phantasie von Kindern	49

Quelle: KIM 99

Dauer blieb keiner von ihnen Hausmann. Egal, wie sich diese Männer auch anstrengten: Die Kinder mochten die zur Arbeit gehende Mutter viel lieber, die, nebenbei bemerkt, abends zur Sicherheit noch einmal alles nachputzte. Zudem blieb das Hausmännchen auf Dauer als Vertreter seiner Spezies einfach nicht begehrenswert.

Heute stellen Paare nicht nur hohe Ansprüche an sich selbst, sondern auch an ihre Kinder. Sie machen dabei sich und den Kindern vor, eine gleichberechtigte Partnerschaft zu führen.

Besonders deutlich wird dies bei Alleinerziehenden. Die Kinder müssen immer »vernünftig« und »verständig« sein. Nur gibt es keine gleichberechtigte Partnerschaft. Eltern haben im Zweifelsfall immer die entscheidende Stimme mehr.

Insofern ist die viel gepriesene eigene Entscheidungsbefugnis des Nachwuchses keinen Deut wert. Das macht aber nichts, weil Kinder genau das durchschauen. Eltern mögen zwar ihre Kinder nicht verstehen. Aber Kinder verstehen ihre Eltern sehr gut. Und das ist neu. *Super*neu sozusagen.

DIE GROSSE SPRACHLOSIGKEIT

Eltern interessieren sich nicht dafür, was ihre Kinder am Computer machen – Ein Gespräch mit Jan-Uwe Rogge

Jan-Uwe Rogge ist Buchautor *(Kinder brauchen Grenzen)*, Medienforscher und Familienberater

Verändert der Computer die Kindheit mehr als der Fernseher?

Rogge: Kindheit hat sich, was die innere Reifung und Entwicklung anbetrifft, kaum verändert. Wir haben nach wie vor eine Geburt, Kinder lernen laufen, wir haben Trotzalter, Kinder entwickeln sich im Schulalter weiter. Diese ganz klassischen Entwicklungsetappen bleiben und werden auch durch die neuen Medien nicht verändert. Außerdem zeigen alle Befragungen der letzten Jahrzehnte, dass vor den Medien das Spiel und die Tätigkeit mit Freunden rangieren. Es gilt der alte pädagogische Grundsatz: Begreifen geht über Greifen, Erfassen geht über Fassen, Verstehen geht über Stehen.

Also kein Grund zur Sorge?

Natürlich greifen Medien auch aktiv in die Kindheit ein und bestimmen beispielsweise Spiel- und Alltagsabläufe. Unter Eingreifen verstehe ich allerdings nicht Manipulation. Dafür gehen Kinder viel zu selbstbewusst mit Medien um. Sie sind nicht nur Objekt dieser Entwicklung, sondern auch gestaltende Kraft. Was den Computer im Unterschied zum Fernsehen anbetrifft, kommen verschiedene Faktoren hinzu. Beim Computer passiert zum ersten Mal, was in der pädagogischen Diskussion immer wieder formuliert wurde: Kinder sind nicht nur Schüler und Schülerinnen, sondern auch Lehrmeister. Das gab es in der pädagogischen Diskussion immer nur abstakt, und beim Computer sehen wir die Praxis. Im Umgang mit dem Computer sind Kinder den Erwachsenen mehr oder minder voraus. Sie haben ein spielerisches Verhältnis dazu. Aus meiner Position sind die Kinder auch sehr gute Kritiker, was Computerspiele anbetrifft.

Bei der Fernseherziehung gibt es klarere Kriterien: Eine Sendung oder zwei Sendungen sind Quantitätskategorien, die beim Computer nicht greifen. Für Eltern stellt sich da die Herausforderung, wie man beispielsweise das Computerspiel zeitlich begrenzen soll und wie sie ein gutes Computerspiel von einem schlechten unterscheiden.

Beobachten Sie den Jugendlichkeitswahn bei Eltern?

Ja. Es gibt Eltern, die in der Tat mit den Kindern Freund sein wollen. Um das mal ganz deutlich zu formulieren: Eltern und Kinder sind nicht gleichrangig, sondern Eltern sind in der Regel im Alter ein bis zwei Generationen älter, und das bedeutet, dass Eltern gewisse Erfahrungsvorsprünge haben. Erfahrungsvorsprünge, die Kindern eine ganze Menge an Halt und Orientierung geben.

Bei einem bestimmten Elternteil. Gibt es denn eine Typologie der Eltern?

Ja, es gibt eigentlich drei Typen: Den Wischiwaschitypen. Den nenne ich so, weil er die Generationsgrenzen verwischt. Dann gibt es den selbstbewussten Elterntyp, der sehr wohl mit den Kindern in einer Partnerschaftlichkeit lebt, der auch diese Grenzen, diese Generationsgrenzen artikuliert. Dann sind da natürlich noch jene Eltern, die eher autokratisch daherkommen, die nur das Beste für das Kind wollen und sich nicht am Kind orientieren.

Wie wirkt sich das bei der Nutzung neuer Medien aus?

Die Auseinandersetzung um das Computern in der Familie ist insbesondere bei den infantilen Wischiwaschitypen, aber auch bei den autokratischen Typen häufig keine Auseinandersetzung um den Computer, sondern der Computer wird in eine Beziehungsauseinandersetzung mit einbezogen. Der Wischiwaschityp bringt Kinder in eine immer extremere Computernutzung hinein. Die

Kinder wollen sich bewusst in ihrer Nutzung von den Eltern absetzen, und das machen sie über die zeitliche Dauer und die Inhalte der Spiele. Durch dieses Verwischen und nicht Ernstnehmen von Generationsgrenzen erzeugen die Eltern auch ein sehr großes Risikoverhalten. Das Gleiche gilt beim autokratischen Typen. Auch dort haben Kinder sehr schnell raus, wie sie ihre Eltern, gerade mit dem Computer auf 180 bringen können, indem sie genau die Spiele spielen, die ihre Eltern nicht mögen oder indem sie unheimlich lange am Computer sitzen. Beim selbstbewussten Typ laufen die Auseinandersetzungen sehr gekonnt ab.

Gekonnte Auseinandersetzung? Zielt darauf Erziehung ab?

Unter anderem ja. Sehen Sie, es gibt auch Konflikte bei den beiden ersten Typen. Da haben Kinder schnell vom zweiten oder dritten Lebensjahr raus, wie ihre Eltern funktionieren. Und es kommt dann auch zu Auseinandersetzungen. Nur sind diese Auseinandersetzungen häufig ungekonnt, sie ähneln mehr einem Machtkampf – nach dem Motto: Mal sehen, wer hier gewinnt. Deshalb kommt es häufig zu dem Satz vieler Eltern: Die verstehen mich nicht mehr, die hören nicht mehr auf. Und umgekehrt aus der Sicht der Kinder auch: Die verstehen uns ja gar nicht. Im schlechten Sinne reden sie aneinander vorbei, aber Kinder provozieren dies auch. Sie nutzen die Situation mehr oder minder für sich aus, erzeugen elterliche Ohnmachtsgefühle.

Betrifft das nur die kleineren Kinder?

Nein. Für mich geht das vom zweiten Lebensjahr an bis in die auslaufende Pubertät hinein, also bis zum 16./17. Lebensjahr. Dabei gehe ich von einem normalen Pubertätsverlauf aus, der mit elf Jahren beginnt. Die Elterntypen und Auseinandersetzungen wiederholen sich in unterschiedlichen Abständen der Entwicklung, und es gibt drei geradezu klassische Phasen der Auseinandersetzung, in denen insbesondere Medien eine Rolle spielen. Da ist zunächst eine erste Phase. Im ganz jungen Alter noch, im dritten oder vierten Lebensjahr, wenn die Kinder mit Medien in Kontakt kommen, sei es durch Freunde oder sei es durch ältere Geschwisterkinder. Dann kommt die zweite große Auseinandersetzungsphase zwischen dem fünften und achten Lebensjahr. Später gibt es die dritte Phase, etwa mit Beginn der Pubertät. Es kann sich eine vierte Phase bei manchen Kindern im Zentrum der Pubertät, also um die 14 Jahre herum anschließen. Bestimmte Beziehungsmuster, Auseinandersetzungen wiederholen sich in den unterschiedlichen Entwicklungsabschnitten. Dabei nimmt die Qualität der Auseinandersetzungen bei Kindern zu. Kinder ziehen ihre Eltern immer stärker in Auseinandersetzungen hinein. Und sind die Auseinandersetzungen dann in der Trotzphase schon sehr heftig, können sie in der Pubertät noch heftiger werden.

Haben Sie den Eindruck, dass Eltern zu wenig mit ihren Kindern reden?

Es gibt Eltern, die permanent quasseln und ununterbrochen auf die Kinder eindröhnen. Ich glaube, es kommt nicht von ungefähr, wenn Kinder immer häufiger chronische Mittelohrentzündungen bekommen. Das hat nichts mit Ökologie zu tun, sondern mit diesem pädagogischen Gequatsche. Eltern plappern ununterbrochen auf Kinder ein, begründen ständig ihr Handeln oder versuchen, Kindern so lange eine Sache auszureden, bis die mehr oder minder tot gelabert sind. Der andere Elterntyp redet wenig und wenn überhaupt, dann aneinander vorbei. Übrigens, das ist keine neue Sache. Diese Beobachtung, zu viel zu reden oder zu wenig zu reden, ist eine Tendenz, die sich in der familientherapeutischen Literatur nach dem Zweiten Weltkrieg immer wieder findet.

Ich habe den Eindruck, dass gerade im Computerbereich zum Thema »Computer« nicht geredet wird.

Sicher lassen sich diese beiden Positionen auf den Computer übertragen. Diejenigen, die permanent reden, versuchen ihren Kindern den Computer auszureden und entdecken dabei, dass sie keine Resonanz finden. Oft hauen diese Kinder von zu Hause ab und spielen woanders, weil sie dort ihre Ruhe haben.

Aber Kinder wollen auch oft über ihre Erfahrungen am Computer reden ...

Sie haben Recht. Es besteht, was das Computern anbetrifft, zwischen vielen Eltern und Kindern eine große Sprachlosigkeit. Eltern lassen sich zu wenig auf die Sprache der Kinder ein. Wenn ich höre, dass viele Eltern noch nicht einmal wissen, was »abspeichern« heißt, wundere ich mich schon sehr. Wenn sie noch nicht einmal die Grundbegriffe kennen, dürfen sie sich auch nicht wundern, wenn dort ein kommunikativer Breakdown stattfindet.

Was raten Sie Eltern?

Aus meiner Sicht ist es ausgesprochen wichtig, dass Eltern sich auf ihre Kinder einlassen. Eltern sollten zumindest versuchen, ihre Kinder und deren Computerfaszination zu verstehen. Verstehen ist eine Grundvoraussetzung für jegliches pädagogisches Handeln. Verstehen heißt, eine Sache aus der Sicht des Kindes zu erfüllen und zu begreifen. Eine ganz andere Frage ist, ob ich ein Verhalten dann akzeptiere. Aber zumindest ist das pädagogische Verstehen, ist Einfühlungsvermögen auch am Computer eine ausgesprochen wichtige Sache. Viele Eltern fragen mich: Was kann ich denn den Kindern heute noch vermitteln? Für mich heißt Kommunikation im Zeitalter der alten und neuen Medien zweierlei: Dass Eltern auf der einen Seite bereit sind, hinsichtlich medialer Kommunikation von ihren Kindern zu lernen; dabei meine ich sowohl alte wie neue Medien. Und umgekehrt, dass Eltern ihren Kindern die Qualität von personaler Kommunikation vorleben. Das heißt, dass sie Gesprächsregeln und Kommunikationsrituale mit Inhalt füllen. Sei es durch das gemeinsame Essen, sei es durch gemeinsame Aktivitäten.

Was haben Eltern in anderen Länder, was wir nicht haben?

Kulturelle Gelassenheit. Wir haben in Deutschland

eine ausgesprochen bilderstürmerische, kulturkritische Position, die Sie bis ins Mittelalter zurückverfolgen können. Es gibt kaum ein Land wie Deutschland, in dem apokalyptische Diskussionen über Medien als Untergang des Abendlandes so begierig aufgenommen werden. Ein Mann wie Neil Postman hat in den USA immer weniger Leser, aber in Deutschland zieht man sich seine Bücher wie einen pädagogischen Joint geradezu rein. Uns fehlt es an kultureller Gelassenheit. Bei uns laufen Diskussionen über Technologien generell kontrastprofiliert ab. Da haben wir auf der einen Seite die Befürworter und auf der anderen Seite die Apokalyptiker. Was den Computer anbetrifft, denke ich zur Zeit, gibt es eine affirmative Position nach dem Motto: Wenn wir es schon nicht verhindern können, dann müssen wir uns wohl damit arrangieren. Aber das ist keine bewusste, reflektierte Auseinandersetzung. Das sehen Sie ja an sich selber. Sie sind ja einer der ganz wenigen, die diese mittlere Position vertreten, wo Sie auf der einen Seite kritisch herangehen, auf der anderen Seite aber auch eine Begleitung machen, die den Eltern und den Kindern hilft.

Kleiner historischer Abriss über »Kinder und Computer«

1982. Der Bildschirm ist schwarz. Die Schrift leuchtet grün: »Du bist vor einem Schloss.«

Rasch gibt einer der drei Jungs »Gehe Schloss« ein.

Der Monitor bleibt dunkel. Dann ein neuer Satz: »Du stehst vor einer Tür.«

Nach kurzem Überlegen tippt einer der Jungs: »Öffne Tür.«

Immer noch alles schwarz.

»Geht nicht«, steht da zu lesen. »Kein Schlüssel.«

Kein Zweifel, die ersten Computerspiele wirkten nicht sehr anspruchsvoll. Mit Amiga, Atari und Apple kam zu Beginn der achtziger Jahre die erste Computerbegeisterung in

Deutschland auf. Die Rechner waren sündhaft teuer und boten kleine Spiele wie *Pong* an. Zwei grüne Balken jagten einen viereckigen Ball hin und her.

Ende der achtziger Jahren brachten die Schulbuchverlage Adaptionen ihrer Schulbücher im Diskettenformat auf den Markt und nannten das »Lernsoftware«. Damit öffneten sie den Nachmittagsmarkt, denn zum ersten Mal sahen Eltern neben den Computerspielen eine Alternative als sinnvolle und pädagogisch wertvolle Beschäftigung am Computer. Doch erst mit der Einführung der CD-ROM kam richtig Bewegung in den Lernmarkt. Der Begriff Lernsoftware an sich ist genial. Er liefert das Versprechen ab, aus schlechten Schülern gute Schüler zu machen. Nur kamen lange Zeit diese Titel bei Kindern überhaupt nicht an, sondern landeten gleich auf dem Friedhof der aussortierten Kuscheltiere. Das hätten wir als Kinder nicht anders gemacht. Dann kam das Genre *Spielerisches Lernen* auf, vor allem für Kinder im Vorschulalter. Sie vollführten ihre ersten Übungen, trainierten die Merk- und Orientierungsfähigkeit. Die Programme war zuckersüß, putzig oder einfach nur nett. Damit bauten viele Eltern ihre eigenen Vorurteile gegenüber dem Computer für sich nach und nach ab. Wenn Kinder früh genug mit guter Software spielen, bekommen sie ein Gefühl für Qualität. Beim Lesen verhält es sich ähnlich. Wer seinem Nachwuchs Geschichten vorliest, schult die Lust auf eine gute Story und bringt so die Kinder früher oder später selbst zum Lesen. Doch selbst den progressivsten Eltern macht die Industrie einen Strich durch die Rechnung. Denn die Kindersoftware wendet sich hauptsächlich an Kinder bis zehn Jahre. Danach wird das Angebot ausgesprochen dünn, und der Nachwuchs wechselt gezwungenermaßen in die Ebene der Computerspiele, die nicht für sie konzipiert wurden.

Lust auf Doppelmoral?

»Ich habe Hunger, ich habe Durst, ich muss aufs Klo, wie weit ist es noch, mir ist schlecht«, lauten die Standardaussagen der Kinder auf Urlaubsfahrten. Heute sorgt der Gameboy für Ruhe auf dem Rücksitz. Sie melden sich nur noch, wenn ihnen die Batterien ausgehen. Außerhalb der Urlaubszeit bleibt der Gameboy bei Eltern natürlich weiterhin verpönt. Er wird streng reglementiert oder gerne auch zur Bestrafung einkassiert. Medien, ob bewusst oder unbewusst, sind verdammt gute Babysitter. Ein Kind mit Gameboy kann nach zwei Stunden genau wieder an der Stelle aufgelesen werden, wo es zurückgelassen wurde. Mit dem Fernsehen verhält es sich ähnlich. Klar gibt es feste Fernsehzeiten, aber die meisten Kinder besitzen heute einen eigenen Videorekorder. Im Gegensatz zu ihren alten Herrschaften können sie den auch programmieren und nehmen zum Beispiel *South Park* auf. Das nehmen Eltern billigend in Kauf. *South Park* aber kommt so spät, weil der Sarkasmus der Sendung, die das Leben in den Vereinigten Staaten bitterböse parodiert, nicht für Kinder geeignet ist. *Bravo Screenfun,* die Zeitschrift für spielende Computerkids, lud ihre Leser zu einer Abstimmung ein, ob *South Park* zu einer früheren Uhrzeit gesendet werden soll.

Eltern brauchen also beim Thema Computer nichts zu befürchten, sie haben ihre Kinder längst ans Fernsehen verloren.

Wenn Eltern ihre Kinder dennoch an den Computer setzen, dann muss es immer *pädagogisch sinnvoll* sein. Und so durchforsten sie die Softwareabteilungen der Kaufhäuser nach Packungen mit einem entsprechenden Vermerk. Doch der ist meist nichts wert. Außerdem ist nie ein Medium *pädagogisch sinnvoll,* sondern sein Einsatz. Unabhängig von diesen Programmen gehen Kinder am Computer sehr früh ihren eigenen Interessen nach.

Es ist ein offenes Geheimnis, dass sie aus der Schule jede Menge gebrannte Spiele mitbringen, um sie natürlich zu spielen. Aber nur selten wollen die Erwachsenen wissen, um was für ein Spiel es sich dabei handelt oder wie es funktioniert.

Elternwissen über Computerspiele

Kennen deine Eltern alle Spiele, die du am Computer spielst? (Mehrfachantwort möglich)

Ja, sie suchen sie aus und kaufen sie auch	9%
Ja, sie schauen kurz zu und spielen dann mit	18%
Ja, sie schauen kurz zu, aber sie interessieren sich nicht wirklich	41%
Ja, sie verbieten es mir, aber ich spiele trotzdem weiter	2%
Zum Teil, bestimmte Spiele verbieten sie aber	10%
Nein, sie kennen die Spiele nicht	35%

Eine **EARSandEYES**-Befragung von Kindern zwischen 9 und 17 Jahren.
Stand: September 2000

Kontrolle durch Eltern

Inwiefern kontrollieren dich deine Eltern, wenn du im Internet bist? (Mehrfachantwort möglich)

Meine Eltern vertrauen mir ohne Kontrolle	63
Meine Eltern kontrollieren mich nicht, es ist ihnen egal	32
Sie kontrollieren, wie lange ich im Internet bin	19
Sie kontrollieren, was ich im Internet mache	11
Meine Eltern setzen Filtersoftware ein und sie funktioniert auch	2
Sie können mich nicht kontrollieren, weil ich nicht zu Hause surfe	2
Meine Eltern setzen Filtersoftware ein, aber ich kann sie umgehen	1

Eine **EARSandEYES**-Befragung von Kindern zwischen 9 und 17 Jahren.
Stand: September 2000

41 Prozent interessieren sich nicht wirklich.

Genauso verhält es sich mit dem Internet. Die meisten Eltern haben nicht den blassesten Schimmer, was ihre Kinder im Internet treiben. Noch einmal: Kinder machen nichts heimlich, sie sind keine Geheimniskrämer, sie gehen ganz offen an die Sachen heran. Eltern kommen nicht einmal auf die Idee, eine Filtersoftware einzubauen. Die taugt zwar in 99 Prozent aller Fälle nichts, aber selbst das wissen sie nicht.

Zwischen Nest und Internet

Das Haus steht in der Schleiermacherstraße. Ein bunter Betonklotz mit roten Metallfenstern. Die Autos parken dicht aneinander, die Straßen sind eng und klein. Wie alle Nebenstraßen in Frankfurt. Vor der Tür des benachbarten Jugendhauses stehen drei ausländische Jugendliche und rauchen. Aus dem Inneren ertönt laute Musik.

»Medien wie Fernsehen, Computer und Internet nehmen in der Kindheit immer mehr an Einfluss zu«, erklärt Gabi Mankau im ersten Stock des Frankfurter Kinderbüros. Mankau leitet das Frankfurter Kinderbüro und hat es mit aufgebaut. Es wurde 1991 gegründet, um den in der Stadt lebenden Kindern eine Lobby zu bieten. Denn Kindheit verändert sich ständig. Die 12-Jährigen im Jahre 2001 sind wesentlich weiter als die 12-Jährigen aus dem Jahre 1991. Das Kinderbüro bot als erste Einrichtung in Deutschland eine Rechtsberatung für Kinder an, hilft ihnen in der Not rund um die Uhr und realisierte bisher mit 30 000 Kindern viele Projekte. Das Büro gehört zur Stadt Frankfurt, kann aber schnell und unabhängig agieren und reagieren, wenn es darauf ankommt. Seit Mitte der neunziger Jahre bietet das Kinderbüro auch Software und Computer für Kinder, Eltern und Pädagogen an. Im Jahr 2000 initiierte Mankau die Ausstellung »@-Kids: zwischen Nest und Internet« auf der Zeil. In Dutzenden von Interviews erzählten Kinder, wie sie sich die Zukunft vorstellen.

»Durch die zunehmende Medienpräsenz verändert sich auch die Wissenssituation zu Hause«, erklärt die Leiterin des Kinderbüros. »Eltern haben nicht mehr länger allein den Wissensvorsprung inne. Heute holen die Kinder ihre Infos am Kiosk, im Fernsehen oder aus dem Internet. Wir wollen ihnen ja früh genug jeglichen Zugang bieten. Dann sollen sie selbst entscheiden.«

Doch viele Kinder sehen sich überhaupt nicht in der Lage, ständig Entscheidungen zu treffen. Das können ja nicht einmal Erwachsene. »Damit geben Eltern oft die Verantwortung ab und sagen: ›Du hattest die Chance. Du konntest dich entscheiden, wir haben dir den Freiraum gelassen.‹«

Mankau stellte fest, dass genau die Pädagogen, die früher vor der Macht des Computers warnten, heute die unkritischsten Nutzer sind.

Früher hieß es noch: Der Computer macht einsam. »Dabei sind meistens mehrere Kinder vor einem Rechner. Wir können es im Computerclub sehen. Sie spielen und plaudern angeregt miteinander. Kinder sind deswegen besonders gerne im Internet, weil sie dort unkontrolliert und unkommentiert sind. In der realen Welt wurden alle Claims abgesteckt und lassen kaum noch Freiräume für Kinder und Jugendliche. Das war früher anders. Da stromerten Kinder noch durch verwilderte Naturgrundstücke und kamen ganz gut alleine zurecht. Heute soll es immer ein TÜV-gerechter Spielplatz sein. Die Kontrolle geht nachmittags weiter. Spielen, Dösen, Rumalbern, draußen spielen bis es dunkel wird – darin wird heute keine sinnvolle Freizeitbeschäftigung mehr gesehen.«

Zu Hause scheint sich aber niemand für die Erlebnisse der Kinder im Internet zu interessieren. »Normalerweise erzählen Kinder unverblümt ihre Medienerlebnisse. Sie haben einen Film gesehen und berichten auf- und angeregt von einzelnen Szenen. So etwas findet beim Medium Internet zu Hause nicht statt. Beim Film sind Eltern offensichtlich kompetente Ansprechpartner, und das nur, weil sie auch Filme sehen. Beim Internet kennen sie sich nicht aus. Deshalb schotten sich Kinder dann zwangsläufig ab und bleiben lieber unter sich.«

Wenn Kinder am Computer spielten, im Internet waren, fremde Identitäten im Netz einnahmen, sehnen sie sich noch mehr nach einem intakten Zuhause, nach einer Familie, Nähe und Wärme. Doch das bekommen Eltern gar nicht so recht mit. Die Leiterin des Frankfurter Kinderbüros: »Es ist wahr. Kinder werden immer konservativer. Sie wollen klare Ansagen. Sie fordern genau die Rituale, die uns früher zum Hals raushingen: Hort, Mittagessen und sonntags was zusammen machen. Sie spüren, dass es ein Schutz ist, wenn jemand Verantwortung übernimmt.«

Versagen die Eltern?

Gabi Mankau: »Nein, noch nie waren Eltern so bemüht, alles *richtig* zu machen. Jährlich geben sie Milliarden für Erziehungsratgeber aus und werden dabei immer unsicherer. Verzweifelt versuchen sie, das lang geplante Einzelkind rundum zu fördern, es soll schön, schlau, kommunikativ sein, seine Eltern cool finden und auf jeden Fall Abitur machen. Es gibt so viele Ratschläge, spezialisiertere Hilfs- und Beratungsangebote, bei denen niemand mehr durchblickt, so dass Eltern am Ende überhaupt nicht mehr wissen, wie sie sich verhalten sollen. Eltern haben immer das Gefühl, sie machen etwas falsch. Je unsicherer sie sind, desto misstrauischer werden sie gegenüber eigenen Gefühlen und Reaktionen. Und das schwappt auch auf die Kinder über. Neulich hörte ich folgenden Dialog: ›Du hast tolle Eltern, du darfst abends immer lange weg. Meine Eltern lassen mich nur bis 22 Uhr raus.‹ Kurzes Nachdenken. Dann antwortet die Freundin: ›Na ja, ich finde das Vertrauen schon okay, aber vielleicht ist es meinen Eltern auch einfach nur egal, wann ich nach Hause komme.‹«

Gabi Mankau sieht die aktuelle Wertedebatte, die durch die Kanzlergattin Doris Schröder-Köpf ausgelöst wurde, mit Vorbehalt: »Erwachsene sind wachsam«, erklärt sie. »Besonders neuen Entwicklungen und Trends gegenüber. Jetzt haben sie gerade den Konsum und das Getue um die Kleinen satt. Werte sollen wieder vermittelt werden, Grenzen gesetzt und auch Strenge sei vonnöten. Nicht Strenge, aber Werte fordern Kinder und Jugendliche schon seit geraumer Zeit, ohne dass es die Eltern groß interessiert hätte. Kinder wollen Familie, sie wollen sich nicht scheiden lassen oder dauernd neue Väter, die beliebtesten Lehrerinnen und Lehrer sind die, die »gerecht« sind, die gut erklären können und den Unterricht spannend gestalten, die Schüler nicht lächerlich machen und auch nach dem Unterricht noch Zeit für ein Gespräch haben. Kinder interessieren sich für die Umwelt und den Schutz der Tiere, ihre Lieblingsbegriffe sind *korrekt* und *Respekt*. Die Jugenduntersuchungen der vergangenen Jahre zeigen, dass Kinder ihre eigene Werteskala haben. Sie wünschen sich für die Zukunft eine Familie, nette Freunde und einen guten Job. Dieses Bild der Kinder und Jugendlichen lässt sich aber nicht entsprechend spektakulär vermarkten – weder für hippe Produkte noch für die Presse.«

Demnach sind Kinder also Spießer …

»Vorsicht«, warnt Gabi Mankau. »Das ist der große Trick der Erwachsenengeneration. Sie bezeichnen Kinder als spießig, konsumfixiert, unpolitisch und angepasst. Dann sind sie fein raus, weil sie sich auf diese Weise distanzieren können. Gleichzeitig halten sie weiter das Bild von sich aufrecht, die tolle Generation geblieben zu sein, die offen und fortschrittlich ist.«

Das passt so überhaupt nicht zum Bild der vermeintlichen Freundschaft zwischen Eltern und ihren Kindern. Die Erwartungen von Eltern hält Mankau für überzogen: »Schon pränatal wollen Erwachsene von Kindern gehuldigt werden. Neulich sah ich eine Seite im Internet, da schrieben die werdenden Eltern im Namen des vier Monate alten Fötus Max wahre Lobeshymnen: ›Meine Mama ist wunderschön und klug und mein Papa kann toll mit dem Computer umgehen.‹ Die Generationen sind anders. Die Alten sind alt, aber nicht mehr so alt wie früher. Die Jugend hat es schwer, sich gegenüber den ewig Jungen von gestern Raum zu verschaffen. Das war bei jedem Generationenwechsel so, aber es scheint, dass heute Erwachsene besonders eifersüchtig und clever darauf achten, die kritischeren, fortschrittlicheren, politischeren, kreativeren und besseren Jungen zu sein. Wir sagen heute mit einem Lachen: ›Ich hab auch ein Handy, ich habe auch einen Computer zu Hause.‹ Bei den Senioren ist das mittlerweile auch schon so. Oder in der Werbung. Wer hat Glück? Der eine Oma mit PC hat. Die schreibt jetzt immer E-Mails. Die moderne Oma, der moderne Opa ziehen mit. Kinder wollen aber Großeltern, die Zeit für sie haben und – ohne pädagogisches Getue – Wärme und Sicherheit geben und ihnen auch mal bei schrägen Ideen und Schulkatastrophen zur Seite stehen. Während die alten Werte bei Kindern hoch im Kurs stehen, wurden sie bei den Erwachsenen längst von Einkäufen und Konsum abgelöst.«

DAS GLÜCK AN DER KASSE

Ich kaufe, also bin ich

Kaum jemand bewundert heute eine technische Errungenschaft im Museum. Ihre Besonderheit erschließt sich erst in ihrer gänzlichen Vollkommenheit, wenn wir sie besitzen. Darum geht Technologiebegeisterung bei Jung und Alt immer mit Einkaufen einher. Und fast die ganze Welt befindet sich im Kaufrausch. Noch führen USA, Schweiz und Singapur in Sachen Kaufkraft. Aber angesichts des Durchschnittseinkommens in Deutschland besteht wirklich kein Grund zum Jammern. Solidaritätszuschlag, private Rentenversicherung, zu hohe Steuern und steigende Benzinkosten bringen uns noch lange nicht an die Grenzen des Ruins. Laut Weltbank-Rangliste der reichsten Länder der Welt steht Deutschland auf Platz 8.

Rangliste der reichsten Länder (Auszug)

Platz	Land	Durchschn. Brutto-Pro-Kopf-Einkommen
1	Schweiz	38350 Dollar
2	Norwegen	32 880 Dollar
3	Japan	32 230 Dollar
4	Dänemark	32 030 Dollar
5	USA	30 600 Dollar
6	Singapur	29 610 Dollar
7	Österreich	25 970 Dollar
8	Deutschland	25 350 Dollar
9	Schweden	25 040 Dollar
10	Belgien	24 510 Dollar

Quelle: Weltbank 2000

Beim Einkaufen nur gespart

Die Deutschen verlieren den Bezug zum Geld. Früher wurde noch gespart und gespart. Die Kriegs- und Nachkriegsjahre hatten unsere Großeltern und zum großen Teil auch unsere Eltern gegen Marken, Geräte und Einkaufswahn beinahe immun gemacht. Als das Markenbewusstsein noch in den Kinderschuhen steckte, wuchsen wir bereits mit Micky Maus, Pelikan-Füller und Wrangler-Jeans auf. Die alte Generation überlegte stets gründlich, bevor sie einen Kredit für ein Haus oder Auto aufnahm. Wer sich damals etwas nicht leisten konnte, kaufte eben nichts. Unsere Eltern wollten nicht mit ihrer Bank reden. Und welche Bank wollte schon mit unseren Eltern sprechen? Schulden, das hörten wir aus dem Unterton in der Stimme heraus, waren etwas Anrüchiges und Unseriöses.

Die gegenwärtige Generation und die Banken besitzen eine komplett andere Einstellung. Heute ist es ein ganz normaler Vorgang, für ein neues Gerät den Vertragsbanken des jeweiligen Handels tiefe Einblicke in unsere Liquidität zu gewähren. Kaufe jetzt, zahle später – so heißt schon länger das Motto, um all den technischen Schnickschnack zu finanzieren, der uns aus den Anzeigen ins Auge springt, die seit Neuestem der Tagespresse im seriösen Zeitungsformat beiliegen. Sieh an: Ein noch schneller getakteter Computer, ein noch kleineres Notebook, ein besserer Fernseher mit 16:9-Bild oder ein 12-teiliges Lautsprecherset, das jedes gewöhnliche Auto in eine rollende Wummerbox verwandelt. Für nur 111 Mark mal 47 Monate. 111 Mark hat doch wirklich jeder im Monat übrig. Das ist praktisch geschenkt. Früher hatten beim Einkauf die Eltern noch das letzte Wort, heute hat es die Schufa.

Die Upgrade-Gesellschaft

Als Kinder wünschten wir uns viele Dinge. Sehr viele. Carrerabahn, Bonanzarad, Märklinbahn, Roboter, Hamster.

Gute Eltern waren streng. Gute Eltern erfüllten nicht jeden Wunsch. Weil sie nicht konnten oder, was eher wahrscheinlich war, nicht wollten.

Verstanden haben wir das damals nie. Und genau genommen begreifen wir das immer noch nicht. Als Erwachsene stillen wir unsere Wünsche kurzerhand selbst. Wünsche haben kein sehr langes Haltbarkeitsdatum mehr. Oder wie es der österreichische Schriftsteller Robert Musil mal ausdrückte: »Wir haben die Wirklichkeit gewonnen und den Traum verloren.«

Wir verlieren aber noch viel mehr. Da wir uns alle Wünsche selbst erfüllen, verlieren die Dinge ihre Wertigkeit. Beständigkeit eines Gegenstands ist nicht mehr gefragt. Die Beschleunigung ergreift auch das komplette Kaufverhalten.

Nicht nur das: Es gibt auch keine Statussymbole mehr.

Kleines, aber klassisches Beispiel: Das Lexikon
Noch vor zwanzig Jahren stellte ein Lexikon einen wirklichen Wert dar. Nachschlagewerke aus Leder nahmen nicht nur ungeheuer viel Platz im Wohnzimmerschrank ein, sondern verschlangen auch ein kleines Vermögen. Das war es dem Besitzer wert, denn damals gehörte eine Enzyklopädie nun mal zum guten Ton. Die knapp 30 Bände mussten dabei ein bis zwei Generationen lang halten. Heute kommt jedes Jahr ein aktualisiertes Lexikon auf CD-ROM für knapp 200 Mark heraus.

Beispiel für Männer: Das Auto
Es war jahrelang des Deutschen liebstes Kind. An den Wochenenden wurde in den Autowaschanlagen mehr Energie auf die Reinigung und Politur verwendet als auf die Kindererziehung zu Hause. Früher suchte sich der stolze Besitzer eine Garage, um das Gefährt nicht unnötig den widrigen Wetterverhältnissen auszusetzen. Wer noch umsichtiger war, ließ es ganz stehen. Alles Vergangenheit. Heute fährt kaum jemand seinen Wagen länger als drei bis vier Jahre. Der Händler nimmt ihn im – natürlich – gepflegten Zustand mit Kusshand zurück, um uns das nächste Modell zu verkaufen.

Beispiel für Frauen: Die Einrichtung
So wie sterbende Wale einen Ort zum Stranden suchen, kommen Horden von schwangeren Frauen zu Ikea. Sie durchwandern schweren Schritts die Flure, um Kinderzimmer und Schlafzimmer mit katalogkonformer Zielsicherheit auszustatten. Nach spätestens vier Jahren vergiftet der neue Ikea-Katalog ihre Seelen. Auf schwedisch. Eine neue Küche muss her, ein neues Wohnzimmer oder gleich ein völlig neues Gefühl für Jugend und Unbeschwertheit. Und wer hier komplett neu einkaufen möchte, dem bleibt ja immer noch die Scheidung.

Shoppen als kultureller Wert

Einkaufen hat sich sehr verändert. Es ist nicht mehr mit dem üblichen »Shoppen« gleichzusetzen. Einkaufen nimmt heute einen kulturellen Stellenwert ein. Männer und Frauen suchen mit der Ernsthaftigkeit der Dispo-Elite Elektromärkte auf, als gäbe es dort einen Studiengang für Wäschetrocknen und HiFi-Tuning.

Dazu kommt noch der nicht zu unterschätzende emotionale Effekt: Kaufen gibt immer wieder ein gutes Gefühl. Kaufen wärmt und tröstet. Kinder lernen das auch früh kennen. Ein gutes Zeugnis, ein tapferer Besuch beim Zahnarzt wird stets belohnt. Aber: Kaufen lügt auch. Denn es sättigt nicht. Je mehr wir haben, desto mehr wollen wir.

»Unsere Haben-Kultur«, erklärt der Psychologe Wolfgang Bergmann, »ist tief von der Überzeugung durchdrungen, dass *mehr haben* auch *mehr Glück* bedeutet. Zum Konsum, der befriedigt, gehört aber auch das Verlangen nach dem, was wir konsumieren möchten. Und dieses Verlangen ist nie so stark wie in dem Moment, in dem uns die Erkenntnis erreicht, dass jedes Verlangen mit dem *Haben* dahin stirbt. Deswegen macht das Haben so wenig glücklich: Weil es die Sehnsucht tötet. Überfülle macht nicht nur gleichgültig, sondern mürrisch.«

Ich bin nicht okay, du bist nicht okay

Auf Verstimmungen reagiert unsere Gesellschaft auf ganz eigene Art: Sie kauft noch mehr ein.

Weil es uns nicht gut geht.
Weil es uns gut geht.
Weil es uns zu gut geht.
Weil wir es uns leisten können.
Und weil wir uns entsetzlich langweilen.

Das ist das Karma der Fernseh- und der Internet-Generation: Sie kann mit sich nichts mehr anfangen. Offensichtlich erliegen wir doch liebend gern dem Irrglauben, dass die erworbenen Gegenstände unsere Persönlichkeit abrunden würden. Genau genommen besitzen wir zwei Ichs. Das Ich, das uns tatsächlich ausmacht, und das Ich, wie wir uns sehen. Dabei machen wir uns schon lange nicht mehr an dem fest, was wir sind, sondern an dem, was wir haben. Und so entsprechen wir langsam genau jenen Klischees, die uns Werbung und Spielfilme vorleben. Beide Felder sind übrigens nur noch schwer auseinander zu halten. Wer beim Zappen im Fernsehen auf Manfred Krug und Charles Brauer trifft, muss zunächst immer ein paar Sekunden überlegen: Ist das jetzt *Tatort* oder Telekom-Werbung?

Her mit dem Taschengeld

Noch haben die Taschengeldbezüge ganz normale Ausmaße. Kein Kind ahnt, wie groß die Maschinerie sein könnte, die hinter seinen paar Kröten her ist. »Beim Thema Geld spielt die Vorbildfunktion eine große Rolle«, sagte Günther Jauch in der *Bild*-Zeitung. »In dem Moment, in dem Sie den Kindern das Gefühl geben, dass Geld der Maßstab aller Dinge ist, hat man schon verloren. Unsere Tochter bekommt zwölf Mark Taschengeld im Monat.«

Thema: Taschengeld I

Durchschnittliche Höhe der monatlichen Einkünfte von Kindern

Gesamt	52,39 Mark
Jungen	52,67 Mark
Mädchen	52,10 Mark

Nach Alter

6-9 Jahre	17,89 Mark
10-13 Jahre	39,29 Mark
14-17 Jahre	99,16 Mark

Insgesamt beläuft sich diese Summe der Geldeinnahmen (Taschengeld, Geschenke, Jobben) auf jährlich 6,19 Milliarden Mark

Ersparnisse: 10,58 Milliarden Mark

Die Hochrechnung aller Geldmittel kommt sogar auf 19,18 Milliarden Mark

Worauf sparen die Kinder?

Führerschein	11 %
Computer Zubehör	9,5 %
Fahrrad	8,5 %
Computerspiele	5,0 %
Kleider, Schuhe	4,4 %
Auto	4,3 %
Motorrad, Roller, Mofa	4,1 %
Reisen, Urlaub	4,0 %
Spielzeug	3,8 %
Stereoanlage, Walkman 3,7 %	

Quelle: KidsVerbraucherAnalyse 2000

Thema: Taschengeld II

Wohin fließt das Taschengeld?

Süßigkeiten	41,5 %
Comics, Zeitschriften	24,5 %
Kino	15,6 %
CDs	12,2 %
Getränke	11,7 %
Kleider, Schuhe	11,6 %
Disco/Ausgehen/Konzerte	10,8 %
Speisen/Fast Food	10,6 %
Spiele/Spielzeug	9,4 %
Eis	6,1 %

Was besitzen die Kinder von heute?

Besitz	Gesamt	6-9 Jahre	10-13 Jahre	14-17 Jahre
Fernsehapparat	38,5 %	15,5 %	37,3 %	61,9 %
Videorekorder	17,1 %	5,8 %	11,8 %	33,5 %
CD-Player	33,7 %	14,7 %	33,4 %	52,2 %
Discman	22,6 %	13,5 %	22,7 %	26,0 %
Tragb. HiFi	21,9 %	17,0 %	22,7 %	26,0 %
HiFi-Anlage	32,5 %	12,6 %	28,8 %	55,5 %
Walkman	62,1 %	45,2 %	64,3 %	76,2 %
PC Spiele	25,8 %	11,4 %	29,3 %	36,2 %
NES	24,6 %	18,6 %	30,6 %	24,1 %
Sega	8,4 %	5,0 %	10,0 %	10,1 %
Sony	9,6 %	5,2 %	13,9 %	9,3 %
Lerncomputer	9,7 %	12,3 %	10,6 %	6,2 %
Handy	6,5 %	0,6 %	3,8 %	14,9 %

Quelle: KidsVerbraucherAnalyse 2000

KAPITEL 4

TSCHÜSS, JUGENDKULTUR!

Warum sich die Jugend nicht mehr auflehnen muss, Vorbilder ausgedient haben, Kinder vom Strand aus die Börse beherrschen und das Markenbewusstsein zumindest online scheitert

»Papa ist einfach immer nett.
Früher haben wir ihn immer angebettelt:
›Brüll uns doch mal an!‹
Aber er kann es einfach nicht.«

Anna, die 17-jährige Tochter
von Johannes Rau, in der Zeitschrift *Max*

AUF DER SUCHE NACH DER VERLORENEN JUGEND

Ein Fall für den Spezialisten

Ein Ehepaar bekommt ein Kind. Schon nach geraumer Zeit stellt sich heraus, dass der Junge nicht spricht. Er sagt einfach keinen Ton. Die Eltern versuchen alles Menschenmögliche. Sie konsultieren Kinderärzte, Pädagogen, Psychologen, Psychiater, Logopäden und ausländische Spezialisten. Alles ohne Erfolg. Keiner kann sich das Phänomen erklären. Das Kind spricht immer noch kein einziges Wort.

Als der Junge das Alter von zwölf Jahren erreicht, sagt er eines Tages beim Mittagessen: »Wo ist denn das Salz?«

Dem Vater fällt der Löffel aus der Hand, der Mutter schießen die Tränen in die Augen.

Herr, der Gerechte, er spricht!

Die Eltern umarmen gerührt ihr Kind.

Schließlich fragt der Vater: »Junge, warum hast du all die Jahre nichts gesagt?«

»Och«, sagt der Junge und sieht seinen Vater lange an, »bis jetzt war alles okay.«

Alle, die gegen Deospray sind, sollen aufstehen

»Im Augenblick«, konstatiert Ulrich Wickert über die Jugend, »gibt es nichts, wogegen sie rebellieren könnte.«

Das ist aber kein spezifisches Problem der Jugend. Selbst Erwachsene bleiben heute den meisten Demonstrationen fern. An der Vergangenheit gemessen, nehmen sich die aktuellen Proteste gegen die Castor-Transporte wie reinste Kaffeefahrten aus. Nur mit noch weniger Teilnehmern. Die Hauptsaison der Demonstrationen ist offensichtlich vorbei. Die Bundesländer bestellen für alle Fälle ein Großaufgebot an Polizisten, die dann fürs Fernsehen entschlossen durchs

Unterholz stapfen. Die Aktivisten von einst beobachten das Geschehen lieber vom heimischen Fernseher aus. Sie sind inzwischen arriviert, alt und können sich schon aus gesundheitlichen Gründen nicht mehr an eine kalte Eisenbahnschiene ketten.

Früher zielten unsere politischen Unternehmen auf Selbstfindung hin, auf die Abgrenzung vom Elternhaus. Wir alle entstammen ja einer Generation, als Protestmärsche und Demonstrationen einen beträchtlichen Teil eben dieser Jugendkultur ausmachten, und sich die Mütter wunderten, wo all ihre Laken abgeblieben waren.

Unsere Auflehnung galt allem. Wir waren gegen die Diktatur in Spanien, gegen die Diktatur in Griechenland, gegen die Diktatur in Portugal, gegen die Diktatur in Chile, gegen die Diktatur in Argentinien. Waldsterben, Pershing II, Tierversuche, Startbahn West, Gorleben – wir ließen nichts aus. Was die deutschen Jugendlichen eben so taten, als es nur drei Fernsehsender gab.

Wir hatten Stolz, wir hatten Ideale, wir hatten Georg Danzer. Und eine gehörige Portion Aggressivität. Warf jemand bei den Auseinandersetzungen auf der Straße mit Steinen, musste er schnell sein, erwarb sich so die Konstitution eines Marathonläufers und ergriff später durchaus auch eine politische Karriere.

Als Jugendliche setzten wir uns kritisch mit der von Erwachsenen geschaffenen Gesellschaft auseinander und schufen eigene Identitäten. Notfalls durch exzessiven Haarwuchs. Junge Männer verweigerten Ende der siebziger Jahren entschlossen den Dienst an der Waffe und verhalfen ausgerechnet olivgrünen Armeejacken zu einem modischen Status. Der Rest trat sauber gescheitelt der Jungen Union bei oder ergriff eine sichere Lehre als Bankkaufmann. Dann kamen Punk und No Future. Plötzlich hatten Jugendliche auf nichts mehr »Bock«. Alles war egal. Bis auf das Outfit. Manche Punker schmierten sich Eier und andere Lebensmittel in die Haare, aus denen jede Nachkriegsmutti ein halbwegs vernünftiges Abendessen gezaubert hätte. Heute stehen die letzten Punker mit ihren Hunden an Berliner Kreuzungen, wischen für ein paar Münzen freundlich die Scheiben der Autofahrer sauber und symbolisieren auf tragische Weise die letzten Revolutionäre. Von den Veganern mal abgesehen.

Außerdem führte Rebellion immer zum Tod.

Che Guevara? Tot.

James Dean? Tot.

John Lennon? Tot.

Sid Vicious? Tot.

Kurt Cobain? Tot.

Und was ist aus all jenen geworden, die keine Idole waren und überlebt haben?

Eltern.

Die ehemaligen Rebellen sitzen am Bettrand ihrer Kinder und lesen *Harry Potter* vor. Wenn sie sich im Alltag mal über ihren Nachwuchs aufregen, nehmen sie erstaunt zur Kenntnis, welche altbekannten Sätze (»Solange du deine Beine unter meinen Tisch streckst …«) ihnen plötzlich entschlüpfen. Außerdem echauffieren sie sich, wenn in den Nachrichten die *Loveparade* als Demonstration bezeichnet wird, und empfinden bei den Bildern der Mai-Krawalle in Berlin vertraute Gefühle. Nur für einen Augenblick. Natürlich wurde das eigene Auto zuvor vorsorglich umgeparkt.

No more heroes

David wird später Künstler und nennt sich Mr. Davideo. So viel steht fest. Er besucht die 4. Klasse der Frankfurter Friedrich-List-Schule. »Ich habe kein Idol«, gesteht er freimütig in der *Frankfurter Rundschau,* »weil ich keinen kenne, der so ist, wie ich werden möchte.« David ist kein Einzelfall. Viele seiner Klassenkameraden brauchen ebenfalls keine Idole. »Mein Idol ist niemand«, schreibt Janina, »weil ich finde, jeder ist so, wie er ist, und alle sind hübsch, wie sie geboren wurden.«

Seit geraumer Zeit stellen Kinder, die Idole oder Vorbilder haben, ihre Favoriten auf der Kinderseite der *FR* vor. Alle waren dabei: Schauspieler, Verwandte, Sportler, Musiker, Haustiere. In den seltensten Fällen sind es die selben.

Bei den Erwachsenen war das natürlich ganz anders. Vorbilder und Idole gaben Sicherheit, lieferten Standpunkte und halfen mitunter aus der Misere der Adoleszenz. Selbst wenn die Stars wie Axel Rose herumgrölten oder wie John Lennon Kellnerinnen verprügelten, schien uns das doch ein gutes Zeichen, mit genügend Selbstsicherheit mehr zu wagen und auch mal Grenzen zu überschreiten. Wir verfolgten jede Äußerung und Bewegung unserer Vorbilder, klebten die Poster unserer Ikonen mit Tesafilm an die Tapete, bemalten unsere Hosen und Taschen mit ihren Namen, besorgten uns ihre Accessoires, bewegten uns wie sie, rauchten wie sie, grinsten wie sie und waren am Ende mehr John Lennon, als es Lennon je war.

An Idolen und Vorbildern mangelte es nicht. John F. Kennedy, Bob Dylan, Mutter Theresa, Rudi Dutschke, Muhammad Ali, Franz Beckenbauer und Ho Chi Minh. Bis vor dem Zweiten Weltkrieg hatte sogar der Adel eine Vorbildfunktion. In anderen europäischen Adelshäusern bröckelt schon jene Fassade, die es in Deutschland überhaupt nicht mehr gibt. Was nützt es denn, wenn ehemalige Exzentrikerinnen ein Benimmbuch schreiben und sich dann ausgerechnet im Fernsehen negativ über Minderheiten auslassen? Oder wenn ein Welfenprinz den Unterschied zwischen Contenance und Kontinenz vergisst. Sollten all diese teuren Internate und elitären Erziehungsveranstaltungen nichts genützt haben? Möglicherweise hat ja selbst der Adel seine Vorbilder eingebüßt. David Bowie wurde einmal als Nazianhänger beschimpft, weil er Adolf Hitler als ersten Popstar bezeichnete. Bestimmt führte die inszenierte Idolisierung des Führers und seiner Schergen im Dritten Reich zu einem abgekühlten Verhältnis gegenüber Idolen. Noch in den fünfziger und sechziger Jahren galt Albert Schweitzer als Vorbild. In jener Zeit nahmen die jungen Deutschen noch einiges auf sich.

»Ich bin in Baden-Württemberg aufgewachsen«, erklärt Klaus Mangold, Vorsitzender des Vorstands der Daimler-

Chrysler Services. »1963 fand das deutsch-französische Treffen zwischen Charles de Gaulle und Konrad Adenauer in Paris statt. Ich musste mit dem Zug fahren und zwei-, dreimal umsteigen, aber das war es mir wert. Ich wollte diese beiden großen Leute erleben. Nicht aus Sensationslust, sondern weil das für mich zwei Staatsmänner waren, die ich unbedingt persönlich sehen wollte. Für mich ist das bis heute ein unvergessliches Erlebnis geblieben. Diese Geschichte habe ich schon mehrfach meinen Kindern erzählt. Sie haben dafür überhaupt kein Verständnis. Staatsmänner, zwei- bis dreimal umsteigen – das hättest du doch auch im Fernsehen sehen können, sagen sie. Wir hatten einen Apparat, aber ich wollte das live sehen und erleben.«

Nicht immer konnten wir unseren Vorbildern bedenkenlos folgen. Idole und Vorbilder verlangten von ihren Fans ein hohes Maß an Flexibilität. John Lennon wurde angebetet, aber in vielen Dingen änderte er einfach zu häufig seine Meinung oder sagte Dinge, deren Bedeutung sich nur andeutete. »Ich habe viel gesagt«, gestand Lennon in einem *Rolling-Stone*-Interview. »Ich schreibe Songs, weil ich mich dafür entschieden habe, es zu tun, verstehst du; ich kann nicht anders, als sie zu schreiben, das ist eine Tatsache. Und manchmal habe ich das Gefühl, dass man arbeitet, um seine Existenz zu rechtfertigen ... Ich hatte das Gefühl, dass man arbeitet, um seine Existenz zu rechtfertigen, aber das stimmt nicht. Man arbeitet, um existieren zu können und umgekehrt, weiter nichts, ganz im Ernst.« Alles klar?

Im Fernsehen lief Ende der sechziger Jahre die Serie *Lassie*. Ganze Legionen von Großmüttern knöpften sich ihre Enkel vor und empfahlen ihnen, sich an Timmy ein Beispiel zu nehmen. Timmy war klug, Timmy war brav. Der sauber gescheitelte Timmy, dessen Augen so treu blicken konnten.

»Warum kannst du nicht so sein?« herrschten Omis ihre Enkel an, wenn die sich standhaft weigerten, zum Friseur zu gehen. Heute wissen wir, dass der Hauptdarsteller Jean-Michael Vincent in drittklassigen Serien und Spielfilmen seinen Gegnern auf die Zähne haut und auch wilde Schießereien nicht scheut. Aber das mussten diese Großmütter nicht mehr erleben. Ihren Timmy hätten sie ohnehin in diesem verkniffenen Gesicht nicht wieder erkannt. Es gab auch andere Enttäuschungen durch Vorbilder: Elvis Presley zum Beispiel brachte Frauen und Männer durch seinen Rock'n'Roll zum Schwitzen, aber leider gab er nicht ein einziges vernünftiges Interview. Deshalb überließ er das Reden seinem Manager Colonel Parker und stopfte sich lieber mit Essen, Süßigkeiten, Aufputsch- und Schlafmitteln voll. Eine Bilderbuch-Karriere vom Hüftschwung zum Hüftring. Seine Tochter heiratete später ein anderes Idol: Michael Jackson. Durch angebliche sexuelle Kontakte zu Kindern, der Freundschaft zu seinem Affen Bubbles und zu Elizabeth Taylor, seinem Sauerstoffzelt, der mysteriösen Pigmentstörung, diversen Nasenoperationen und der Hochzeit und Scheidung mit einer grobschlächtigen Krankenschwester kam er immer wieder ins Gerede. Boris Beckers legendäre frühe Interviews ernährten ganze Riegen an Kabarettisten, die sich in seinem badischen Tonfall durch den Fernsehabend stotterten. Heute sagt Becker in der *BILD* so bedeutende Dinge wie »Die Ehe ist ein Tagesgeschäft«. Ein Tennisspieler wie Becker hätte heute genauso wenig eine Chance, wieder ein solches Idol zu werden wie seine Kollegin Steffi Graf. Aktuelles Beispiel: Michael Schumacher gilt als einer der besten Rennsportfahrer der Welt, aber als Idol, wie Becker und Graf es waren, nicht. Diese Zeiten sind vorbei. Die deutsche Gesellschaft hat sich von der Wir-Gesellschaft vergangener Jahrzehnte zur Ich-Gesellschaft entwickelt.

Der Genforscher Jens Reich hat Verständnis für die heutige Jugend. »Die Jugend ist heute sehr individualisiert«, sagt er in seinem sehr engen Büro in Berlin-Buch. »Da gehört ja ein gewisser Eigensinn dazu, ein Vorbild zu haben, was die andern ringsherum nicht haben, und daran festzuhalten. Die Tatsache, dass Kinder keine gemeinsamen Vorbilder mehr haben, finde ich eigentlich erfreulich.«

Wer ist dein Vorbild?
Wenn 545 Kinder nach drei Vorbildern gefragt werden, wer steht dann auf Platz eins? So richtig? Eigentlich niemand.

Mein Vater	4 %
Bill Gates	3 %
Meine Mutter	3 %
Freund/Freundin	3 %
Britney Spears	2 %
Eminem	2 %
Schwester/Bruder	2 %
Madonna	2 %
Stefan Raab	2 %

Der Rest nannte unter anderem als Vorbild:
sich selbst, Großeltern, Lehrer/Lehrerin, Christina Aguillera, Michael Jordan, Torch, Gerhard Schröder, Michael Schumacher, Bryan Adams, Freund oder Freundin der Eltern, Die Ärzte, Gandhi, Keanu Reeves, André Kostolanyi, mutige selbstbewusste Menschen, glückliche Menschen, Tim Allen, Richard Dean Anderson, Bart Simpson, DJ Bobo, Franka Potente, Albert Einstein, Menschen, die in ihrem Leben etwas erreicht haben, Moby, Demi Moore, Martin Luther King, Stephan Weidner, Marilyn Manson, Dirk Lottner, Stefan Kretschmar, Victoria Beckham, Diana, Gillian Anderson, Menschen mit bestimmten Charakterstärken, Will Smith, Che Guevara, Bruce Willis, Jennifer Lopez, Sabrina Setlur, Kaiser Wilhelm, Pearl Jam, Jimmi Pop Ali, Harrison Ford, Tony Hawk, Johannes Rau, Wu-Tang Clan, Bon Jovi, Bum Ank MC, Paul Agostino, Friedrich II., Diane Fossey, Kaiser Franz, Meat Loaf, Micky Maus, Christian Wunderlich, Markus Koch, Dawson, Arno, Anna Frenz-Röhl, Ruth White, Tommy Wosch, Heike Drechsler, Ralf Schmalbach, Jürgen Klinsmann, Jürgen Bartsch, Arnold Schwarzenegger, All 4 One, Udo Jürgens, Julia Roberts, Heidi Klum, die Star-Broker, Camui Gakuto, Hamasaki Ayumi, Yamaguchi Yuko, Beethoven, Robbie Williams, Kafka, Tupac, Vince Carter, Michael

Jackson, Jackie Chan, Alexander, Bielau, Gabe, Kevin Russell, Adriana Lima, Jeanette Biedermann, John Lennon, Jeff Lynn, Bernd Römer, Mel Gibson, Klose, Patrick Rafter, Walter, Samuel L. Jackson, Absolute Beginner, Quentin Tarantino, Giovane Elber, D-Flame, Gotteshand, Meg Ryan, Jan Ullrich, Manfred Freiherr von Richthofen, Afrob, Emma, Geri, John Heartfield, Loomit, Curse, Steve Caballero, John Malkovich, J. F. Kennedy, Destiny Child, Mehmet Scholl, Jane Austen, Eddie Murphy, Janette B., Gwyneth Paltrow, Christopher Walken, Kaiser Augustus, U2, Jimi Hendrix, Offspring, Warren Buffett, Daniel Reebsch, Francisco de Goya, Pacey, Samy Deluxe, Charlotte Roche, NOFX, Smashing Pumpkins, Kool Savas, Alyssa Milano, Celine Dion, Steffan Fetzner, Laetitia Casta, Jodie Foster, Fred Durst, Romy Schneider, Tom Hanks, Satan, Maria Carrey, Angela Merkel, Pur, Hein Blöd, HIM, Jenny Elvers, Kurt Cobain, Jim Carrey, Grace O-Mailey, Rudolf Heß, Graffiti Sprayer, Jörg Heinrich, Jean Reno, Steffi Graf, meine Cousine, Sid Vicious, Wyclaf Jean, Gründer von Davilex, Jennifer Aniston, Angelina Jolie, Marilyn Monroe, Dan, Nicolas Cage, Arthur Ashe, Bill Clinton, gute Skateboarder, Lance Armstrong, Sigmar Gabriel, Rodney Mulden, Wolf von Lojewski, Marius Müller Westernhagen, Linus Torvalds, Rivaldo, Tyra Banks, John Cage aus *Ally McBeal*, Xander Harris, Bernd Schneider, Carol Elliot, Mos def, Bob Marley, Samsemillia, Jesus, Spezializtz, ehrliche Menschen, Jeff Beck, Andy McDonald, Kirk Hammet, Profi-Handballspieler, Mick Foley, Snipes, Peter Heppner, Milla Jovovich, Heinz Erhard, Enie van de Meiklokjes, unseren Prediger, spontane Menschen, Oliver Kahn, Lara Croft, Ralf Bissdorf, Christian Günther, Dr. Der, Hup-Hopper, Marion Jones, Campino, Elizabeth II, Amelie Lux, Rüdiger Nehberg, Peter Line, Alan Cox, Elke Schneidert, Rosa Parks, Richard Fish, Katie Holmes, Karl Koch, Sting, Xavier Naidoo, Jodie Kidd, Franz Beckenbauer, Alexander Zickler, David Beckham, Birgit Fischer, Alida, Farin Urlaub, Harald Juhnke, James Bond, Geschwister Scholl.

Eine **EARSandEYES**-Befragung von Kindern zwischen 9 und 17 Jahren.
Stand: September 2000

Ich war ein glühend agressiver Mensch – Ein Gespräch mit Wolfgang Bergmann

Wolfgang Bergmann ist Kinderpsychologe

Sind die Eltern heute konfliktscheu?

Bergmann: Da spielen kollektive Erbschaften sicher eine Rolle. Auf der anderen Seite war die Friedensbewegung nirgendwo so mächtig wie in Deutschland. Und so sehr die politische Korrektheit und die Steifheit der moralischen Ansichten vieler Landsleute einem auf den Wecker gehen, so unfähig unsereiner auch sein mag, sich an den Straßenrand zu stellen und mit wildfremden Menschen Hände zu halten, so sehr muss man auf der anderen Seite sagen, dass sich hier – nicht zuletzt im Deutschland der letzten zwanzig Jahre – ein Moment der europäischen Kultur zur Geltung bringt, auf das ich angesichts der Brutalisierung der amerikanischen Gesellschaft und ihres Einflusses auf die Moderne ungern verzichten würde. Man muss diese andere Seite auch sehen, bevor man leichtfertig zu einer zynischen Missachtung der deutschen political correctness kommt. Sie wird, angesichts des Zerfalls des Sozialen, eine Renaissance erleben.

Wie fühlen Sie sich in der heutigen Zeit?

Ich finde die Umorientierungen mit Hilfe der Medien, insbesondere der digitalen medialen Potenzen, ja spannend. Ich habe die faschistischen Erwachsenen noch unmittelbar mitgekriegt. Wir hatten als Kinder Alpträume vom Krieg, obwohl wir ihn selbst nicht erlebt haben. Der war so präsent in den Köpfen meiner Eltern, Lehrer, der ganzen Umgebung, dass ich von Bomben und Vernichtung träumte. Ich habe den Faschismus buchstäblich als Alptraum noch erlebt, obwohl ich erst danach geboren bin. Die massive Aggressivität, die wir im SDS (Sozialistischen Deutschen Studentenverband) bei der Studentenrevolte teilweise zeigten, hatte genau damit zu tun. Ich glaube, diese kollektiven unbewussten Vorgänge sind selten oder nie beachtet worden.

Sie waren aggressiv?

Ich war ein glühend aggressiver Mensch. 1966 und später. Ich fand es dann unerträglich, wie diese Freiheitsrevolte in K-Gruppen und anderen Organisationen wieder in den spießigen autoritären Charakter der Elterngeneration zurückfiel. Aus dieser Ecke kommen ja auch einige der heutigen Minister. Und ich habe dies alles im Kopf, wenn ich mich mit den Umwälzungen seit der digitalen »Revolution« befasse. Ganz schön viel Umbruch für ein kurzes Leben, finden Sie nicht? Noch etwas: Ich hatte, wie viele Achtundsechziger, noch diese soldatischen Tugenden und Ideale im Kopf. Das im Kampf Übersichselberhinauswachsen, die Idee ist größer als der Einzelne usw. – das ist bei allen revoltierenden Impulsen eben mit den Achtundsechzigern auch zum letzten Mal in dieser Gesellschaft gelebt worden. Wir haben uns schon ernsthaft mit den Staatsgewalten geprügelt. Das wurde damals übrigens auch von »der anderen Seite«, den staatlichen Instanzen, so empfunden und in gewisser Weise akzeptiert, überall waren eben noch diese Kriegserinnerungen und -bilder präsent. Geben wir zu: Heute ist die Realität langweiliger geworden, sie hat sich zu großen Teilen ins symbolhafte Erleben verlagert.

Das klingt so bedauernd.

Nein, im Symbolischen ist ja vieles, eigentlich alles möglich. Symbole sind den Träumen verwandt, auch der Mystik. Das ist schon großartig. Da gilt es noch vieles auszuschöpfen, gerade auch für Erziehung und Bildung. Aber es stimmt: Die Grunderfahrung körperlicher Konflikte, wie es sie in früheren Generationen gab, erleben Kinder heute nicht mehr, jedenfalls nicht mit der Selbstverständlichkeit, wie sie noch vor zwei Jahrzehnten gegeben war. Körperlichkeit macht uns immer mehr Angst, Körperlichkeit in jeder Gestalt. In den Familien heißt das, dass es kaum körperliche Strafen gibt. Sie sind inzwischen, glaube ich, ja auch verboten. Es bewegt sich alles in einem permanenten Prozess der Harmonisierung. Das kann Kindern schon auch gehörig auf die Nerven gehen.

Warum begehren die Jugendlichen nicht mehr auf, wie damals?

Warum sollten sie? Unsere Gesellschaft modernisiert sich permanent aus sich selbst heraus. Nehmen wir allein die Ausdehnung und die Potenzierung des Internets in den letzten fünf Jahren. Das Fernsehen brauchte für vergleichbare Einflussnahme zwanzig Jahre und mehr. Das schaffen die digitalen Medien in unglaublicher Geschwindigkeit. Die Erwachsenen hetzen immer nur hinterher. Ein Teil der Kinder fühlt sich im Besitz der Modernität. Es gibt da nichts Altvorderes wegzuräumen. Es gibt kaum autoritative Überbleibsel, gegen die man sich wehren müsste – die brechen von selbst zusammen und lassen, bis es schließlich soweit ist, ihre antimoderne Schwäche überdeutlich erkennen. Andererseits haben diese Kinder nicht gelernt, sich zu wehren. Wenn heute ein kräftiger institutioneller Druck oder irgendeine Art Zwang auf sie ausgeübt wird, dann wissen sie sich nicht zu helfen. In gewisser Weise fehlt ihnen wohl auch die Auseinandersetzung mit Institutionen, die von älteren Generationen dominiert werden. Sie vertrauen darauf, dass die Modernität auf ihrer Seite ist, oder sie fügen sich und passen sich auf manchmal atemberaubende Weise einfach an.

Begehren die Kinder nicht mehr auf, weil ihre Eltern als gute Freunde manipulierbar sind?

Genau das ist das Problem. In vielen modernen Familien sind die Kinder gleichsam das einzig stabilisierende Element, das emotional wichtig genug erscheint, um in die Zukunft – über die jeweils gegenwärtige Verfassung des Elternpaares hinaus – zu weisen. Da tut sich in der Entwicklung eines Kindes oft eine empfindliche Lücke auf. Wenn ein Junge sich mit sieben Jahren mit seinem Vater richtig auseinandergesetzt hat, mit zehn Jahren noch einmal, und gleichzeitig weiß, dass er geliebt wird und der Alte verlässlich ist, dann ist dieses Kind auch in der Lage, sich zu wehren, wenn es etwa ungerecht in der Schule behandelt wird, es ist auch in der Lage zu sagen, ich ziehe die Klamotten an, die mir passen, und nicht die, die alle tragen. Er hat Rückendeckung aus der Erfahrung der Identifikation mit dem Vater. Wenn man einem Kind solche Prozesse in der Auseinandersetzung mit Eltern wegnimmt, dann ist es kein Wunder, dass es zur simplen Anpassung an jeweils vorherrschende Bezugsgruppen neigt und eben eine Art »smoother Kollektivität« um sich greift.

Aber nehmen die Kinder heute Vorbilder noch in Anspruch?

Nein. Ich habe das einmal an den beiden Superstars Michael Jackson und Madonna festzumachen versucht. Was begeisterte die Kinder an ihnen? Da sagten die Sozialtheoretiker, das sind Identifikationsprozesse. Meine Gegenfrage war: Mit was zum Teufel identifizieren die sich denn da? Michael Jackson nahm ja die Entindividualisierung in der modernen Kultur vorweg, indem er aus seinem Gesicht alles, was Tradition, Zugehörigkeit, Rasse und Bindung war, zugunsten einer artifiziellen künstlichen Gestaltung ausräumte.

Bei Madonna fiel das ein bisschen weniger raffiniert, ein bisschen weniger artifiziell aus. Aber letztlich lebte auch sie erkennbar einen ständigen Identitätswechsel. Für viele Jahre wusste man gar nicht richtig, wie sie aussieht. Man kannte nur die Rolle. Jede Rolle sagte: »Ich bin nicht Ich, nur Fake, nur Spiel.« Jeder Tabubruch bedeutete durch das betont Inszenierte: »Ich bin weder Tabu noch Bruch eines Tabus, es gibt keine Tabus.« Es gibt kein Geheimnis, keine Identität, kein Gesicht hinter der Maske. Das sind die Identitätsfiguren, in die unsere Kinder seit Jahren eingeübt werden. Das alte Vorbild wirkt im Vergleich dazu eigentlich recht banal und normativ verhaftet – also langweilig.

Und Britney Spears?

Von der schwärmt man nicht. Allenfalls bewundern die Teenies kritiklos ihren Erfolg.

Woran liegt das?

Vorbilder haben ja die Funktion, das überströmende Ich-Ideal an das Reale zurück zu binden, sie müssen dabei aber ein klein wenig überlebensgroß bleiben. Mein Gary Cooper tat genau das. Er war, etwa in *High Noon*, die ideale Figur, die, wenn die Spießer sich ängstlich in der Kirche verkrochen, auf den staubigen Straßen einsam seinen Weg ging. Wer stand dem Getretenen bei, wenn alle anderen zurückwichen? Wer focht für Recht und Fairness, wenn alle anderen wankten? Natürlich wurde er auch von der Frau im Stich gelassen, das entsprach ebenfalls meiner Lebenserfahrung als 12-Jähriger. Dieses Vorbild stand zwischen Idealisierung und der Realität. Das Idealbild ließ sich durchaus auf meine Alltagswirklichkeit zurückführen. Auf dem Schulhof etwa konnte auch ich dem Außenseiter zur Seite stehen, wenn Klassenkeile drohte. Solche Realitätsbezüge sind in den Idolen der digitalen Pop-Kultur ausgelöscht, weil dort die Identitäten ausgelöscht sind.

Sie meinen, die neuen Medien löschen die Vorbildfunktion aus?

Die Heroen in den Computerlandschaften haben keine Identität, haben keine Geschichte, keinen Charakter. Ihr Hintergrund ist entleert, sie erschöpfen sich in der reinen Präsenz der Aktionen. Eine Kontingenz der symbolischen Vorgänge, in denen das Narzisstische bezugslos zu sich selber kommt, damit aber die Realitätsbindung verliert und auch nicht mehr als Vorbild dienen kann.

Noch mal: Britney Spears ist kein Vorbild, aber immerhin ein Idol.

Britney Spears ist nur die Verkörperung eines bestimmten Erfolgskonzeptes und ist für ein richtiges Vorbild viel zu durchschaubar.

Britney Spears ist doch das wahnsinnig nette Mädchen von nebenan. Treu, brav, spießig.

Schon. Sie ist der Erfolg versprechende Inbegriff von dem, was alle wollen. Diese Teeny-Kids wollen heute doch auch alle einen liebenden Mann, am liebsten mit 16 Jahren zwei Kinder bekommen und dann in Treue und familiärer Harmonie bis an ihr Ende leben. Ich bin überzeugt, dass es eine Renaissance der Familie geben wird. Was sich in Amerika bereits andeutet, ist eine Wiederkunft der alten Werte, wohl auch des Autoritären. Das ist die Gefahr: Dieses Autoritäre imitiert möglicherweise die paternalische Schwäche der fünfziger Jahre. Die dröhnenden, prügelnden Väter waren ja keine starken Väter, sondern schwache. Folgendes ist also meine Sorge: Welche Leerstelle hinterlassen wir, die Väter bei unseren Kindern, wenn wir uns nicht trauen, Vater zu sein, und zwar einer, der wirklich für sich selber einstehen kann und verlässlich ist? Und wie wird diese »Leerstelle« dann von den Kindern aufgefüllt? Möglicherweise so, dass sie die Schwachheit des alten paternalischen Autoritätsprinzips nicht mehr durchschauen, weil sie wirkliche menschlich-männliche Stärke und Souveränität nie kennen gelernt haben.

Gibt es noch ein Wir-Gefühl?

Wenn ich allein in meinen Internet-Kontakten vier oder fünf Ichs aufrufen kann, wenn ich mal hier und mal da in phantastische Bildwelten einsinke, dann wird das alte autonome Ich natürlich unsicher und ungefestigt. Dann kann es eben passieren, dass der Wunsch nach einem kollektiven Wir, das die Ich-Diffusion auffängt, stark wird. Die gesellschaftliche Macht, der es gelingen könnte, die bewussten und unbewussten Wir-Bilder zu erzeugen und in Regie zu nehmen, wäre dann kaum noch zu kontrollieren. Das wird aber keine militärische oder politische Organisation oder »Bewegung« sein, sondern viel wahrscheinlicher etwa ein Medienkonzern. Ich sehe keine moralische Kraft in unserer Kultur, die dem etwas entgegensetzen könnte.

Ich möchte noch mal zurück zu den Eltern: Ist es nicht wahnsinnig anstrengend für Kinder zu wissen oder zu spüren, dass sie eigentlich mehr Verantwortung für ihre Eltern haben, als ihre Eltern für sie?

Das ist ein entscheidender Punkt. Die Elterngeneration ist ja Fernsehgeneration. Das heißt, die haben das Bild einer kaum aus eigener Kraft herzustellenden dauerhaften Harmonie verinnerlicht. Der Garant dieser Harmonie ist nicht die Beziehung der Eltern untereinander, sondern das Kind. Das so psychisch in Dienst genommene Kind wiederum kann nicht gelenkt, gefordert und schon gar nicht bestraft werden. Es darf mit diesem kleinen Sonnenschein keine Konflikte geben, weil damit gleich die Gesamtfamilie aus dem Ruder liefe. Natürlich überfordert das die Kinder heillos. Sie hätten ja auch gern Beständigkeiten in einer modisch-wechselhaften Kinderwelt. Nochmal, beides überfordert sie: die Verantwortung, die sie nicht überschauen, aber fühlen. Und der Mangel an Lenkung und Schutz.

Also ist bei den Kindern die Selbstverantwortung stärker denn je?

Nehmen wir ein Beispiel. Ich werde immer gefragt, ob wir eine Familiensicherung im Internet haben, und ich sage: nein, natürlich nicht. Bestimmte Bereiche habe ich meinem Sohn verboten, er hält sich daran. Daraufhin geht die Fragerei weiter: Wie kontrollieren Sie das denn? Meine Antwort: Ich kontrolliere das überhaupt nicht. Ich weiß, dass er das nicht macht, weil ich es verboten habe, das reicht ihm. Ich will damit sagen: Noch nie seit der Erfindung der Kindheit in der Neuzeit wurden Kinder so sehr sich selber überlassen wie heute, und noch nie wurde so viel von Selbstverantwortung der Kinder gesprochen. Trotzdem sind die ersten Vokabeln, die in jedem – aber wirklich jedem – Elterngespräch, Interview für Familienmagazine und dergleichen auftauchen: Kontrolle, Sicherung. Kurz und präzise: Wo Vater und Mutter sich als Eltern abgeschafft haben, gibt es keine Selbstverantwortung eines Kindes. Die muss gelernt werden, die wächst nicht wie das Grün im Frühjahr. Kontrolle hilft überhaupt nicht. Man kann Kinder nicht ständig kontrollieren. Und soll es natürlich auch nicht.

Ob diese Kinder später als Erwachsene sehr streng werden?

Das kann durchaus passieren. Das fände ich auch nicht schlimm. Aber was ist, wenn sie sich durch Ersatzautoritäten, die weder lenken noch beschützen, ein normatives Raster auferlegen lassen und dann in diesem sehr verengten Sinn ihren Kindern gegenüber autoritär werden? Davon würde ich nichts Gutes erwarten. Da gibt es eine Enge, eine Beachtung von Formen und Regeln ohne innere Kultur bei manchen Jugendlichen und jungen Erwachsenen, die mir Sorgen macht. Viel verborgene Aggressivität ohne wirkliche Bannung. Wenn dieser Charaktertypus sich durchsetzt, entstünde eine Gesellschaft, in der ich mich nicht mehr wohlfühlen würde.

DIE JUNGEN KÖTER-KUNDEN

Zahnkids

Ein dicklicher Junge mit spiegelnder Sonnenbrille sitzt am Strand und liest ein Wirtschaftsmagazin. Die Story dazu: Bereits 12-Jährige lernen in einem Feriencamp den Umgang mit der Börse. Sie sagen Dinge wie »Ich hasse es, wenn ich meinen Broker nicht erreiche«. Nachzulesen in *Bild am Sonntag*. Der Junge ist ein Wall-Street-Kid. Wenn schon Kinder kein passendes Bild von sich liefern, helfen die Medien aus. An Kategorisierungen mangelt es wahrlich nicht. Die Chaos-Kids zerschneiden Eisenbahnsitze und werfen Steine von Brücken. Crash-Kids stehlen Fahrzeuge aller Art und fahren sie in gewagten Rennen zu Schrott. Drogen-Kids wiederum eliminieren sich systematisch selbst. Ausländer-Kids fühlen sich in Deutschland ganz wohl, Ami-Kids gelten als faul und fett. Handy-Kids zählen zu den verwöhnten Bälgern, Computer-Kids töten am Bildschirm mit eiskalter Präzision, TV-Kids verlieren den Bezug zur Realität, kennen aber alle Werbeprodukte auswendig, und Diabetes-Kids pflegen sich und die gleichnamige Webseite.

Es gibt eben nicht allzu viel zu berichten.

Fast schon verzweifelt nehmen sich Meldungen aus, in denen 12-Jährigen bescheinigt wird, bessere Zähne als in den Jahren zuvor zu haben. Und die *Welt am Sonntag* berichtet gar von den »Vorboten eines neuen Trends«. Fünf Bremer Jugendliche schwören auf sexuelle Enthaltsamkeit – Titel: »Wir wollen keinen Sex vor der Ehe.«

»Ich möchte meinen Körper nicht jeder Frau schenken«, sagt Jens. Und Natascha ergänzt: »Ich möchte nur mit einem Partner schlafen – und wegen meines Glaubens auch nicht vor der Ehe. Mein Freund, mit dem ich seit über vier Jahren zusammen bin, sieht das genau so.« Wenn es dann im Getümmel doch zu hitzig wird, geht Jens »frustriert« nach Hause. »Aber Gott«, beteuert er, »gibt mir die Kraft.«

Über das Bild des Nachwuchses in der Presse hat sich die Kölner Journalistin Ulla Ott schon des Öfteren geäußert. »Verwöhnt, verblödet, kriminell« heißt einer ihrer Artikel über das Phänomen der Kinder in Schlagzeilen. »Kinder«, stellt Ott fest, »sind erst recht unfähig, Schlagzeilen zu machen, es sei denn sie können ihre Handy-Schulden bei der Telekom nicht begleichen, schreiben kurz vorm Abitur noch immer Vater mit F, metzeln nach Genuss eines blutrünstigen Videos die eigene Großmutter oder sind Opfer eines international operierenden Kinderporno-Rings.« Dabei zielt Ulla Ott nicht nur auf die Boulevardpresse, sondern auch auf die auflagenstarken, seriösen Nachrichtenmagazine. »Kids sind cool«, schreibt sie weiter. »Neugeboren sitzen sie im schwarzen Babyjogger, mit einem Jahr haben sie eine Baseball-Kappe von Gap falschrum auf dem Kopf, mit fünf einen Computer, mit acht ein Handy, mit sechzehn spekulieren sie an der Börse, damit sie mit zwanzig ihre eigene Internet-Firma aufmachen können. Das ist eine gute Geschichte.«

Wer die Kinder und Jugendlichen heute sind, erklären diese Geschichten indes nicht. Heute reicht es schon, bei VIVA als Moderator angestellt zu sein, um als exzellenter Kenner aktueller Jugendkultur zu gelten.

VIVA-Chef Dieter Gorny ist einer der gefragtesten Interview-Partner. Heike Makatsch hingegen entzog sich durch den Wechsel ins Schauspielfach geschickt dem Klischee, noch mit dreißig Jahren ein Girlie zu sein. Auch die Tage der mit knallroten Haaren ausgestatteten BRAVO-TV-Moderatorin Enie van de Meiklokjes sind gezählt. Ihr Dauergrinsen ist zu einer Grimasse erstarrt, als hätte sie zu lange an *Castelani* geschnüffelt, einem Fußpilzmittel, mit dem sie sich nach eigenem Bekunden die Haare früher rosa gefärbt hatte. Und wer kennt noch Kristiane Backer? Sie war in Sachen Mädchen-TV ein Pionier, flog dann mit Mitte zwanzig als zu alt aus dem Format und dürfte im englischen Exil endgültig versauert sein. Zu sagen hätten sie beide nicht viel. Mitunter auch ein Grund, weshalb die hippen Moderatoren der Computerjugendsendung von Giga-TV erst gar keine Interviews geben.

Nur Moderatorin Charlotte Roche, der Star des gekickten Senders VIVA 2, meldet sich zu Wort. Die Frau ist ein Naturereignis: schwarze Haare, schrille angepunkte Klamotten, sehr starkes Make-up. Sie tritt bei *Zimmer frei* auf, ist fröhlich, frech und reckt keck den Unterkiefer samt Piercing vor. Charlotte ist echt. Und klug. »Ich möchte nicht für meine Generation sprechen«, gesteht sie in der *Frankfurter Rundschau.* »Die ist ja sehr zersplittert. Wenn ich eine Dokumentation über die Beatlemania sehe, bin ich fast neidisch. Es gab damals diese Band, die gut war und jeder gut fand – und es gab eine große Jugendbewegung. Heute ist der Geschmack der Mehrheit ziemlich unterirdisch. Ich habe den Eindruck, dass alles, was die ganzen Splittergruppen gemeinsam gut finden, ganz besonders schrecklich ist. *Big Brother* zum Beispiel. Ein um zehn Etagen heruntermontiertes Programm, das jeder schwachsinnige Idiot begreifen kann. Ich kapiere sogar *Big Brother* im Vollrausch, und das ist ein schlechtes Zeichen.«

Ein guter Hinweis. Was aber Jugend heute ist, erklärt das allerdings auch nicht. »*Die* Jugend«, meint der Medienpädagoge Bernd Schorb, »gibt es nicht und gab es niemals. Das wissen wir auch noch aus der Zeit, als wir selbst jung waren. Ich habe mich damals immer massiv gewehrt, wenn mich jemand zur Jugend zählte. Ich wollte nicht mit anderen über einen Kamm geschoren werden.«

Kinder durchs Mikroskop gesehen

Wider besseren Wissens gibt es *die* Jugend natürlich doch. Es muss sie geben. Wie sonst ließen sich die teuren Studien rechtfertigen, die sich all die Firmen leisten? Jährlich liefert der Egmont Verlag die renommierte *KidsVerbraucherAnalyse,* mit der den Kaufgewohnheiten und der Markenbindung der Kinder nachgespürt wird. Dass es mit *Levis*-Jeans bergab geht, hätte jedes Marktforschungsinstitut voraussehen können. Die Zeitschrift *Bravo,* die an Leserschwund leidet, gibt *Faktor Jugend* heraus. Schön bunt und mit fetzigen Charts à la:

Get connected

Was das Internet kann

Finden einer neuen Identität?	Ja!
Finden einer neuen »Familie«	Ja!
Spaß, Unterhaltung?	Ja!
Erfolg, Anerkennung?	Ja!
Jungen: Leistung zeigen?	Zunehmend!

Quelle: Bravo Faktor Jugend 3, 2000

Wer heute die Jugend genau ist, wollen auch immer mehr Veranstaltungen herausfinden, darunter so genannte Jugendmessen wie You und Kiddays oder Tagungen mit den Titeln Kinderwelten oder Kids Power Conference und und und ...

Diese Seminare sind alles andere als billig, am Ende erhalten die Teilnehmer ein paar ausgedruckte PowerPoint-Charts und können eifrig untereinander Visitenkarten tauschen. Möglicher Berufswechsel später nicht ganz ausgeschlossen. Die Präsentationen stammen hauptsächlich von Leuten, die sich ständig gegenseitig aus den Studien zitieren oder so lange 2 x 2 multiplizieren, bis es für einen guten Aufmacher 5 ergibt.

Dabei mutet es schon bizarr an, dass ausgerechnet jene Mitarbeiter den nötigen Jagdinstinkt mitbringen, die selbst keine Kinder haben. Genauer betrachtet ist die Marketingwelt voller Frauen, die knappe Kostüme und schlechte Schuhe bevorzugen, Kette rauchen, zu Kaffee »Käffchen« sagen und einen M. A.-Titel in Betriebswirtschaft präsentieren. Sie nehmen die Pille aus tiefster Überzeugung und überschütten auf Messen hilflose Kinder mit dem wertlosen Plüschmüll ihrer Merchandising-Kampagnen. Reden sie bei Veranstaltungen und intimen Zwiegesprächen von Kindern, nennen sie sie mit einer seltsamen Vertrautheit »Kids«, als könnten sie den gesamten Piaget zitieren. In einer Mischung aus Gönnerhaftigkeit und Todesverachtung sagen sie auch »Kiddies« oder sprechen einfach nur nüchtern von der »Zielgruppe«. Diese Leute haben keine Kinder, kennen keine Kinder, mögen keine Kinder und bremsen nicht für Kinder. Der *Kress-Report* versteigt sich sogar dazu, junge Besitzer von Haustieren als »die kleinen Köter-Kunden« zu titulieren.

Immerhin: Ein Mann wie Robert Meeger, Senior Analyst Research von Super RTL, weiß genau, wie Kinder ticken. Er unterteilt sie in einzelne Charaktere:

- Fun&Action Kids
- Allrounder
- Unauffällige
- Gamer
- Intellektuelle
- Spielkinder
- Passive

Noch ein Beispiel:

Am Computer spielen

Mindestens 2-3 mal pro Woche am Computer spielen ...

Allrounder	73 %
Gamer	49 %
Unauffällige	45 %

Studie von Super RTL, 2000

Die Unauffälligen sind irgendwie besonders verdächtig. Super RTL prägte auch den wundervollen Satz: »Die Langeweile (bzw. deren Vermeidung) ist ein Hauptantrieb bei Kindern zum Ergreifen von Medienangeboten.«

Diese Leute wissen einfach alles. Sie kennen die Freizeitaktivitäten, die Interessen, die Stimmungen (»moods & motivation«) der Kinder, was ihr Freizeitverhalten beeinflusst, aus welchem Milieu sie entstammen, ob sie Freunde haben oder eher wunderlich sind, welcher Lieblingsbeschäftigung sie bevorzugt nachgehen, wie sie die Medien nutzen, wer was wie in der Familie entscheidet, die tägliche Fernsehdauer, wie lange sie abends Fernsehen dürfen und was die bevorzugten Hits sind, die Gehalts- und Blutgruppe der Eltern inklusive.

Was ist besser?
Super RTL oder Pro Sieben?
Coca Cola oder *Pepsi*?
Pringles oder *Chio Chips*?
McDonalds oder Burger King?
Nike oder *adidas*?
(To be continued ...)

Wie sich Marken online blamieren

Fernsehen, Lebensmittel, Mode. Alle drängen ins Internet, um die anvisierte Zielgruppe zu erreichen. 2,3 Millionen Kinder sind bereits im Internet, das besagt eine Umfrage von IconKids&Youth. Davon sind 70 Prozent täglich im Netz.

Weil das Internet eine weitere Verbreitungsmaschinerie für Markennamen ist, bekommt die PR-Firma den Zuschlag, einen Web-Auftritt zu gestalten. Der webtechnisch eher unbedarfte Auftraggeber lässt den webtechnisch eher unbedarften PR-Fachmann mal machen. Ergebnis: hohes Budget, niedrige Qualität. Eine Welt voller Bildschirmschoner, Memories und Schiebepuzzles. Von dem Budget könnte in Sierra Leone ein kompletter Landstrich jahrelang gut leben.

Die Webseiten sprechen für sich. Allein die Firma Kraft/Suchard unterhält siebzehn Websites für Kinder und Jugendliche. Die peinlichste Website für Kinder liefert bislang McDonalds. Maskottchen Ronald McDonald schliddert darin wie ein schlecht animierter Scherenschnitt auf dem Trottoir entlang und trifft ein grünes, behaartes Wuscheltier mit rosa Turnschuhen. Text: »Hallo Pommes Fritzchen. Warum rennst du denn so?« Im Hintergrund springt ein kartoffelartiges Wesen durch die Gegend ...

Auch Haribo wagt sich ins Netz. Auf der Fun-Seite wirft als Daueranimation ein Goldbär einen Papierflieger nach dem anderen von sich. Bildschirmschoner inklusive. Ritter Sport liefert einen harmlosen E-Card-Dienst und das *Ritter Sport Memory*. Beliebt sind auch so genannte Clubs. Die Sparkasse brachte ihren altbackenen *Knax-Club* ins Netz. Diese Seiten sind erschütternd: Welches Kind möchte denn im Netz einen Taschenrechner benutzen oder zu sterbenslangweiligen Asterix-Bildchen die Textblasen ausfüllen? Die Kreissparkasse Pinneberg informiert die jungen Club-Mitglieder zu Immobilien, Börse oder Internetbanking. Auf diesem Niveau rangiert auch der *Milkyway Club*. Mit Sprüchen wie »Willst du mailen, darf eines nicht fehlen: das O. K. von Mutter oder Vater!« Die angebotenen Spiele schmerzen. Die Kinder sollen auf einem Bild die Gegenstände anklicken, die der Umwelt abträglich sind. So liegt in einem Mülleimer im Badezimmer ein Fiebermesser. »In einem Thermometer steckt nämlich brandgefährliches Quecksilber«, lautet der Kommentar. »Wie Batterien gehören sie in besondere Container.«

Das ist so blöd, das schwimmt sogar in Milch.

KAPITEL 5

DENN SIE WISSEN, WAS SIE TUN

Über den Einfluss des Internets
auf Kinder und Jugendliche, wie sie
in der Online-Welt pragmatisch vorgehen
und so ahnungslose Bedenkenträger
eines Besseren belehren

»In letzter Zeit kaufe ich immer häufiger im Internet. Wenn ich früher eine Buchbesprechung las, machte ich mir bei Bedarf eine Notiz, um das Buch zu kaufen. Heute kaufe ich das Buch sofort, denn gleich zu kaufen ist einfacher als eine Notiz zu machen.«

Charles Simonyi, führender Programmierer bei Microsoft

LASST ZAHLEN SPRECHEN

Ein Kommunikations-Zeitalter wird besichtigt

Ein Besuch auf der Post schien immer für eine kleine Meditation gut zu sein. Eine Weile des Atemholens, der Entspannung und Beobachtung. Der Aufenthalt auf jeder Post in Deutschland dauerte stets zwanzig Minuten. Keine Sekunde mehr, keine Sekunde weniger. Ganz gleich, ob die Posthalle voller Kunden war oder nur ein Einzelner mit einem Telegramm den Verkehr aufhielt. Es hatte etwas Verlässliches.

Die Angestellten in ihren pastellfarbenen, gestreiften Hemden mit dem kleinen Posthörnchen (dafür gibt es einen internen Kleiderkatalog) verbarrikadierten sich im Glashäuschen. Mühelos knallten sie mit dem rechten Stempel zum jeweiligen Anlass oder reichten umfangreiche Anträge und Formulare durch den Spalt an der Seite. Gab der Kunde größere Briefe auf, wurden sie zur Maßkontrolle durch eine gelbe Plastikbriefschlitzschablone geschoben. Oder die Angestellten schlurften in die hinteren Bereiche der Filiale, um ein Paket, das vom Paketbriefträger nicht zugestellt werden konnte, zu holen. Wenn sie es fanden. Die Schlange wuchs unterdessen weiter. Alte und gebrechliche Menschen scharrten mit dem Gehstock, kleine Kinder begannen zu quengeln und zu heulen, bei den größeren brach vor Langeweile glatt die Pubertät aus.

Auf der Post gab es eine feste Regel: Der Kunde stand immer in der falschen Schlange. Darum gibt es heute in den modernen, renovierten, lichtdurchfluteten und mit Schreibwaren und Büchern ausgestatteten Räumen des neuen Jahrtausends nur noch eine Schlange. Ein durchschnittlicher Aufenthalt nimmt heute zwanzig Minuten in Anspruch. Keine Sekunde mehr, keine Sekunde weniger.

Darum war die Erfindung des Faxgeräts eine Erleichterung. Zunächst jedenfalls. Es schenkte jenen Menschen, die mit Terminabgaben arbeiten mussten, einen ganzen Tag mehr. Der Absender fügte seine Seiten ein, der Empfänger erhielt dann eine Papierrolle, die Rohrpost-Feeling aufkommen ließ. Jahrelang erschwerte das glänzende Thermopapier die Lektüre, denn es rollte sich auf dem Tisch immer wieder reflexartig zusammen. Zudem verblassten schon nach wenigen Monaten die Zeilen und lösten sich schließlich ganz auf. In Zeitlupe surrten die Blätter durch, um uns am Ende durch hektisches Piepen des Faxgeräts darauf aufmerksam zu machen, dass die Übermittlung mittendrin gescheitert schien. Dann übertrugen wir das mehrseitige Fax eben Blatt für Blatt. Manche Faxgeräte konnten nicht miteinander kommunizieren und verweigerten die Übertragung komplett. Andere schienen direkt an den Reißwolf angeschlossen zu sein, denn die Faxe verschwanden spurlos. Anfangs wussten wir auch nie so recht, ob das Fax nun angekommen war oder nicht. Darum wurde zur Sicherheit noch einmal nachtelefoniert. »Nein«, vermeldeten die Sekretärinnen dann im genervten Tonfall, »bis jetzt ist bei mir noch nichts eingetroffen. Das ist bestimmt noch im Haus unterwegs.« Was natürlich einen erneuten Anruf nach sich zog. Geschätzte Dauer des gesamten Vorgangs? Zwanzig Minuten und mehr. So verloren wir wieder den geschenkten Tag.

Das sind alles Erlebnisse, die dem Nachwuchs heute so erspart bleiben wie das Telefon mit Wählscheibe.

Kinder und Jugendliche können sich, im Gegensatz zu ihren Eltern, die Welt vor Einführung von Internet und Mail überhaupt nicht vorstellen. Nur für uns Erwachsene krempelt das Internet die Möglichkeiten der Kommunikation um. Für die junge Generation gehören E-Mails und Internet zum festen und unverzichtbaren Inventar. Und wie immer, wenn wir etwas nicht verstehen, benennen wir die Risiken und Gefahren, wollen verbieten, reglementieren. Und wenn das nichts hilft, stellen wir uns tot.

DIE UMFRAGEN

Die Umfragen auf den nächsten Seiten zeigen eine neue, selbstbewusste Generation von Jugendlichen, die genau weiß, was sie im Netz will, und unabhängig von den Ängsten und Diskussionen der Erwachsenenwelt selbstverständlich mit den neuen Möglichkeiten umgeht. Die Befragungen wurden von der Marktforschungsagentur EARSandEYES im August 2000 mit 1021 Kindern und Jugendlichen direkt im Internet durchgeführt. Es wurden drei Altersgruppen, die 12- bis 15-Jährigen, die 16- bis 19-Jährigen und die 20- bis 24-Jährigen, befragt. Dabei erreichten die Marktforscher die Internetprofis unter dem Nachwuchs. Zwar sind Umfragen immer nur ein Richtungshinweis, aber die Ergebnisse zeigen eindeutig, dass die Jugend im Netz wesentlich weiter ist, als es so manchem Erwachsenen lieb sein mag.

Einfluss – Die totale Wundertüte

Das Internet als fest integrierter Bestandteil des Kinder- und Jugend-Alltags erweist sich dank seiner Multifunktionalität

Relevanz des Internets

Wie wichtig ist für dich persönlich das Internet?

Antwort	Total	12-15 Jahre	16-19 Jahre	20-24 Jahre
1 = sehr wichtig	54 %	51 %	55 %	54 %
2	34 %	33 %	32 %	36 %
3	10 %	12 %	10 %	9 %
4	2 %	3 %	3 %	-
5	-	-	-	-
6 = überhaupt nicht wichtig		-	-	-

Eine **EARSandEYES**-Befragung von 1021 Kindern und Jugendlichen zwischen 12 und 24 Jahren. Stand: August 2000

als reinste Wundertüte. Das Internet ist Spielwiese, Informationspool, Musikwelt und Starrummel. Die Jugend kommuniziert, sie lädt herunter, surft munter drauflos und sieht die Angriffe durch die Industrie auf ihr Taschengeld ganz entspannt. Sie sind gelassen, selbstbewusst und am Zug. 88 Prozent sind der Meinung, dass das Internet ihr Leben künftig beeinflussen wird.

Nur ein Prozent hält den Hype um das World Wide Web für hoffnungslos überschätzt. Unwichtig wollte das Netz keiner finden.

Einfluss des Internets

Wie wird deiner Meinung nach das Internet dein Leben künftig beeinflussen?

Antwort	Total	12-15 Jahre	16-19 Jahre	20-24 Jahre
Das Internet wird mein Leben stärker als bisher beeinflussen	53 %	47 %	53 %	55 %
Das Internet wird mein Leben etwas mehr beeinflussen als jetzt	34 %	37 %	34 %	33 %
Der Einfluss wird künftig genau so bleiben wie jetzt	12 %	13 %	11 %	12 %
Das Internet wird total überschätzt und künftig weniger wichtig sein	1 %	1 %	0 %	1 %
Ich weiß nicht	1 %	1 %	1 %	-

Eine **EARSandEYES**-Befragung von 1021 Kindern und Jugendlichen zwischen 12 und 24 Jahren. Stand: August 2000

Surfgewohnheiten

Ich bin der Bestimmer

Kinder sind alleine. Alleine am Computer, alleine im Internet. Und: Sie kommen prima zurecht. Sie orientieren sich ganz deutlich an ihren Interessen. Erwachsene spielen dabei kaum eine Rolle, weil sie sich beim Thema Internet meistens heraushalten.

Da den Kindern und Jugendlichen keiner reinredet, entwickeln sie früh selbstverantwortliches Handeln und passen allein auf sich auf. 81 Prozent bestimmen eigenverantwortlich, wie lange sie surfen. Nur die Gruppe der 12- bis 15-Jährigen unterliegt teilweise noch Reglementierungen oder surft mit Eltern oder Lehrern.

»In einer anderen Gruppendiskussion und diversen Einzelinterviews«, erklärt Oliver Leisse vom Marktforschungsinstitut EARSandEYES, »wurde die jüngste Gruppe der 6- bis 8-Jährigen mal gebeten, ihre Lieblings-Webseite mit Filzstift und Knetgummi nachzubilden. Schnell wurde klar, dass die Kids, bevor sie sich emanzipiert haben, bekannte Avatare als Partner im Netz wollen, also bekannte Zeichentrickfiguren beispielsweise, die sie durch das Netz begleiten. Aber noch etwas wurde klar. Die Kids malten häufig irgendwo auf den fiktiven Bildschirm eine waagerechte Leiter. Unsere Marktforscher fragten nach und erfuhren, was diese Leiter zu bedeuten hatte: ›Das ist das Feld, in das Papa das Passwort einträgt.‹ Papa öffnet also dieser jungen Einsteigergruppe das Tor zur Internetwelt. Das Passwort ist natürlich nur ein kurzzeitiger Kontrollmechanismus, denn schon ab sieben Jahren verschwindet die waagerechte Leiter aus den Skizzen der Kids.«

Es ist eine Illusion, der die Eltern immer wieder erliegen, die Surfzeit zu begrenzen. Oliver Leisse: »Man darf die Kinder und ihre Durchsetzungskraft nicht unterschätzen. In verschiedenen Einzelinterviews wurde herausgearbeitet, wie sie sich ihre Zeit im Netz durch Quengeln erzwingen.«

Zeit des Surfens

Wer bestimmt, wann und wie lange du surfst?

Antwort	Total	12–15 Jahre	16–19 Jahre	20–24 Jahre
Ich	81 %	52 %	85 %	93 %
Ich. Zusammen mit meinen Eltern oder meinem Lehrer	17 %	44 %	14 %	6 %
ausschließlich andere	1 %	4 %	1 %	1 %

Eine **EARSandEYES**-Befragung von 1021 Kindern und Jugendlichen zwischen 12 und 24 Jahren. Stand: August 2000

Ein Großteil der Kinder wendet folgende Strategie mit großem Erfolg an: Sie argumentieren, der beste Freund oder die beste Freundin dürfe bereits viel länger als sie selbst surfen und wäre auch schon viel besser in der Schule. Oder es werden Gegengeschäfte angeboten: Zimmer aufräumen gegen unbegrenztes Surfen. »Unsere Untersuchungen zeigen«, meint Oliver Leisse, »dass das schärfste Mittel der Kinder die geschickte Erpressung ist.«

Gewusst wo

Wer sich um Internet herumtreibt, ist in 81 Prozent aller Fälle zu Hause. Bereits zwei Drittel der 12- bis 15-Jährigen surft am eigenen PC. Schule, Arbeit und der Ausbildungsplatz nehmen eher einen hinteren Rang ein.

Wie lange ist wie lange?

Erwachsene merken es an der Telefonrechnung: Ein Großteil der Kinder und Jugendlichen ist mindestens drei bis fünf Stunden pro Woche im Netz. Eine Sitzung dauert dabei knapp zwei Stunden. Im Gegensatz zum Fernsehen sind das immerhin zwei sehr aktive Stunden. Nur lange ist das nicht. Dabei kann es ja im Web, wie wir aus eigener Erfahrungen wissen, auch schon mal richtig lange dauern, bis die gesuchte

Ort des Surfens

Von wo aus surfst du im Internet?

Antwort	Total	12-15 Jahre	16-19 Jahre	20-24 Jahre
zu Hause am eigenen PC	81 %	66 %	81 %	88 %
zu Hause am PC der Eltern	21 %	41 %	21 %	10 %
Ausbildung/bei der Arbeit	15 %	1 %	12 %	27 %
Schule/Uni	11 %	10 %	14 %	9 %
bei Freunden	11 %	11 %	10 %	11 %
Internetcafe	5 %	6 %	5 %	6 %

Eine **EARSandEYES**-Befragung von 1021 Kindern und Jugendlichen zwischen 12 und 24 Jahren. Stand: August 2000

Online-Dauer I

Wieviel Stunden bist du in der Woche online?

Antwort	Total	12-15 Jahre	16-19 Jahre	20-24 Jahre
1 Stunde	1 %	5 %	1 %	0 %
1-2 Stunden	5 %	11 %	6 %	1 %
3-5 Stunden	20 %	28 %	18 %	16 %
6-9 Stunden	20 %	23 %	20 %	18 %
10-15 Stunden	19 %	12 %	19 %	22 %
Mehr als 15 Stunden	35 %	22 %	34 %	42 %

Eine **EARSandEYES**-Befragung von 1021 Kindern und Jugendlichen zwischen 12 und 24 Jahren. Stand: August 2000

Online-Dauer II

Wieviele Minuten im Durchschnitt pro Sitzung?

Total	12-15 Jahre	16-19 Jahre	20-24 Jahre
112,8 Minuten	92,6 min.	122,7 min.	113,4 min.

Eine **EARSandEYES**-Befragung von 1021 Kindern und Jugendlichen zwischen 12 und 24 Jahren. Stand: August 2000

Tageszeit beim Surfen I

Zu welcher Tageszeit surfst du in der Woche?

Antwort	Total	12-15 Jahre	16-19 Jahre	20-24 Jahre
6-9 Uhr	2 %	0 %	1 %	4 %
9-13 Uhr	8 %	5 %	6 %	12 %
13-18 Uhr	37 %	58 %	38 %	25 %
18-21 Uhr	61 %	64 %	61 %	58 %
21-24 Uhr	39 %	18 %	42 %	48 %

Eine **EARSandEYES**-Befragung von 1021 Kindern und Jugendlichen zwischen 12 und 24 Jahren. Stand: August 2000

Tageszeit beim Surfen II

Zu welcher Tageszeit surfst du am Wochenende?

Antwort	Total	12-15 Jahre	16-19 Jahre	20-24 Jahre
6-9 Uhr	2 %	3 %	1 %	2 %
9-13 Uhr	13 %	18 %	12 %	10 %
13-18 Uhr	40 %	39 %	41 %	40 %
18-21 Uhr	42 %	44 %	41 %	41 %
21-24 Uhr	43 %	39 %	46 %	42 %
nach Mitternacht	19 %	14 %	22 %	18 %

Eine **EARSandEYES**-Befragung von 1021 Kindern und Jugendlichen zwischen 12 und 24 Jahren. Stand: August 2000

Information oder der richtige Gesprächspartner in einem Chat gefunden wird. Die aktivste Zeit in der Woche nimmt der Abend von 18 bis 21 Uhr ein, am Wochenende dehnt sich die Nutzung auch noch bis Mitternacht aus.

Oliver Leisse deutet die Zahlen anders: »Es sind immerhin 35 Prozent, die länger als 15 Stunden, also mehr als 2 Stunden pro Tag surfen. Das können deutlich mehr als 15 Stunden sein. Ich persönlich halte diese Zahl für alarmierend. Erinnern wir uns doch mal an die Zeit, als wir noch klein waren: Welche Tätigkeit haben wir denn jeden Tag zwei Stunden lang freiwillig ausgeführt? Der Klavierunterricht war einmal in der Woche, Sport zweimal in der Woche. Und jetzt gibt es ein interaktives Medium, das alles bisher Dagewesene in den Schatten stellt.«

Interessen

Tolle Seiten, bloß wo?

Wie finden sich Kinder und Jugendliche zurecht? Nur bei sechs Prozent geben die Eltern und Lehrer Tipps für neue oder interessante Webseiten. Die besten Infos erhalten sie über Suchmaschinen, die sich ja längst zu Nachrichtenmagazinen und SMS-Stationen weiterentwickelt haben. Diese Kinder wissen genau, was sie wollen, sie müssen es nur noch finden. Durch die Suchmaschinen kommen Kinder an alle für sie relevanten Informationen, die ihnen andere Medien in diesem Tempo und dieser Fülle nicht liefern können. Doch wer begleitet eigentlich dabei die mentale Entwicklung der Kinder?

Übrigens: Fast 40 Prozent springen auf die www-Adressen der Werbung an.

E-Mail

90 Prozent der Kinder und Jugendlichen nutzen hauptsächlich die Kommunikationsform der E-Mail. Noch vor wenigen Jahren hieß es, durch den Computer würde im-

mer weniger gelesen und geschrieben. Das Gegenteil ist der Fall. Die klassische Brieffreundschaft lebt im digitalen Zeitalter wieder auf. Auch wenn der Inhalt der Mails immer kürzer und möglicherweise auch belangloser wird.

Suche nach Seiten

Wie findest du interessante Seiten?

Antwort	Total	12-15 Jahre	16-19 Jahre	20-24 Jahre
Suchmaschinen	74 %	62 %	74 %	81 %
Medien allgemein	58 %	52 %	60 %	59 %
über Freunde	54 %	55 %	53 %	54 %
Fachpresse	48 %	40 %	50 %	50 %
Webadresse aus der Werbung	39 %	28 %	40 %	45 %
Webadressen auf Produktpackungen	22 %	14 %	24 %	25 %
über Eltern/Lehrer	6 %	11 %	7 %	4 %
Surfe nur so rum	5 %	7 %	5 %	4 %

Eine **EARSandEYES**-Befragung von 1021 Kindern und Jugendlichen zwischen 12 und 24 Jahren. Stand: August 2000

Relevanz der E-Mail

E-Mails versenden

Antwort	Total	12-15 Jahre	16-19 Jahre	20-24 Jahre
1 = sehr wichtig	68 %	67 %	65 %	71 %
2	22 %	21 %	26 %	19 %
3	6 %	10 %	5 %	5 %
4	2 %	2 %	1 %	3 %
5	1 %	1 %	2 %	1 %
6 = überhaupt nicht wichtig	1 %	-	1 %	1 %

Eine **EARSandEYES**-Befragung von 1021 Kindern und Jugendlichen zwischen 12 und 24 Jahren. Stand: August 2000

E-Mail-Empfang

Wie viele E-Mails bekommst du in der Woche?

Basis	Total	12-13 Jahre	14-15 Jahre	16-17 Jahre
gar keine	0 %	1 %	0 %	0 %
ca. 1-5 pro Woche	8 %	18 %	5 %	5 %
ca. 5-10 pro Woche	21 %	24 %	19 %	21 %
ca. 10-20 pro Woche	21 %	24 %	16 %	24 %
ca. 20-30 pro Woche	22 %	12 %	28 %	21 %
mehr als 30	28 %	22 %	31 %	28 %

Eine **EARSandEYES**-Befragung von 511 Kindern und Jugendlichen zwischen 12 und 17 Jahren. Frühjahr 2001

Das Schöne bei der E-Mail ist ja, dass der Empfänger Sätze des Absenders direkt kommentieren kann. »Die Kinder benutzen die E-Mail als Einstieg und Trainingslager«, meint Oliver Leisse. »Mit vertrauten Partnern üben sie im abgesicherten Modus für das, was später im Chat kommen wird.« Knapp ein Drittel der Kinder und Jugendlichen erhält mehr

E-Mail verschicken

Wie viele E-Mails schreibst du in der Woche?

Basis	Total	12-13 Jahre	14-15 Jahre	16-17 Jahre
gar keine	2 %	3 %	2 %	1 %
ca. 1-5 pro Woche	35 %	39 %	33 %	35 %
ca. 5-10 pro Woche	27 %	28 %	27 %	26 %
ca. 10-20 pro Woche	21 %	23 %	19 %	21 %
ca. 20-30 pro Woche	9 %	4 %	12 %	9 %
mehr als 30	7 %	4 %	8 %	7 %

Eine **EARSandEYES**-Befragung von 511 Kindern und Jugendlichen zwischen 12 und 17 Jahren. Stand: Frühjahr 2001

als dreißig Mails in der Woche. Doch nur 16 Prozent schreiben mehr als zwanzig E-Mails in der Woche. Die Diskrepanz ist schnell erklärt: Wer in genügend Verteilern seine E-Mail-Adresse hinterlassen hat, wird mit Newslettern und Werbung überhäuft.

Wild Surfin'

65 Prozent der Befragten gehen gerne planlos ins Netz und schauen einfach, wo sie heute landen. Möglicherweise werden Pädagogen das nicht gutheißen, aber nur so finden die Kinder und Jugendlichen tatsächlich völlig neue Seiten. Die Lust am Experiment und Ausprobieren überwiegt.

Die Lust am Surfen

Einfach Surfen

Antwort	Total	12-15 Jahre	16-19 Jahre	20-24 Jahre
1 = sehr wichtig	31 %	35 %	27 %	34 %
2	34 %	33 %	35 %	34 %
3	20 %	18 %	22 %	18 %
4	8 %	7 %	9 %	8 %
5	4 %	4 %	5 %	4 %
6 = überhaupt nicht wichtig	2 %	4 %	2 %	3 %

Eine **EARSandEYES**-Befragung von 1021 Kindern und Jugendlichen zwischen 12 und 24 Jahren. Stand: August 2000

Downloads

Die Verfügbarkeit des Netzes macht es möglich: Überall warten Treiber, Tools, Spielchen, Bilder und viele andere Dinge darauf, heruntergeladen zu werden. Ein Schüler aus Baden-Württemberg bietet sogar einen selbstprogrammierten Vokabeltrainer an. Downloads sind sehr zeitintensiv, bereiten aber schon früh darauf vor herauszufinden, welche frei verfügbare Software etwas taugt und welche nicht. 67 Prozent der Befragten zeigen großes Interesse an Downloads generell. Nur 7 Prozent laden sich nie Software aus dem Internet herunter. Dabei bietet das Netz nicht nur Software, sondern auch Musik.

Rund 57 Prozent interessieren sich stark für das Medium. 48 Prozent signalisieren starkes Interesse an MP3 Downloads. Ganz gleich ob legal oder nicht. Beinahe die Hälfte besorgt sich ihre favorisierte Musik nicht mehr im Laden. Die neuen Möglichkeiten steigern die Sammelwut. Wer erst einmal anfängt, sich Musikstücke herunterzuladen, kann überhaupt nicht mehr aufhören. Es passen natürlich durch die geringe Größe der Dateien viel mehr MP3-Tracks auf eine selbstgebrannte CD, als es bei einer normalen Musik-CD üblich ist. Und vollkommen unabhängig davon, dass MP3 überwiegend am Computer abspielbar ist. Die tragbaren MP3-Player sind zur Zeit allesamt sehr teuer, noch teurer sind die Speichermöglichkeiten. Dennoch brennen sich die Musikfans alle Tracks auf CD und hören das eben am PC. Rund ein Fünftel bedient sich täglich. Was aber viele nicht wissen: In dem Moment, in dem sie Musik herunterladen, öffnen die

Downloads allgemein

Wie groß ist dein Interesse an Downloads allgemein?

Antwort	Total	12–15 Jahre	16–19 Jahre	20–24 Jahre
1 = interessieren mich sehr	35 %	38 %	34 %	33 %
2	32 %	25 %	35 %	34 %
3	17 %	19 %	16 %	18 %
4	8 %	7 %	8 %	7 %
5	6 %	6 %	4 %	7 %
6 = interessieren mich überhaupt nicht	2 %	5 %	3 %	1 %

Eine **EARSandEYES**-Befragung von 1021 Kindern und Jugendlichen zwischen 12 und 24 Jahren. Stand: August 2000

Downloads – Software

Wie oft holst du dir Software (z. B. Real Player)?

Antwort	Total	12–15 Jahre	16–19 Jahre	20–24 Jahre
(fast) täglich	9 %	10 %	11 %	5 %
mind. 1 x pro Woche	20 %	15 %	19 %	26 %
mind. 1 x pro Monat	36 %	34 %	35 %	39 %
weniger als 1 x pro Monat	28 %	29 %	28 %	27 %
nie	7 %	13 %	7 %	3 %

Eine **EARSandEYES**-Befragung von 1021 Kindern und Jugendlichen zwischen 12 und 24 Jahren. Stand: August 2000

Downloads – Musik

Wie groß ist dein Interesse, Musik herunterzuladen?

Antwort	Total	12–15 Jahre	16–19 Jahre	20–24 Jahre
1 = interessiert mich sehr	30 %	34 %	33 %	25 %
2	27 %	28 %	28 %	27 %
3	20 %	18 %	19 %	23 %
4	10 %	11 %	8 %	11 %
5	8 %	5 %	8 %	9 %
6 = interessiert mich überhaupt nicht	4 %	4 %	5 %	5 %

Eine **EARSandEYES**-Befragung von 1021 Kindern und Jugendlichen zwischen 12 und 24 Jahren. Stand: August 2000

Nutzer ein Tor zum PC. Da hilft auch keine Firewall mehr. Die Anbieter können, wie Datenschützer schon mehrmals angemerkt haben, dem Musikfan auf die Festplatte sehen.

48 Prozent der Befragten geben an, sich für Computer-

infos zu interessieren. Doch was sind Computerinfos? Zum größten Teil betrifft dies das Genre des Computerspiels. Denn im Netz gibt es Auflösungen, Cheats (Mogelcodes) und vor allem Cracks. Die sind sehr nützlich, weil sich Schüler Computerspiele gegenseitig brennen. Das Geld ist nun mal knapp. Cracks knacken den Kopierschutz des jeweiligen Programms. Cracks und MP3 haben also durchaus illegale Züge. Aber es lohnt sich nicht zu übertreiben: Wir haben uns früher alle Schallplatten, die wir uns nicht leisten konnten, von Freunden auf Kassette überspielt. Die Industrie drehte schon damals durch.

Bedenklicher dagegen sind Filme und Videoclips aus dem Netz, die frei heruntergeladen werden. Der 14-jährige Jan zum Beispiel interessiert sich dabei nicht für Tierfilme. Er lädt den Vampirfilm *Blade* (freigegeben ab 18 Jahren), den Horroraction-Streifen *Predator* (dito) und Splatterfilme wie *Tanz der Teufel*. Die tauscht er dann mit Freunden.

Schließlich ist der Computer heute ein annehmbar guter Fernseher.

MP3 Download

Antwort	Total	12-15 Jahre	16-19 Jahre	20-24 Jahre
1 = interessiert mich sehr	36 %	38 %	40 %	30 %
2	22 %	20 %	23 %	22 %
3	14 %	13 %	13 %	15 %
4	8 %	8 %	7 %	9 %
5	9 %	8 %	7 %	12 %
6 = interessiert mich überhaupt nicht	11 %	12 %	10 %	12 %

Eine **EARSandEYES**-Befragung von 1021 Kindern und Jugendlichen zwischen 12 und 24 Jahren. Stand: August 2000

Holst du dir Musik-Downloads?

Antwort	Total	12-15 Jahre	16-19 Jahre	20-24 Jahre
(fast) täglich	18 %	16 %	23 %	12 %
mind. 1 x pro Woche	25 %	21 %	25 %	27 %
mind. 1 x pro Monat	20 %	24 %	18 %	19 %
weniger als 1 x pro Monat	23 %	19 %	21 %	28 %
nie	15 %	20 %	12 %	14 %

Eine **EARSandEYES**-Befragung von 1021 Kindern und Jugendlichen zwischen 12 und 24 Jahren. Stand: August 2000

Computerinfos

Antwort	Total	12-15 Jahre	16-19 Jahre	20-24 Jahre
1 = interessieren mich sehr	19 %	19 %	18 %	20 %
2	29 %	26 %	26 %	34 %
3	23 %	20 %	24 %	23 %
4	14 %	17 %	15 %	12 %
5	9 %	8 %	11 %	8 %
6 = interessieren mich überhaupt nicht	6 %	11 %	7 %	3 %

Eine **EARSandEYES**-Befragung von 1021 Kindern und Jugendlichen zwischen 12 und 24 Jahren. Stand: August 2000

Kaufen, kaufen

Einkaufen genießt zwar nicht die höchste Priorität, aber immerhin finden 41 Prozent den Online-Einkauf wichtig genug. Online fällt der Einkauf ja viel leichter. »In letzter Zeit kaufe ich immer häufiger im Internet«, gesteht der führende Programmierer Charles Simonyi von Microsoft. »Wenn ich früher eine Buchbesprechung las, machte ich mir bei Bedarf eine Notiz, um das Buch zu kaufen. Heute kaufe ich das Buch sofort, denn gleich zu kaufen ist einfacher als eine Notiz zu machen.«

Einkaufen online

Antwort	Total	12-15 Jahre	16-19 Jahre	20-24 Jahre
1 = Sehr wichtig	15 %	12 %	12 %	22 %
2	26 %	22 %	25 %	28 %
3	25 %	23 %	26 %	25 %
4	14 %	14 %	16 %	12 %
5	10 %	15 %	11 %	7 %
6 = überhaupt nicht wichtig	9 %	14 %	10 %	5 %

Eine **EARSandEYES**-Befragung von 1021 Kindern und Jugendlichen zwischen 12 und 24 Jahren. Stand: August 2000

Plausch & Co

Woran merken Erwachsene, dass sie alt werden? Sie verstehen im Chat kein Wort. Das muntere Durcheinanderquatschen ist sehr beliebt und löst den Liebesbrief als Papierflieger ab. Die Meisten schätzen dabei die Anonymität. Niemand weiß, ob das Gegenüber klein, groß, dick, dünn, komplett verpickelt oder durch die Zahnspange zur Sprechunfähigkeit verdonnert ist. Ausführlicheres dazu ab Seite 149.

Chats

Antwort	Total	12-15 Jahre	16-19 Jahre	20-24 Jahre
1 = interessieren mich sehr	22 %	31 %	21 %	18 %
2	23 %	29 %	22 %	21 %
3	18 %	16 %	19 %	17 %
4	13 %	7 %	15 %	14 %
5	12 %	7 %	11 %	15 %
6 = interessieren mich überhaupt nicht	13 %	10 %	12 %	16 %

Eine **EARSandEYES**-Befragung von 1021 Kindern und Jugendlichen zwischen 12 und 24 Jahren. Stand: August 2000

Spiele ohne Grenzen

42 Prozent haben großes Interesse an Online-Spielen. Dabei sind aber meistens nicht die kleinen Online- und Flash-Spiele gemeint. Vielmehr gibt es unter den Computerspielen immer mehr Games, bei denen die Spieler jeweils von zu Hause aus gegen Kontrahenten antreten. Manchmal schließen sich ganze Horden von Jugendlichen in einer Turnhalle ein und ballern vernetzt drei Tage und drei Nächte – die so genannten Lan-Partys. »Kennst du eigentlich das weltumfassende Counterstrikefieber?« fragte neulich ein 15-Jähriger nach einer Lesung in der Schule. »Wenn nicht, musst du dich bei uns mal zu einem Shooting einfinden. Geniales Konzept: Teams, Clans genannt, töten sich gegenseitig. Die Qualität ist super, und man kann mittlerweile sogar die Gesichter real nachbilden. Das Gesicht des Gegners siehst du natürlich erst, wenn du ihn getötet hast.« Manche Schüler nickten vielwissend, nur der Lehrer sah auf seine Uhr.

Online-Spiele

Antwort	Total	12-15 Jahre	16-19 Jahre	20-24 Jahre
1 = interessieren mich sehr	21 %	30 %	18 %	19 %
2	21 %	24 %	19 %	20 %
3	19 %	17 %	20 %	20 %
4	17 %	17 %	18 %	16 %
5	13 %	5 %	14 %	15 %
6 = interessieren mich überhaupt nicht	10 %	8 %	11 %	11 %

Eine **EARSandEYES**-Befragung von 1021 Kindern und Jugendlichen zwischen 12 und 24 Jahren. Stand: August 2000

Geht's auch billiger?

Wir haben natürlich bei Auktionen immer noch einen Stuhl aus der Zeit des Sonnenkönigs vor Augen. Moderne Auktionen durchweht aber nicht der elitäre Dünkel, sondern sind ein recht einfach zu bedienender Gebrauchtwarenhandel. Schon 35 Prozent der Jugendlichen interessieren sich stark für Auktionen. Im Netz gibt es viele Seiten, in denen gebrauchte Gegenstände an den Meistbietenden verkauft werden. »Hier bildet sich eine ganz neue Handelsebene«, stellt auch Oliver Leisse fest. »Früher verkauften Kinder ihre alten Spiele und Spielsachen auf Flohmärkten. Jetzt treiben Kinder online regen Handel mit anderen Kindern. Durchgespielte Computerspiele und auslaufende Grafikkarten wechseln hier schnell ihren Besitzer. Was Hans nicht mehr braucht, verscherbelt er an Hänschen. Das bekommen Erwachsene überhaupt nicht mehr mit.«

Auktionen online

Antwort	Total	12-15 Jahre	16-19 Jahre	20-24 Jahre
1 = interessieren mich sehr	14 %	13 %	8 %	20 %
2	21 %	18 %	23 %	21 %
3	19 %	14 %	19 %	21 %
4	15 %	16 %	14 %	14 %
5	14 %	14 %	14 %	13 %
6 = interessieren mich überhaupt nicht	18 %	24 %	21 %	11 %

Eine **EARSandEYES**-Befragung von 1021 Kindern und Jugendlichen zwischen 12 und 24 Jahren. Stand: August 2000

Kommerz, ick hör dir trapsen

Das kleine www-Schwänzchen in der TV-, Radio und Printwerbung zeigt Wirkung. Zwar stehen Firmenseiten nicht an erster Stelle, erwecken aber immerhin bei knapp einem Viertel (24 Prozent) der Befragten starkes Interesse. Ebenfalls 24 Prozent spüren den Adressen in der Werbung nach. Das ist aber auch kein Wunder: Die hohen Budgets erlauben den Firmen teilweise zumindest technisch spannende und raffinierte Seiten anzubieten. Cool eben. Doch diese Webseiten haben nur eine kurze Haltbarkeit. Ist die Werbestrategie vorüber, wird die entsprechende Seite, die eben noch Spiele und Chat anbot, einfach lahmgelegt. Wenn die Besucher erst einmal mitbekommen, dass sich hier nichts mehr tut, suchen die sich neue Aufenthaltsorte im Netz.

Homepages von Firmen

Antwort	Total	12-15 Jahre	16-19 Jahre	20-24 Jahre
1 = interessieren mich sehr	6 %	4 %	4 %	4 %
2	18 %	11 %	16 %	24 %
3	30 %	26 %	31 %	31 %
4	20 %	18 %	22 %	18 %
5	16 %	19 %	17 %	13 %
6 = interessieren mich überhaupt nicht	10 %	21 %	9 %	5 %

Eine **EARSandEYES**-Befragung von 1021 Kindern und Jugendlichen zwischen 12 und 24 Jahren. Stand: August 2000

Neue Seiten aus der Werbung checken

Antwort	Total	12-15 Jahre	16-19 Jahre	20-24 Jahre
1 = interessiert mich sehr	8 %	7 %	4 %	13 %
2	16 %	16 %	15 %	17 %
3	23 %	21 %	24 %	22 %
4	19 %	19 %	19 %	17 %
5	20 %	18 %	22 %	18 %
6 = interessiert mich überhaupt nicht	15 %	18 %	16 %	13 %

Eine **EARSandEYES**-Befragung von 1021 Kindern und Jugendlichen zwischen 12 und 24 Jahren. Stand: August 2000

Viel Lern um nichts?

Wie? 32 Prozent zeigen eher Interesse als Desinteresse für Lernbereiche? Schön wär's. Die Wahrheit sieht ein wenig anders aus: Als Lernbereiche gelten hauptsächlich die Mogel- und Hausaufgaben-Seiten.

Lernbereiche

Antwort	Total	12-15 Jahre	16-19 Jahre	20-24 Jahre
1 = interessieren mich sehr	12 %	9 %	13 %	12 %
2	20 %	23 %	22 %	17 %
3	21 %	22 %	24 %	18 %
4	15 %	14 %	14 %	17 %
5	17 %	16 %	18 %	18 %
6 = interessieren mich überhaupt nicht	14 %	16 %	9 %	19 %

Eine **EARSandEYES**-Befragung von 1021 Kindern und Jugendlichen zwischen 12 und 24 Jahren. Stand: August 2000

Communities

Antwort	Total	12-15 Jahre	16-19 Jahre	20-24 Jahre
1 = interessieren mich sehr	11 %	18 %	8 %	11 %
2	19 %	24 %	18 %	16 %
3	25 %	25 %	23 %	27 %
4	17 %	11 %	18 %	20 %
5	16 %	12 %	17 %	16 %
6 = interessieren mich überhaupt nicht	12 %	10 %	15 %	10 %

Eine **EARSandEYES**-Befragung von 1021 Kindern und Jugendlichen zwischen 12 und 24 Jahren. Stand: August 2000

Communities

Der Begriff Community begeistert viele, aber dennoch will sich in Deutschland keine richtige Netzgemeinde einstellen. Wie denn auch? Die Deutschen werden mehr und mehr zu Individualisten. Da ist kein Raum für Wir-Gefühle. Bislang funktionieren hierzulande nur Communities mit speziellen Gruppen wie Technikfreaks.

Low Jones

Von wegen die Jugend sei geldgeil. Nur 20 Prozent der Befragten interessieren sich für Aktienindexe. In der Altersgruppe der 20- bis 24-Jährigen ist das Interesse für Börsenkurse mit 26 Prozent am größten. Zu kompliziert, um cool zu sein. Nur in wenigen Schulen lernen die Kinder alles über die Börse und investieren virtuelle 100 000 Mark, um den Verlauf der Aktie für mehrere Wochen zu verfolgen.

Börse

Antwort	Total	12-15 Jahre	16-19 Jahre	20-24 Jahre
1 = interessiert mich sehr	10 %	6 %	10 %	13 %
2	10 %	8 %	10 %	13 %
3	11 %	11 %	11 %	11 %
4	12 %	11 %	12 %	13 %
5	17 %	12 %	19 %	19 %
6 = interessiert mich überhaupt nicht	39 %	53 %	38 %	31 %

Eine **EARSandEYES**-Befragung von 1021 Kindern und Jugendlichen zwischen 12 und 24 Jahren. Stand: August 2000

Sonstige Infos

Informationen zu Wissenschaft und Technik liegen in der Gunst der Jugendlichen am höchsten. Klar, denn hinter diesem Segment verbirgt sich eben auch der Computer. Dazu suchen Kinder und Jugendliche am schnellsten Informationen.

Weitere Themen

Zu welchen Themen holst du dir sonst noch Informationen?

Antwort	Total	12-15 Jahre	16-19 Jahre	20-24 Jahre
Wissenschaft und Technik	54 %	42 %	59 %	56 %
Sport	35 %	40 %	36 %	31 %
Wetter	34 %	29 %	33 %	38 %
Politik	29 %	17 %	30 %	34 %
Nachrichten	27 %	23 %	30 %	26 %
Reisen	27 %	15 %	24 %	36 %
Termine	25 %	21 %	27 %	26 %
Börse	25 %	15 %	25 %	31 %
Wirtschaft	14 %	11 %	15 %	16 %
Sonstiges	24 %	37 %	22 %	18 %

Eine **EARSandEYES**-Befragung von 1021 Kindern und Jugendlichen zwischen 12 und 24 Jahren. Stand: August 2000

Selbstdarstellung

Jeder ist ein Star. Aber nicht jeder will ein Star sein. Im Internet kann sich jeder darstellen. Wenn er oder sie das möchte. Über ein Drittel gibt an, eine eigene Homepage zu haben. Denn im Internet ist jeder ein Star und kann sich ungehemmt selbst ausstellen. Um bekannt zu werden, bleiben Jugendliche zum Beispiel für ein Jahr zu Hause und lassen sich rund um die Uhr von einer Webcam und somit von der Netzwelt beobachten. Das ist aber eher die Ausnahme. Auch die Anzahl der eigenen Homepages darf nicht so ernst genommen werden. Schließlich bieten genügend Seiten die Möglichkeit, eine Seite mit Blümchen und Text zu versehen, um das Ergebnis dann als eigene Homepage zu titulieren. Weil aber diese Angebote anonym sind, schleichen sich auch mal ungebetene Gäste ein. Auf einer Seite von KRAFT/Suchard gab ein 12-jähriges Mädchen einen Link zu einer Pornoseite ein. Sie schrieb, sie habe noch eine andere eigene Homepage, die sie gerne auf Mailanfrage mitteilt. Unter falschen Namen schrieben ihr die Tester eine Mail.

»Hallo. Mir gefällt deine Seite sehr gut. Ich bin auch ein großer Beatles-Fan. Wie heißt denn deine andere Seite? Viele Grüße, Melanie«

Die Antwort kam sofort.

»Aus welcher Stadt kommst du?«

Die Tester: »Aus dem Raum Frankfurt. Wie heißt deine andere Webseite?«

Wieder kam rasch eine Antwort: »Von wo aus dem Raum Frankfurt?«

Die Tester: »Aus Kelkheim. Sagst du mir jetzt deine Seite oder nicht?«

Danach herrschte Funkstille. Was tun? Die Polizei anrufen? Wen denn da? Den Jugendschutz alarmieren? Was kann der tun? Also riefen die Tester KRAFT/Suchard an, die die Seite sofort aus dem Netz nahmen.

Hast du eine eigene Homepage?

Antwort	Total	12-13 Jahre	14-15 Jahre	16-17 Jahre
Ja, ich habe eine eigene Homepage.	37 %	36 %	39 %	36 %
Noch nicht, aber ich werde bald eine eigene Homepage haben.	19 %	18 %	22 %	16 %
Nein, aber ich hätte gerne eine eigene Homepage.	26 %	28 %	26 %	24 %
Nein, ich möchte auch keine eigene Homepage haben.	19 %	19 %	13 %	24 %

Eine **EARSandEYES**-Befragung von 511 Kindern und Jugendlichen zwischen 12-17 Jahren. Jungen und Mädchen jeweils 50 %. Stand: Frühjahr 2001

Im Amerika verabredete sich ein Mann mit einer 13-Jährigen in einem Hotelzimmer zum Geschlechtsverkehr. Der Mann staunte nicht schlecht: Denn erstens war das 13-Jährige Mädchen behaart und zweitens ein FBI-Agent. Der Mann wurde verhaftet. Dabei gestand er, sich schon öfter mit Minderjährigen zum Sex verabredet zu haben. Pikanterweise handelt es sich bei dem Täter um einen führenden Mitarbeiter aus Disneys Web-Angebot. Der Mann wurde sofort gefeuert, Name und Funktion aus allen Bereichen des Netzes gelöscht.

»Ich würde eigene Webseiten von Kindern nicht unterschätzen«, meint Oliver Leisse. »Denn selbst das Laden von Pferdebildern erwartet Intelligenz, Beharrlichkeit. Wenn ich die Technik der Programmierung einer eigenen Homepage erlernt habe, kann ich meine Inhalte der Webgemeinde vorstellen. Und das sind dann Inhalte und Ausdruck der entsprechenden Persönlichkeit.«

Kommerz

Die Lust am Einkauf genauer betrachtet

86 Prozent haben bereits über das Internet eingekauft. In der Altersgruppe der 12- bis 15-Jährigen sind es ganze 68 Prozent.

Internet-Einkauf I

Hast du schon mal selbst über das Internet eingekauft?

Antwort	Total	12-15 Jahre	16-19 Jahre	20-24 Jahre
Ja	86 %	68 %	87 %	95 %
Nein	14 %	32 %	13 %	5 %

Eine **EARSandEYES**-Befragung von 1021 Kindern und Jugendlichen zwischen 12 und 24 Jahren. Stand: August 2000

Internet-Einkauf II

Warum hast du noch nicht über das Internet eingekauft?

Antwort	Total	12-15 Jahre	16-19 Jahre	20-24 Jahre
zu unsicher/kein Vertrauen	25 %	19 %	32 %	29 %
bin noch minderjährig	13 %	26 %	2 %	-
ziehe Geschäfte vor, um mir die Ware anzusehen	12 %	13 %	11 %	10 %
ist mir zu umständlich	9 %	29 %	28 %	27 %
riskant in Bezug auf Zahlungsweise	8 %	4 %	11 %	14 %
kein Bedarf	8 %	7 %	7 %	10 %
kein Interesse	7 %	7 %	7 %	5 %
zu teuer	6 %	7 %	5 %	5 %
habe keine Kreditkarte	5 %	1 %	7 %	10 %
Angebote zu uninteressant	5 %	7 %	4 %	-
keine Gelegenheit	4 %	4 %	4 %	5 %
Zahlungsbedingungen gefallen mir nicht	4 %	3 %	4 %	10 %
habe zu wenig Geld	3 %	4 %	4 %	-
bin skeptisch	3 %	-	7 %	-
zu hohe Versandkosten	2 %	3 %	2 %	-
keine Angabe	2 %	4 %	-	-
weiß nicht, ob mir das Produkt gefällt	2 %	3 %	2 %	-
bin zu wenig informiert	1 %	1 %	2 %	-
bestelle sowieso nie	1 %	-	2 %	5 %
Service ist besser vor Ort	1 %	-	2 %	-
unsicher, ob die Ware ankommt	1 %	1 %	-	-
bin noch nie auf die Idee gekommen	1 %	-	-	5 %
zu lange Lieferzeiten	1 %	1 %	-	-
schlechte Erfahrungen	1 %	1 %	-	-

Eine **EARSandEYES**-Befragung von 1021 Kindern und Jugendlichen zwischen 12 und 24 Jahren. Stand: August 2000

»In Gruppendiskussionen erfahren wir, dass es ein Muss ist, im Netz auch zu shoppen«, erklärt Oliver Leisse. »Hinzu kommt, dass Kinder im Netz Dinge kaufen können, die sie in einem Geschäft oftmals nicht ausgehändigt bekommen. Früher schickten die Kids ihre ahnungslose Oma auf Einkaufstour, um das indizierte Computerspiel zu bekommen. Heute gibt es das bei jedem Auktionshaus und den Direktversendern ...«

Internet-Einkauf III

Könntest du dir vorstellen, in Zukunft im Internet einzukaufen?

Antwort	Total	12-15 Jahre	16-19 Jahre	20-24 Jahre
Ja	73 %	74 %	75 %	67 %
Nein	27 %	26 %	25 %	33 %

Eine **EARSandEYES**-Befragung von 1021 Kindern und Jugendlichen zwischen 12 und 24 Jahren. Stand: August 2000

Die 14 Prozent, die dem digitalen Einkauf ablehnend gegenüber stehen, ist der Vorgang zu unsicher. Minderjährig zu sein schränkte nur 26 Prozent der Ablehner in der Altersgruppe der 12- bis 15-Jährigen bezüglich des digitalen Einkaufs wirklich ein. Keine Kreditkarte zu haben, schien dabei auch eher das kleinste Problem zu sein. Einen triftigen Grund, der gegen den Einkauf spricht, gibt es allerdings nicht, und 73 Prozent könnten sich in Zukunft schon vorstellen, Waren auch online zu ordern. 51 Prozent haben schon zwischen 51 und 250 Mark ausgegeben. Problemlos übrigens. Die meisten überweisen den Betrag oder lassen ihn vom Konto abbuchen. Kreditkarten erfreuen sich natürlich nicht ganz großer Verbreitung, und das künstlich angelegte Cybercash ist der Totalflop schlechthin. 69 Prozent kennen die neuen Einkaufsformen des Internet wie zum Beispiel das Powershopping, bei dem eine Anzahl von Bestellern einer Ware den Preis drücken können. 62 Prozent nutzen im Netz die Möglichkeit, bequem Preise zu vergleichen. 66 Prozent der jungen Netzeinkäufer wissen immerhin ganz genau, welches Produkt sie wollen. Beratung ist eben keine Stärke des Internet.

Ausgaben

Was war die höchste Summe, die du bisher für eine Bestellung im Internet ausgegeben hast?

Antwort	Total	12-15 Jahre	16-19 Jahre	20-24 Jahre
bis 20 Mark	5 %	10 %	6 %	2 %
21-50 Mark	16 %	27 %	15 %	12 %
51-100 Mark	25 %	31 %	24 %	23 %
101-250 Mark	26 %	18 %	26 %	30 %
251-500 Mark	13 %	5 %	14 %	15 %
über 500 Mark	15 %	9 %	15 %	17 %

Eine **EARSandEYES**-Befragung von 1021 Kindern und Jugendlichen zwischen 12 und 24 Jahren. Stand: August 2000

Zahlweise

Wie hast du bezahlt?

Antwort	Total	12-15 Jahre	16-19 Jahre	20-24 Jahre
Überweisung nach Lieferung	45 %	42 %	40 %	50 %
Bankeinzug	41 %	35 %	42 %	43 %
Nachnahme	41 %	40 %	43 %	38 %
Kreditkarte	13 %	9 %	11 %	16 %
Cybercash	1 %	1 %	1 %	-
andere Zahlungsart	7 %	8 %	6 %	9 %

Eine **EARSandEYES**-Befragung von 1021 Kindern und Jugendlichen zwischen 12 und 24 Jahren. Stand: August 2000

Einkaufsform

Welche Einkaufsformen kennst du im Internet?

Antwort	Total	12-15 Jahre	16-19 Jahre	20-24 Jahre
normaler Einkauf	86 %	82 %	87 %	86 %
Einkauf mit anderen, um den Preis zu senken (Let's buy it; Powershopping)	69 %	63 %	71 %	70 %
Preisvergleiche, um günstiger einzukaufen	62 %	47 %	64 %	68 %
Sonstiges	25 %	22 %	25 %	25 %

Eine **EARSandEYES**-Befragung von 1021 Kindern und Jugendlichen zwischen 12 und 24 Jahren. Stand: August 2000

Kaufverhalten

Wenn du einkaufst, wie verhältst du dich?

Antwort	Total	12-15 Jahre	16-19 Jahre	20-24 Jahre
Ich weiß, was ich will und bestelle es	66 %	62 %	72 %	62 %
Ich stelle Preisvergleiche an	57 %	42 %	62 %	60 %
Ich benutze Preisvergleichsseiten	27 %	18 %	28 %	30 %
Ich mache Powershopping	21 %	17 %	20 %	24 %
Sonstiges	11 %	19 %	9 %	9 %

Eine **EARSandEYES**-Befragung von 1021 Kindern und Jugendlichen zwischen 12 und 24 Jahren. Stand: August 2000

Schon wieder gewonnen …

Wenn es etwas umsonst gibt, wollen die Deutschen dabei sein. Gewinnen zieht immer. Auch bei Erwachsenen. Knapp zwei Drittel der Befragten (62 Prozent) geben eine hohe Affinität zu Gewinnspielen an. Und 90 Prozent haben schon mitgemacht. 53 Prozent würde es stören, wenn sie Werbung von der Gewinnspielseite bekämen. Aber da sind auch 47 Prozent, die es weniger oder gar nicht stört. »Früher trugen Kinder Zeitungen aus, heute jobben sie im Netz«, stellt Oliver Leisse fest. »Denn dort können sie durchaus ihr Taschengeld aufbessern. Zum Beispiel auf dem Meinungsportal www.ciao.com, wo jeder für seine Meinung honoriert wird. Und so sind auch Gewinnspiele zu sehen.«

Meistens sind aber die Betreiber solcher Seiten nur auf die Adressen der Kunden scharf.

Gewinnspiele I

Was hältst du von Gewinnspielen?

Antwort	Total	12–15 Jahre	16–19 Jahre	20–24 Jahre
1 = finde ich gut	30 %	24 %	28 %	35 %
2	32 %	22 %	37 %	31 %
3	17 %	22 %	16 %	17 %
4	9 %	13 %	7 %	10 %
5	5 %	4 %	6 %	3 %
6 = finde ich überhaupt nicht gut	6 %	13 %	5 %	4 %

Eine **EARSandEYES**-Befragung von 1021 Kindern und Jugendlichen zwischen 12 und 24 Jahren. Stand: August 2000

Gewinnspiele II

Hast du schon einmal bei Gewinnspielen im Internet mitgemacht?

Antwort	Total	12–15 Jahre	16–19 Jahre	20–24 Jahre
Ja	90 %	87 %	88 %	94 %
Nein	10 %	13 %	12 %	6 %

Eine **EARSandEYES**-Befragung von 1021 Kindern und Jugendlichen zwischen 12 und 24 Jahren. Stand: August 2000

Produktinformationen

Stört es Dich, wenn die Gewinnspielefirma dich mit Produktinformationen anmailen würde?

Antwort	Total	12-15 Jahre	16-19 Jahre	20-24 Jahre
würde mich stören	53 %	54 %	59 %	45 %
ist mir egal	28 %	29 %	26 %	31 %
würde mich nicht stören	19 %	17 %	15 %	24 %

Eine **EARSandEYES**-Befragung von 1021 Kindern und Jugendlichen zwischen 12 und 24 Jahren. Stand: August 2000

Und nicht immer sind die Gewinne toll. Vor wenigen Jahren verloste die Berliner Vagandenbühne zehn Eintrittskarten für »Hiroshima mon amour« von Marguerite Duras. Im Foyer herrschte große Leere. Ingesamt fanden sich zehn Theaterbesucher ein. Alles Gewinner. Die Aufführung mit einem südamerikanischen Tänzer, dessen Stimme vom Band kam, führte im Publikum zum permanenten Wechsel der Sitzposition. Bitte keine Gewinne mehr.

Werbung für alle und überall

Auf der Kinderseite www.goere.de prangte ein Banner, in dem die lobenswerte Aktion »Wir gegen Kinderporno« unterstützt wird. Nur hat das nichts auf einer Kinderseite verloren.

Wenn eine Webseite keine Banner hat, gilt sie meist als seriös. Immer beginnen Erwachsene diese Diskussion. Banner sind aber auch eine wunderbare Möglichkeit, im Netz auf andere Seiten aufmerksam zu machen. Reich wird vom Bannerverkauf niemand, die Einnahmen sind äußerst gering. Das liegt auch daran, dass sich der tatsächliche Einsatz vom Auftraggeber her kaum kontrollieren lässt. Auch im Fernsehen wünschen sich Eltern, dass sämtliche Kindersendungen

Bannerwerbung

Hast du schon mal auf Bannerwerbung geklickt?

Antwort	Total	12-15 Jahre	16-19 Jahre	20-24 Jahre
Ja	91 %	86 %	90 %	95 %
Nein	9 %	14 %	10 %	5 %

Eine **EARSandEYES**-Befragung von 1021 Kindern und Jugendlichen zwischen 12 und 24 Jahren. Stand: August 2000

Firmenlogos und Banner

Wie findest du Firmenlogos und Banner?

Antwort	Total	12-15 Jahre	16-19 Jahre	20-24 Jahre
sehr gut	4 %	6 %	3 %	5 %
gut	23 %	19 %	22 %	26 %
ist mir egal	49 %	52 %	47 %	49 %
nicht so gut	18 %	18 %	20 %	16 %
überhaupt nicht gut	5 %	6 %	7 %	4 %

Eine **EARSandEYES**-Befragung von 1021 Kindern und Jugendlichen zwischen 12 und 24 Jahren. Stand: August 2000

auf den ganzen Barbierwerberummel verzichten sollen. Das ist aber nicht der Fall. Und Kinder und Jugendliche nehmen Werbung anders auf: als Information. Nicht anders verhält es sich mit den Bannern im Netz. Mit einem Unterschied: Wem die neue Seite nicht gefällt, kehrt einfach zur letzten Seite zurück. 91 Prozent haben alle schon einmal auf ein Banner geklickt. Knapp die Hälfte kann die Banner für sich wegblenden und fühlt sich von ihnen weder hofiert noch genervt. Nur 5 Prozent lehnen Banner komplett ab.

KAPITEL 6

SEXYBIENCHEN KNUDDELT LANGSCHWANZ 0787

Warum die Deutschen nichts mehr ohne ihr Handy sagen, Notebooks vor Gartenzwergen nicht Halt machen, und wie sich in der Kommunikation die Farbe wechseln lässt, ohne zu erröten

#harald logged in#
harald: hi irgendwie total super für mich,
hier was zu machen. was ich total nicht kapier.
da gehts mir wie euch, oder? ha, ha, ha.
harald: geht ja rasend schnell.
harald: irre
harald: huch, ich schwitz schon
#sebka kommt aus der lounge grün#
harald: hi, sebka
sebka: harald hallo
harald: bißchen viel text von dir
harald: tot?
sebka: ja, mehr ist mir nicht eingefallen …
harald: und tschüß

Der bekennende Computerhasser Harald Schmidt
im ersten Chat 1996 auf seiner Webseite

DER MAGISCHE KNOCHEN

Unter Paläontologen

Die Spezies Mensch macht eine regressive Phase durch. So brauchte der Mensch mehrere hunderttausend Jahre, um sich allmählich vom gebeugten zum aufrecht gehenden Menschen zu entwickeln. Der Computer brauchte keine zehn Jahre, um dieses Evolutionswunder auf einen Schlag zu vernichten. Die Technik macht den Menschen zum Kriecher. Er rutscht auf allen Vieren herum. Meistens unter dem Tisch. Dort versucht er, alle möglichen Kabel auf der Rückseite des Computers zu befestigen. Wenn mal etwas nicht funktioniert, ruckelt der Mensch daran. Telefonanlagen sind noch entwürdigender. Um der Anschlüsse habhaft zu werden, müsste der Kasten entweder komplett auseinander genommen werden oder aber der Mensch nimmt die Statur eines Rochens ein. Hingerafft wie ein Mordopfer liegt er auf dem Boden, die Wange fest in den Teppich gepresst, die Nase zwischen Wand und Anlage – und kann doch nichts sehen.

Nichts macht den Menschen so ratlos wie Telefonanlagen. Schon allein Termini wie S0-Bus, NTBA, Patch und Router treiben einfach jeden in den Wahnsinn. Anfangs konnte sich nur die bessere Gesellschaft die moderne Gerätschaft eines Telefons leisten. Die Bedienung des Telefons blieb damals verpönt und wurde dem Dienstpersonal übertragen. Wer einmal vor der unlösbaren Aufgabe stand, seine Telefonanlage selbst zu installieren und zu programmieren, wünscht sich genau diese Zeiten zurück. Und, wenn wir schon dabei sind, einen guten Chiropraktiker.

Noch mal in Zahlen

Telefonieren, SMS, chatten und E-Mail. Wie die ganze Welt sind auch die Deutschen mitten im Kommunikationsfieber.

Für das Jahr 1999 verzeichnete die Deutsche Telekom allein im Festnetz 50,6 Milliarden Inlandsgespräche und 1,09 Milliarden Auslandsgespräche. Insgesamt telefonierten die Deutschen in diesem Jahr 186 Milliarden Minuten. Zum Vergleich: Ein durchschnittliches Menschenleben von 75 Jahren hat gut 39 Millionen Minuten.

Am besten umschreibt der Begriff »hemmungslos« unser Telefonverhalten. Der Griff zum Hörer erfolgt unüberlegt. Das unterscheidet Generationen. Noch heute brechen ältere Menschen ein Gespräch mit dem Hinweis »das wird sonst zu teuer« ab. »In aller Kürze, aber mit gewisser Boshaftigkeit könnte man sagen, dass heutzutage die Kommunikation alles und der Verstand nichts ist«, schreibt Stanislaw Lem dazu in *Digitalis*.

Die Online-Nutzung treibt zusätzlich die Rechnung in ungeahnte Höhen. Denn selbst bei sparsam Telefonierenden erhöhten sich nach dem Anschluss ans Internet die monatlichen Kosten mindestens um das Vierfache.

Erstaunlich dabei ist, mit welchem Gleichmut die Deutschen ihre unverständlichen Telefonrechnungen hinnehmen. Wer nicht über den Spürsinn eines Steuerberaters verfügt, wird aus der mehrseitigen, sehr detailfreudigen Telekom-Rechnung nicht mehr schlau. Was tun? Welche Vorwahl der Telekom-Konkurrenten ist denn die günstigste? Welche funktionieren auch ins Ausland oder bei Handys? Und wieso gibt es dazu keine Abrechungen? Viele Fragen und kein Ansprechpartner.

»Uns ist natürlich klar, dass da niemand mehr durchblickt«, gesteht ein Telekom-Mitarbeiter. »Die Teilnehmer möchten telefonieren und nicht in irgendwelchen seitenlangen Tarifübersichten der Fachpresse nach dem günstigsten Anbieter suchen. Sie haben die Telekom als verlässlichen Partner kennen gelernt und bleiben ihm treu. Der Rest ist Chaos.«

Warum sollte sich die Telekom auch bemühen? Sie ist nur ein Anbieter unter vielen. Die Probleme mit den privaten Anbietern füllen inzwischen die Newsgroups des Internets. Dort beschweren sich Kunden, dass sie zum Beispiel ihren Vertrag nicht kündigen können. Bei per Einschreiben gesendeten Vertragsauflösungen verweigern einige Telefongesellschaften sogar die Annahme.

50 Millionen Handys, und warum sie so beliebt sind

Kommunikation, das macht der Handyboom besonders deutlich, hat überhaupt nichts mehr mit dem Gespräch im klassischen Sinne zu tun. Vielmehr ist unter der Ägide des Handys die zwischenmenschliche Kommunikation von der klassischen Unterhaltung zum profanen Entertainment verkommen. Die Dampfplauderei hält Einzug. Wer ein Handy besitzt, gehört zum Zirkel der Eingeweihten. Sei jung, sei flexibel, sei erreichbar. Knapp 50 Millionen Deutsche besitzen ein Mobiltelefon – laut *VDI-Nachrichten* im Februar 2001. Und der Trend geht durch alle Schichten und Altersgruppen der Gesellschaft. Dabei wurden noch vor wenigen Jahren Jahren Männer mit Mobiltelefonen von Frauen verächtlich als fürchterliche Angeber abqualifiziert, wenn sie geschäftliche oder private Abmachungen lauthals in die Öffentlichkeit trugen. Die kritischsten Frauen unter ihnen finden das Handy nun ausgerechnet selbst ungeheuer praktisch und führen Gespräche in nicht minderer Lautstärke. Auch ältere Bundesbürger, die es nicht einmal klingeln hören, erwerben zunehmend Mobiltelefone.

Handys sind eben wie Hühnersuppe bei einer kleinen gesundheitlichen Verstimmung. Wenn es nicht hilft, kann es nicht schaden. Neben dem Versprechen ewiger Jugend räumen bestimmte Artikel in der Tagespresse die letzten Zweifel beiseite:

- Frau kann nach Autounfall dank ihres Handys gerettet werden.
- Unter Trümmern begrabener Mann macht nach Gasexplosion mit dem Handy auf sich aufmerksam.
- Junger Mann nach Skiunfall mit Hilfe des Handys geborgen.

In England soll das Handy sogar dem vom Aussterben bedrohten Gartenzwerg das Leben retten. So will die Supermarktkette Tesco den Gartenzwerg mit Fliegenpilz und Angelrute aus dem Programm streichen. Stattdessen tragen die neuen Gartenzwerge nun Handys und Laptops. »Die Gesellschaft erwartet mehr von uns«, wird der zuständige Tesco-Mitarbeiter Willie Hamilton in der *Süddeutschen Zeitung* zitiert, »und deswegen erwarten wir auch mehr von unseren Gartenzwergen. Wenn man nach einem harten Tag aus dem Büro heimkommt und den Gartenzwerg immer noch glücklich angeln sieht, dann hat das doch mit unserem heutigen Lebensstil nichts zu tun.«

Das Design
Mobiltelefone sind todschick und bringen unsere Augen zum Leuchten. Marke ist Design. Je kleiner, desto schicker. Mit eleganten Klapp- und Schiebemechanismen und anderen Funktionen, die einem sofort ans Herz wachsen. Viele Deutsche sind höchst erstaunt, dass ausgerechnet ein Gerät bei ihnen genau jene Gefühle hervorruft, wie es ein Hamster in der Kinderzeit tat. Voller Stolz händigen Besitzer ihr Telefon jedem zufällig anwesenden Gegenüber aus und sprechen nur im Flüsterton über dessen Vorzüge, als würde ein Flaschengeist den Vibrationsalarm auslösen, beim dem sich Männer fragen: Klingelt jetzt mein Handy in der Brusttasche oder ist das ein Herzinfarkt?

Selbst Skeptiker sind mehr von Optik und modischem Accessoirecharakter als vom Nutzen begeistert. Die Welt ist voller Zubehör. Kopfhörer mit und ohne Mikrobügel, bunt glitzernde Schalen nach dem SWATCH-Prinzip, farbige Tischständer in Kuh-, Osternest- und Popmotiven. CD-ROM und Internet liefern ständig neue Klingeltöne (zum Beispiel die Titelmelodie von *Indiana Jones*), neue Logos, neue Spiele. Besonders die Schutzhüllen haben es Männern angetan. Ein Kratzer auf dem Display ist wie ein Kratzer auf der Seele. Dafür bietet aber der Fachhandel ein Wundermittel, das angeblich Verunzierungen auf dem Handy beseitigt.

Handyexplosion bei der Jugend

Im Jahr 2000 besaßen etwa 49 Prozent der Kinder und Jugendlichen ein Handy, stellt die Studie *Jim 2000* des Medienpädagogischen Verbundes Südwest (SWR Medienforschung) fest. 1999 waren es noch 14 Prozent.

Ausstattung: Bereits jeder vierte 12- bis 13-Jährige ist mit einem Mobiltelefon ausgestattet; bei den 18- bis 19-Jährigen sind es bereits 65 Prozent. Für die monatlichen Kosten in Höhe von rund DM 48,– (ohne Grundgebühr) kommen die Jugendlichen nach eigenen Angaben zu 78 Prozent selbst auf. (Quelle: Jim 2000)

Die Grundgebühr ist längst kein Thema mehr. Die meisten benutzen Prepaid-Karten. Nach einer EARSandEYES-Umfrage sind junge Internetnutzer sogar noch besser ausgestattet. Beinahe drei Viertel der Internet-Jugendlichen besitzen hier ein Handy:

Handy-Nutzung

Hast du ein eigenes Handy?

Antwort	**Total**	**12-13 Jahre**	**14-15 Jahre**	**16-17 Jahre**
Ja	72 %	63 %	73 %	75 %
Nein	28 %	37 %	27 %	25 %

Eine **EARSandEYES**-Befragung von 511 Kindern und Jugendlichen zwischen 12 und 17 Jahren. Stand: Frühjahr 2001

»Der unique Benefit«

Das mobile Telefon gehört heute zum »Ausdruck der individuellen Persönlichkeit«, stellt die *Bravo*-Studie *Faktor Jugend 3* fest. Demnach halten 84 Prozent das Design des Telefons für entscheidend, und schon 35 Prozent besitzen farbige Oberschalen zum Wechseln. Die *Bravo*-Studie, die sich auf Markenbildung konzentriert, liefert dazu noch mehr Information im besten Marketingkauderwelsch. »Markenbildung ist möglich«, lautet die frohe Botschaft. Und: »Voraussetzung ist die Verknüpfung der Marke mit einem klaren, uniquen Benefit. Eltern erkennen die Notwendigkeit, ihre Kinder mit moderner Kommunikationstechnologie vertraut zu machen – und sie sind zunehmend bereit, hier zu investieren. Wenn die Anschaffung erst mal beschlossen ist, entscheiden die echten Experten die Details: die Jugendlichen.«

Und die stehen auf Nokia.

HANDY MARKEN TOP 5

Nokia	44 %
Siemens	17 %
Sony	4 %
Motorola	6 %
Ericsson	5 %

Quelle: Bravo-Studie Faktor Jugend 3

Schön, aber unpraktisch

Auch die elektronische Division von Mitsubishi drängt es auf den Mobilmarkt. Darum gab die Tochter Trium Mobile Phones eine eigene Studie in Auftrag. Demnach legen fast zwei Drittel der Befragten mehr Wert auf die einfache Handhabung als auf Preis, Gewicht und Aussehen.

Für die Hersteller ist das toll. Denn beim schicken Nokia 8210 muss der Besitzer acht- (in Zahlen: 8!) mal hintereinander auf das gleiche Knöpfchen drücken, damit das Briefsymbol endlich verschwindet.

Die Unabhängigkeit

Telefonieren und SMS Verschicken ist von fast überall möglich. Der Alltag zeigt es: In Zügen telefonieren die meisten Deutschen am liebsten. Das wies ebenfalls die Studie von Trium Mobile Phones nach. 67 Prozent greifen demnach genau da zum Hörer. Mittlerweile bimmelt es in den Zugabteilen wie in einer Flipperhalle. Aufgrund der ununterbrochenen Bewegung des Zuges kommt dabei die Verbindung ständig zum Erliegen. Darum liegt vermutlich auf Platz eins der am häufigsten verwendeten Worte im Zug »Hallo? Hallo??«, dicht gefolgt von »Ja, noch einmal ich, wir wurden eben getrennt«. Das Ganze natürlich in einer unglaublichen Lautstärke vorgetragen, die fast jede Distanz überwindet und somit die Nutzung des Handys noch überflüssiger macht. Die Mitreisenden halten sich die Ohren zu oder telefonieren selbst.

Nur: Warum telefonieren die Deutschen in Zügen oder im Auto? Weil sie sich langweilen. Das Handy ist da das perfekte Mittel, um auch aus der Ferne im beruflichen und privaten Spiel zu bleiben. Es täuscht die Effizienz einer ungeheuren Betriebsamkeit vor. Deshalb telefonieren nach Trium auch 35 Prozent der Befragten bevorzugt, während sie am Flughafen oder Bahnhof warten. Als nervlich erprobte Ohrenzeugen wissen wir längst, dass fast alle Gespräche mit Standortbestimmungen anfangen und dann erlahmen.

»Ich bin jetzt am Bahnhof.«
»Ich bin jetzt auf dem Flughafen.«
»Ich bin gleich im Büro.«
»Ich komme jetzt nach Hause.«
»Ich stehe jetzt vor unserer Garage.«

Unabhängigkeit ist aber vor allem bei der Jugend das Motiv für die Handy-Nutzung. Wer erinnert sich nicht an den Zank mit den Eltern, wenn wir mal ein paar Minuten länger mit unseren Freunden telefonierten. »Mehr Ärger als Vergnügen!« beschreibt *Bravo – Faktor 3* die Telefonsituation der Jugendlichen zu Hause, das »kein Paradies« sei. Demnach haben nur 10 Prozent eine eigene Telefonnummer, 15 Prozent ein Telefon zur eigenen Verfügung, 18 Prozent mehr als einen Telefonanschluss zu Hause und ganze 48 Prozent suchen mit einem schnurlosen Telefon nach Rückzugsmöglichkeiten. Der Nachwuchs umgeht das Problem mit einem eigenen Mobiltelefon. Laut Trium-Studie sind das immerhin 39 Prozent der Jugendlichen mit Handy, die das Mobiltelefon von zu Hause aus nutzen. Kosten spielen offensichtlich keine Rolle. Eltern, die schon gar nicht mehr wissen, was sie ihren Kindern schenken sollen, stecken ihnen nun an Ostern oder Weihnachten am Liebsten ein Bündel Prepaid-Karten zu. Damit aber steht das Mobiltelefon überhaupt nicht für Unabhängigkeit. Im Gegenteil.

Die Kontrolle

Handys sind digitale Hundeleinen. Immer steckt eine Kontrollfunktion dahinter. Zum Beispiel privat:

»Was machst du gerade?«

»Wo bist du?«

»Wie lange brauchst du noch?«

Noch tückischer verhält es sich im Beruf. Ein Firmenhandy erscheint den jeweiligen ausgewählten Mitarbeitern zunächst wie ein Bonus und steht für das Vertrauen, das die Firma in die Person setzt. 16 Prozent (Trium) der Handy-Benutzer schalten ihr Handy sogar niemals ab. Nicht einmal nachts. Im Prinzip läuft es aufs Gleiche hinaus:

»Was machen Sie gerade?«

»Wo sind Sie?«

»Wie lange brauchen Sie noch?«

Und auch Eltern, die ihren Kindern ein Handy schenken, wollen in erste Linie Kontrolle. Sie bezeichnen es als Sicherheit. Die *BILD*-Zeitung stellte die fünfjährige Jacqueline vor, die stolz ihre gelbes Nokia 5110 in die Kamera hält. »Ich geh noch in den Kindergarten«, sagt sie, »aber meine Mama gibt mir das Telefon öfter mit.« Die Mutter dazu: »Ich mach's aus Sorge.«

Julian (10) griff nach monatelangem vergeblichem Quengeln dieses Thema mit Erfolg auf: »Ich habe sie damit überzeugen können, dass ich dann anrufen kann, falls mal etwas ist.« Gabriel (10) findet das Handy praktisch: »Wenn ich mal den Bus verpasst habe, kann ich meine Mama anrufen, dass sie mich abholen soll.«

Wer kontrolliert hier eigentlich wen?

Kommunikation geht über Gesundheit

Christopher Buckley, ein ehemaliger Redenschreiber von George Bush senior, erzählt in seinem Roman *Danke, dass Sie hier rauchen,* wie sich die Merchands Of Death zum Lunch treffen: die Sprecher der Alkohol-, Waffen- und Tabaklobby, um sich gegenseitig ihr Leid zu klagen. Täglich werden sie angegriffen und angepöbelt. Der Held tritt ständig in Fernsehsendungen mit glatzköpfigen 15-Jährigen auf, die vom Rauchen Krebs bekommen haben. Nur seine besonders rhetorische Begabung rettet ihn. Aber als ihm militante Nichtraucher den Leib mit Nikotinpflastern vollkleben, ist fast alles zu spät. In einer modernisierten Fassung müsste sich der Sprecher der Mobiltelefon-Industrie hinzugesellen.

Mobil telefonieren ist wie das Rauchen vor zwanzig Jahren. »Der blaue Dunst« stand damals für Genuss, für exquisiten Geschmack, für Lebensqualität. Und nicht für Lungenkrebs, Raucherbein und Herzinsuffizienz.

Ob das mobile Telefonieren nun die Gesundheit beeinträchtigt oder nicht, scheint niemanden besonders zu interessieren.

Sensible Gemüter schmerzt das Ohr ohnehin nach wenigen Minuten, als ob jemand mit einem heißen Draht im Mittelohr herumstochert. Hypochondrische Veranlagung oder echter Schmerz? Wird das Hirn nun erwärmt, das Auge blind oder das Wachstum von Tumoren beeinflusst?

Angst vor Strahlung

»Haben Sie Angst vor Handy-Strahlung?« fragte im Mai 2001 der *Stern* knapp 1100 Teilnehmer. Die Antworten verteilen sich:

Nein, bis ihre Schädlichkeit nicht erwiesen ist	38,2 %
Schon, aber ich telefoniere trotzdem mobil	35,2 %
Ich habe sowieso kein Mobiltelefon	19,2 %
Ja, deshalb benutze ich kein Handy	7,4 %

Und selbst, wenn wir nicht telefonieren: Gibt es eigentlich so etwas wie passives Telefonieren, wenn der Nebenmann hemmungslos kommuniziert?

Offensichtlich ist aber die Schädigung der Gesundheit durch mobile Telefone längst erwiesen. Warum sonst wird jetzt in Deutschland ein Vermerk auf den Packungen der Telefone angebracht, der mögliche Schäden nicht länger kategorisch ausschließt? Die Mobilkommunikationsindustrie hat von der Tabakindustrie gelernt. Und mit diesem kleinen Hinweis gehen die Verantwortlichen möglichen künftigen Klagen geschickt aus dem Weg.

Die Firmen wollen nichts sagen.

Und wir wollen es nicht wissen.

Andererseits ist der Spaß immer dann vorbei, wenn in unmittelbarer Nachbarschaft Richtantennen für Mobilfunk befestigt werden. Der neue Standard UMTS soll sogar noch umweltbelastender sein. Militante Nichtraucher gibt es nur in den USA, aber ein bisschen mehr Information und Rückgrat dürfte es schon sein …

Einige ängstliche Handy-Besitzer kaufen sich tatsächlich dieses kleine, lächelnde Plastikpüppchen, das wie einer der modernen Weinverschlüsse aussieht. Im Inneren verbirgt sich allerdings ein Quarz, der angeblich zur Strahlenabmilderung auf die Antenne gepfropft wird. Die Frage, ob das etwas nützt, erübrigt sich völlig: Die meisten Handys haben heute gar keine sichtbare Antenne mehr.

DES WAHNSINNS DICKE DAUMEN

Piep, piep, piep

Noch vor zwei Jahren glotzten die Fahrgäste in U-Bahnen leer vor sich hin oder steckten die Nase tiefer in die Zeitung. Heute drücken sie alle ihre SMS-Nachrichten ins Handy. SMS ist Kult und die kleine Schwester der E-Mail. SMS steht für »Short Message Services«. Dabei handelt es sich um auf 160 Zeichen reduzierte Kurzmitteilungen, die über die Handy-Tastatur eingegeben und dann verschickt werden. »Dann machts beim Empfänger ›piep‹«, schreibt der *Kölner Express,* der die Anzahl der SMS-Botschaften auf täglich über 40 Millionen schätzt.

Vorteil: Der Absender braucht keinen Computer. Das Handy reicht dazu vollkommen.

Nachteil: Ganz schön teuer.

Auf jeden Fall teurer als eine E-Mail. »Es macht aber auch mehr Spaß«, gesteht der 14-jährige Max. »Ist lustiger.«

Wer ein Handy jüngeren Datums besitzt, kommt dabei in den Vorzug der automatischen Worterkennung. Es darf nur kein Fremdwort und kein englischer Begriff dazwischen geraten. Die meisten SMS-Benutzer kommen aber auch prima mit den alten Telefonen zurecht und drücken sich auf acht Tasten das gesamte Alphabet herbei. Laut *Spiegel* diagnostiziert Andrew Chadwick, der in England die Repetitive Strain Injury Association vertritt, schon die ersten Krankheiten bei SMS-Versendern. So wie sich die Daumen bewegen, werden sie nur schwach durchblutet, was zu Schwellungen und Arthritis führen kann. Einen Namen hat er auch schon dafür: *Text Message Injury,* kurz TMI.

Mittlerweile gibt es schon Literaturwettbewerbe für SMS und auch anonyme Drohungen (»Ich will Rache«, »Ich weiß, wo du wohnst«, »Ich will dein Blut sehen«) beschäftigen die Polizei zunehmend. Allein beim Kommunizieren soll es jedoch nicht bleiben. Weltweit bauen Firmen die Möglichkeiten aus, auch mit diesem Format mehr Geld zu verdienen. Schon im nächsten Jahr möchte zum Beispiel Ravensburger unter anderem SMS-Quizspiele anbieten.

Bis auf das Piepen sind SMS auch diskreter als Telefonate. Die *VDI-Nachrichten* zitieren dazu den Psychologen Andreas Herter: »SMS bieten die Möglichkeit, ständig in Kontakt mit dem sozialen Umfeld zu sein und zu kommunizieren, ohne jemanden zu nah an sich heranzulassen.«

Und das genießen alle. Studenten, Hausfrauen, Sportler, Schüler, Arbeitslose, Büroangestellte, Auszubildende, Polizisten, Punker und Touristen. Sie alle pressen mühsam die Zunge zwischen den Zähnen hervor und tippen SMS-Nachrichten. Auf der Straße, im Café oder in der U-Bahn. »Die Handy-Generation ist vermutlich solipsistischer als alle vorangegangenen Generationen«, sagt der Autor und Privatgelehrte Kurt Wiessner. »Sie piept nur vor sich hin. Geht Sandy jetzt mit Mandy oder gibt es ein Sonderangebot bei ALDI.«

SMS-Konsum in Zahlen

Laut Trium-Studie sind SMS-Nachrichten für die Klientel zwischen 16 und 39 Jahren am wichtigsten.

Was ein Handy haben muss

	Gesamt	Frauen	Männer	16–39 Jahre	40–60 Jahre
SMS	71 %	72 %	70 %	88 %	50 %
Mailbox	41 %	43 %	40 %	29 %	57 %
WAP	4 %	3 %	5 %	6 %	2 %
Spiele	8 %	6 %	3 %	12 %	2 %
Klingeltöne	15 %	15 %	15 %	16 %	14 %
Vibrationsalarm	31 %	25 %	38 %	30 %	32 %
Sonstiges	9 %	7 %	11 %	13 %	5 %

Quelle: *Trium-Studie* 2001

SMS zum Handy

Wie viele SMS bekommst du in der Woche auf dein Handy gesendet?

Antwort	Total	12-13 Jahre	14-15 Jahre	16-17 Jahre
gar keine	3 %	3 %	3 %	3 %
ca. 1-5 pro Woche	25 %	33 %	25 %	20 %
ca. 5-10 pro Woche	23 %	23 %	23 %	24 %
ca. 10-20 pro Woche	26 %	31 %	23 %	26 %
ca. 20-30 pro Woche	11 %	6 %	13 %	12 %
mehr als 30 pro Woche	12 %	3 %	13 %	14 %

Eine **EARSandEYES**-Befragung von 367 Kindern und Jugendlichen zwischen 12 und 17 Jahren. Stand: Frühjahr 2001

SMS vom Handy

Wie viele SMS verschickst du in der Woche von deinem Handy?

Antwort	Total	12-13 Jahre	14-15 Jahre	16-17 Jahre
gar keine	11 %	16 %	12 %	9 %
ca. 1-5 pro Woche	31 %	31 %	34 %	27 %
ca. 5-10 pro Woche	23 %	33 %	21 %	20 %
ca. 10-20 pro Woche	20 %	17 %	17 %	24 %
ca. 20-30 pro Woche	7 %	3 %	9 %	8 %
mehr als 30 pro Woche	8 %	0 %	8 %	12 %

Eine **EARSandEYES**-Befragung von 367 Kindern und Jugendlichen zwischen 12 und 17 Jahren. Stand: Frühjahr 2001

LUST UND LAST MIT ELEKTRONISCHER POST

Betroffen über das Geschehene

»Sehr geehrte Betroffene, manche von Ihnen haben 5, 10 oder 50 Kopien ein und des selben Schreibens innerhalb einer E-Mail bekommen, manche gar mehrere hundert Kopien. Wir bitten hierfür um Verzeihung. Es ist geschehen, und wir können es nicht rückgängig machen. Wir können Ihnen aber versichern, dass es nicht in der Verantwortung der Messe Stuttgart oder einer ihrer MitarbeiterInnen lag. Wir, die Firma JANUS Computer Graphics GmbH und deren Mitarbeiter, sind die einzigen Verantwortlichen für diesen Vorfall. Es liegt einzig an unserer fehlerhaften Programmierung, dass so etwas geschehen konnte. Der Algorithmus für das Versenden wurde zwar vor dem Einsatz ausgiebig getestet und funktionierte zunächst auch einwandfrei, als jedoch der »echte Inhalt« eingefügt wurde, kam es zum verhängnisvollen Löschen einer Programmzeile, die den Nachrichtenrumpf teilweise bis zu über 200-fach kopierte. Mit der Bitte, unsere ehrlich gemeinte Entschuldigung anzunehmen und Ihrer Messe Stuttgart treu zu bleiben und den besten Wünschen verbleiben wir, betroffen über das Geschehene. Martin Bangemann, Geschäftsführer«

E-Mail für Ungeschickte

Auch wenn es hier und da Probleme gibt: Mails sind ungeheuer praktisch. Die Deutschen haben das begriffen. Diese Form der Kommunikation kennt keine lange Fiorituren, verzichtet auf unnötige Höflichkeitsfloskeln und kommt rasch zur Sache. Die E-Mail steht zwischen Anruf und Postkarte, kann aber mehr. Zum Beispiel sekundenschnell Unterlagen transportieren. E-Mails sind schnell, pragmatisch, sparen

Zeit, sparen Geld und überwinden mühelos geografische Entfernungen. Der Empfänger wird nicht gestört. Er entscheidet, wann er die Nachricht liest. Die Schreibkultur erfährt durch die E-Mail eine weitere Bereicherung. Zum Beispiel beim Antworten. Wer weiß schon, was er noch vor zwei Wochen geschrieben hat? Bei der E-Mail-Antwort wird die erhaltene Mail durch kleine Häkchen gekennzeichnet, und der Empfänger schreibt direkt unter jede Zeile direkt hinein. Der Rest des ursprünglichen Schreibens, auf den es keinen Bezug gibt, wird gelöscht. Das ist neu.

Einige Mail-Skribenten verwenden so genannte *Emoticons,* kleine, auf der Tastatur zur Verfügung stehende Zeichen, die für bestimmte Gefühle stehen und sagen sollen »Ich-habe-einen-Witz-gemacht. Ha-ha-ha«.

;-) freundliches Grinsen mit zugekniffenem Auge

:-(ich bin sauer

:-((ich bin supersauer

Wird eigentlich nur von E-Mail-Anfängern und Jugendlichen benutzt. Andere bekommen das auch durch eine dezidierte Wortwahl hin. Herr Bangemann von der Firma Janus etwa.

So einfach, so mühelos scheint E-Mail zu sein, dass sich kaum noch jemand richtig Mühe damit gibt. Die meisten Mails werden hastig hingeschludert, wimmeln vor Tipp- und Grammatikfehlern und verzichten sogar auf die Regeln des Mindestanstands, einer persönlichen Anrede und einem Gruß zum Schluss. Außerdem hält es kaum jemand für nötig, einen kompletten Absender in die Mail zu integrieren. Ein kurzer Anruf, um den in der Mail beschriebenen Umstand persönlich zu klären, ist nur selten möglich. Andere Freunde der elektronischen Post verschicken hemmungslos Kettenbriefe (»Sonst sende ich das nie, aber das hier erscheint mir ausnahmsweise wichtig«) herum. Wie aber kann ausgerechnet eine bestimmte Anzahl von E-Mails eine querschnittgelähmte, afghanische Halbwaise mit blindem, einarmigen, mittellosem Vater vor der Abschiebung retten und die dringend notwendige Augenoperation finanzieren?

Zwar haben wir jetzt alle E-Mail, aber keine entsprechende Kommunikationskultur.

Wie selbstverständlich sind E-Mails?

Im Standort Deutschland? Gar nicht. Denn in der alltäglichen Praxis nützen E-Mails überhaupt nichts.

»Äh«, gesteht die Mitarbeiterin der Berliner Sparkasse sichtlich irritiert, »äh, natürlich haben wir eine E-Mail-Adresse.« Noch hat natürlich nicht jeder Kundenberater seine eigene Adresse, mit einer kurzen Handbewegung zeigt sie auf alle Kollegen: »Wir haben alle eine Adresse.«

Die Bankangestellte lächelt unsicher. »Aber ein Fax oder ein Anruf sind bei uns oft besser als E-Mail.«

Sicher wird es nicht mehr lange dauern, räumte die Mitarbeiterin bereits vor zwei Jahren ein, bis jeder eine eigene E-Mail hat. Bis heute druckt die Zentrale die Mail aus und faxt sie dem Mitarbeiter in der jeweiligen Filiale zu.

Banken haben es im Computerzeitalter schon weit gebracht. Die Technik beim Homebanking ist so rückständig wie das ganze Unternehmen. So sendet die Sparkasse Kontoauszüge nur 14-tägig, alle vier Wochen oder bei jeder Kontobewegung aus. Einmal in der Woche? Nein. Keine Chance. Da müssen wir uns schon persönlich an die unter starkem Tintenmangel leidenden Kontoauszugsnadeldrucker im Eingangsbereich stellen und die Bewegungen hinterher mit zusammengekniffenen Augen entziffern oder abtasten.

Dabei wären E-Mails vor allem bei einer Bank für den Kunden ungeheuer praktisch. Der Kunde startet seine kleine Anfrage beispielsweise wegen des letzten Auszugs oder um eine neue EC-Karte zu ordern und muss eben keine Ewigkeiten warten, bis sein zuständiger Banker frei ist, der zurückruft, oder wir in der Zwischenzeit einem anderen Sachbearbeiter den ganzen Vorgang erklärt haben, der dann nichts machen kann. Es geht dabei ja nicht um Milliardenkredite, sondern nur eben mal um den ganz normalen alltäglichen Kleinkram.

Dahinter steckt aber System. Künftig soll der Kunde im Internet seine Formulare bestellen und seine Überweisungen online tätigen. Alles andere ist zu personalintensiv. Darum schließen die meisten Banken in naher Zukunft eine beachtliche Anzahl an Zweigestellen und reduzieren drastisch ihr Personal. So kündigte die Dresdner Bank im Juli 2001 an, sich von 1500 Mitarbeitern zu trennen.

Schwierig ist es mit E-Mail auch bei Ärzten. Wäre es nicht einfacher, Zahnarzttermine per Mail abzumachen? Für uns ist das nur eine kleine Sache, für die Sprechstundenhilfe offensichtlich nicht. Um E-Mails senden und empfangen zu können, braucht es genauere Kenntnisse als zum Telefonieren, Faxe empfangen und Briefkasten leeren.

Welcher Arbeitslose musste es nicht schon hundertmal klingeln lassen, um seinen zuständigen Sachbearbeiter zu sprechen. Sogar Hausverwaltungen stehen nur zu bestimmten Sprechzeiten zur Verfügung. Auch Reisebüros sind nur zu einem geringen Teil auf E-Mail-Kommunikation eingestellt. Weiterhin müssen wir am Telefon warten, bis die Angestellte den günstigsten Flug nach Frankfurt oder München herausgefunden hat, begleitet von lautem Tastaturgeklapper und unverständlichem Gemurmel. Allmählich können Bibliotheksbenutzer die Ausleihfrist ihrer Medien per E-Mail verlängern, die Bibliotheksauskunft muss meist immer noch angerufen werden. Nur das Mieten eines Leihwagens hat sich via Internet etabliert, aber auch nur, weil es dort die günstigeren Preise gibt.

Selbst die digitale Kommune bleibt ein Traum. Finanzämter schreiben nach wie vor ihre Formbriefe lieber auf grauem Umweltpapier, Steuerberater bevorzugen das Telefon. Zu unsicher? Von wegen. Es ist doch völlig schnurz, in welcher Kommunikationsform uns andere erreichen. Vielmehr geht es darum, dass wir sie erreichen wollen.

Manager lesen keine E-Mails mehr. Das haben sie sich abgewöhnt. Die Sekretärin legt die wichtigen Mitteilungen ausgedruckt vor. Der Manager überfliegt die Zeilen, diktiert eine Antwort. Manager leiten eben nicht nur große Firmen, sie müssen auch mit ihrer eigenen Zeit haushalten. Dabei stellten sie eine Sache fest: Kaum waren sie am Netz, wurden sie innerhalb kürzester Zeit süchtig nach E-Mails. So geht es eigentlich den meisten. Kaum erklingt das Tüdelü des E-Mail-Empfangs, lassen wir alles fahren, um die Nachricht zu lesen. Und E-Mails beantworten kann schon erhebliche Zeit in Anspruch nehmen. Manche Arbeitnehmer verwechseln das sogar mit richtiger Arbeit. Auf Reisen geben sie keine Ruhe, bis sie ihre E-Mails abrufen können. Dabei handelt es sich meistens um Newsletter. Zum Beispiel die kostenlosen OTS-Mitteilungen, einem Ableger der Deutschen Presse-Agentur, zu allen relevanten Themen. Nach der Lektüre leiten sie die Nachricht genau an jene Mitarbeiter weiter, die den Dienst selbst abonniert haben.

»Ich fühle mich eigentlich mit E-Mails sehr wohl. Aber nur, weil ich mich wehren kann«, meint Dieter E. Zimmer. »Ich muss die Mails, die ich bekomme, nicht alle lesen. In Outlook übersehe ich ja sehr gut, was kommt, und kann Spam gleich in den Papierkorb befördern.«

Nicht immer ist Werbung als Werbung erkennbar. »Denk dran, wir sehen uns nächste Woche im Meeting«, schrieb neulich Monika. Monika? Welche Monika? Nach näherer Betrachtung der Mail stellte sich dann heraus, dass es sich um einen dezenten Hinweis auf eine Seite pornographischen Inhalts handelte. Vorsicht gilt auch bei Anhängen in E-Mails, so genannten Attachments. Viele Dateien transportieren dabei Computerviren. Am Bekanntesten war der Fall des »I Love You«-Virus, der sich dann über unser Mailsystem weiter verbreitete. »Der ›I Love You‹-Virus hat viel damit zu tun, dass wir keine Medienkompetenz haben«, sagt der Fernsehmoderator Christian Spanik. »Die Leute kamen offensichtlich gar nicht auf die Idee, dass es eigenartig ist, diese Mail innerhalb von fünf Minuten 300-mal zu erhalten. Sie kamen auch nicht auf den Gedanken, dass es komisch ist, dass ein Mensch, mit dem sie beruflich vielleicht zu tun haben, plötzlich gesteht: I love you. Das hat niemanden irritiert. Wenn hier auf dem Gang dreißig Girls vorbeikommen und sagen: ›I love you‹ – dann frage ich doch: Seid ihr noch ganz dicht? Im Internet nicht.«

Attachments sind unwürdig – Ein Gespräch mit Sten Nadolny

Der Schriftsteller Sten Nadolny über das Verschicken von E-Mails

Nadolny: Wissen Sie, was ich gespenstisch finde? Menschen mit nicht gerade internetrelevanten Berufen schicken mir jetzt E-Mails und weisen mich auf Internetadressen hin.

Und was ist daran so gespenstisch?

Ich müsste jetzt ein Dutzend Freunde charakterisieren. Das sind alles Leute, die mehr in meiner Branche aktiv sind. Literaten, Musiker, Restauratoren, die im Grunde das Internet nicht so stark brauchen. Sie sind es aber irgendwann spielerisch angegangen.

Ich kenne einen Redakteur, der Computer hasst. Er kann E-Mails empfangen, weiß aber nicht, wie er selbst welche versendet.

Das ist ganz süß. Es erinnert mich leider an mich. Ich habe mich wirklich geweigert zu lernen, wie man mit einer E-Mail mit einem, äh – wie nennt man das, wenn ich eine Datei anhänge?

Ein Attachment.

Danke. Auch das habe ich mir nicht gemerkt. Dabei ist es furchtbar einfach, geradezu unglaublich einfach. Ich aber habe mich geweigert. Wenn irgendwelche Leute angehängte Texte von mir haben wollten, sagte ich: »Ich weiß nicht, wie das geht. Kann ich Ihnen eine Diskette zuschicken.« Und das war schon ein Fortschritt, weil ich mich schon früher geweigert hatte, Disketten mit meinen Texten zu versenden. Ich nähere mich den Sechzig. Wie können jetzt irgendwelche Idioten von mir bitteschön Disketten verlangen, die früher mit einem Manuskript ganz zufrieden waren. Das hielt ich für eine Majestätsbeleidigung. Eine Zumutung.

Und heute?

Sende ich alles per E-Mail.

Mit Attachment?

Mit Attachment.

Senden Sie ein fertiges Buch auch als Attachment?

Ein Buch schicke ich nicht per E-Mail. Das schicke ich als Diskette.

Warum?

Keine Ahnung. Vielleicht mache ich das irgendwann auch noch mal. Diskette und E-Mail ist eigentlich insofern dasselbe, als dass der Adressat die Arbeit dann hat. Das heißt, es können sich dann keine Fehler zusätzlich einschleichen, sondern er hat nur meinen Text und meine Fehler. Wenn ich es mir genau überlege, sende ich es lieber als Diskette.

Klingt nach Panik.

Eher Bangigkeit. Wenn ich etwas geschrieben habe, steht am Ende immer eine gewisse Bangigkeit. Ich habe bis über den Termin hinaus daran gefeilt. Es ist wie mit einem Liebesbrief, von dem alles abhängt, ob ich nun das Herz der Schönen erobere oder nicht. Ich brauche dieses Gefühl, kurz bevor der Briefkasten geleert wird, hinzurasen und dem Briefträger mit lautem »Moment, Moment«-Geschrei den Brief wieder abknöpfen zu können. Was habe ich mit Fax und E-Mail schon alles erlebt. Ratsch ist es raus. Toll. Dann überlese ich es noch mal und bin überhaupt nicht zufrieden. Ich würde sogar nach München fliegen, um meine Diskette, die ich auf dem Postweg zu meinem Verleger gesendet habe, abzufangen.

Empfinden Sie das Übersenden eines Buchmanuskripts als Entwertung ihrer Arbeit?

Sie haben Recht. Das ist nicht nur die Bangigkeit mit dem Abschicken und Offenhalten, sondern es ist auch ein Gefühl der Würdelosigkeit. Da habe ich nun drei Jahre gearbeitet, und jetzt ist das so schnell zu übermitteln, wie irgendein E-Mail-Furz. Das ist so, als ob man ein Juwel, eine Perlenkette oder ein Brillantgeschmeide nicht durch Boten überbringen, sondern per Rohrpost abschießt.

Jugend und E-Mail

Auch bei Kindern und Jugendlichen kommen Mails sehr gut an, jedenfalls ab 14 Jahren. Mails haben dabei nicht den Kultcharakter wie SMS. 22 Prozent der Befragten erhalten 20 bis 30 Mails in der Woche. 28 Prozent sogar über 30 Mails. Die gute alte Brieffreundschaft lebt hier allerdings nicht unbedingt noch einmal auf. Vielmehr tragen sich die Kinder und Jugendlichen in verschiedenen Newslettern ein, die dann automatisch Mails absondern. Die meisten schreiben fünf bis zehn Mails pro Woche. Nur sieben Prozent schreiben über 30 Mails in der Woche. (Siehe dazu die Umfragen auf Seite 127.)

FREMDE WELT DES CHAT

Sei du mein Schatzimausi!

Intelligente Chats gibt es nicht. Selbst Harald Schmidt hat es schwer, wenn die Chat-Partner mental unterentwickelt zu sein scheinen (siehe den versuchten Chat auf Seite 150). Erwachsene Menschen werden aus einem Chat einfach nicht schlau. Wir brauchen uns erst gar nicht anzustrengen. Beim Chat kommen wir nicht mehr mit. Der tiefere Sinne entzieht sich uns völlig. Vielleicht ist ja auch dies das Geheimnis seines Erfolgs. Chats sind meist Debattier- und Disputierclubs für Kinder und Jugendliche mit und ohne vorgegebene Themen. Chats sind witzig, frech, dreist, unterhaltsam und so wunderbar anonym.

Welche Chats besuchst du?

Antwort	Total	12–15 Jahre	16–19 Jahre	20–24 Jahre
Flirt-Chats	61 %	62 %	57 %	65 %
Unterhaltung (z.B. Big Brother)	44 %	41 %	43 %	49 %
Fach-Chats (z.B. Computer)	23 %	21 %	25 %	22 %
andere Chats	42 %	38 %	44 %	41 %

Eine **EARSandEYES**-Befragung von 1021 Kindern und Jugendlichen zwischen 12 und 24 Jahren. Stand: August 2000

Und vor allem erfreuen sie sich der größten Beliebtheit. Plötzlich sind alle gleich und lassen sich nur an ihren verbalen Fähigkeiten messen, die dann schon gerne bestimmte Grenzen des Anstands überschreiten. Bei moderierten Chat-Seiten achtet eine kostengünstige Arbeitskraft mit Lesekenntnissen, meistens ein Schüler oder Student, darauf, dass niemand bedroht, beschimpft oder sexuell belästigt wird. Das sind die,

die in den Online-Redaktionen ständig laut giggeln und kichern. Aber weil das Aufwand bedeutet, bieten viele Webseiten unmoderierte Chats an und distanzieren sich von den Inhalten. Denn im Chat kommt es dann mitunter zu Pöbeleien und anderen Unannehmlichkeiten. Jupii beschimpfte kürzlich in einem unmoderierten Harry-Potter-Chat sämtliche Teilnehmer mit Schimpfwörtern aus der Fäkalsprache. Die Teilnehmer grenzten den Störenfried aus, indem sie ihn ignorierten.

Sag mir erst, wie alt du bist

Flirten steht an erster Stelle. Denn Chats bieten eine völlig neue Welt: entkörperlicht und befreit. Durch die Anonymität wird niemand mehr auf das Optische reduziert. Keiner weiß, ob sein chattendes Gegenüber klein, groß, dick, dünn, komplett verpickelt oder durch die Außen-Zahnspange zur Sprechunfähigkeit verdonnert wurde.

Und das macht den Reiz aus. Kinder und Jugendliche probieren sich aus, benutzen Phantasienamen, prahlen und lügen, was das Zeug hält. Werden diese Kinder nun alle zu notorischen Lügnern? Werden chattende Kinder Diebe und Schwarzfahrer?

Wohl kaum. Sie halten ihr Gewissen ganz gut im Lot. Chats haben eben einen stark spielerischen Charakter. Zehnjährige glauben behaupten zu müssen, 18 Jahre alt, gut aussehend, muskulös und reich zu sein. Kinder und Jugendliche reden darüber ganz offen. Da geschieht nichts heimlich. Und sie bringen die Dinge auf den Punkt. Bei einer Lesung meinte einmal ein schmächtiger 11-jähriger Junge auf die Frage, warum er sich im Chat älter ausgebe: »Mann, sonst antwortet doch keiner.«

Würde ihn denn das stören, wenn sein Gegenüber auch nicht 20 Jahre alt, blond und hübsch sei, sondern neun und megafett? Der Junge dachte einen Moment nach und grinste dann breit.

Flirten im Chat

Beim Chatten wird häufig auch geflirtet. Viele geben sich dabei älter aus als sie sind. Stört es Dich, wenn du mit einem(r) 10-Jährigen flirtest, der (die) sich älter ausgibt?

Antwort	Total	12-13 Jahre	14-15 Jahre	16-17 Jahre
Ja, es stört mich	61 %	47 %	67 %	61 %
Nein, es stört mich nicht	20 %	24 %	20 %	19 %
Beim Chatten flirte ich nicht	8 %	17 %	5 %	7 %
Ich chatte nicht	11 %	13 %	8 %	13 %

Eine **EARSandEYES**-Befragung von 511 Kindern und Jugendlichen zwischen 12 und 17 Jahren. Stand: Frühjahr 2001

Der Zorro-Effekt

Trotz des Internets legen Kinder weiterhin Wert auf reale Freunde, um mit ihnen Dinge zu erleben oder Geheimnisse auszutauschen. Kinder sind vorsichtig. Sie geben keine Informationen weiter, mit denen sie unter Druck gesetzt werden könnten, weil im Chat eben jeder sein wahres Ich hinter der

Freunde im Netz

Hast du Freunde im Netz, die du nicht persönlich kennst?

Antwort	Total	12-13 Jahre	14-15 Jahre	16-17 Jahre
Ja, ich treffe Freunde, die ich nicht persönlich kenne, im Chat	72 %	72 %	76 %	69 %
Nein, ich habe im Internet nur Kontakt zu Freunden, die ich auch persönlich kenne	15 %	14 %	15 %	16 %
Nein, ich chatte nicht	13 %	15 %	10 %	15 %

Eine **EARSandEYES**-Befragung von 533 Kindern und Jugendlichen zwischen 12 und 17 Jahren. Stand: Frühjahr 2001

Anonymität verbirgt. Und hierfür ist der Chat vorzüglich geeignet. Er ist wie ein Maskenball oder Tanzcafé. Hier finden sich Kinder und Jugendliche aus ganz Deutschland. Kaum jemand kennt den anderen. 72 Prozent der Befragten lernen dort Unbekannte kennen. 63 Prozent können mit denen über alles reden. Diese Freunde können niemanden enttäuschen.

Vertrauen im Netz

Kannst du deinen Freunden im Internet vertrauen?

Antwort	Total	12-13 Jahre	14-15 Jahre	16-17 Jahre
Weil ich sie nicht kenne und sie mich nicht, kann ich ihnen alles anvertrauen	33 %	33 %	37 %	29 %
Ja, ich kann mit denen über alles reden	30 %	26 %	29 %	32 %
Das sind nicht meine besten Freunde, mit denen kann man Spaß haben und Blödsinn reden	23 %	24 %	25 %	21 %
Weil ich sie nicht persönlich kenne, würde ich ihnen auch nicht vertrauen	14 %	17 %	10 %	17 %

Eine **EARSandEYES**-Befragung von 385 Kindern und Jugendlichen zwischen 12 und 17 Jahren. Stand: Frühjahr 2001

Gesprächsthemen

Worüber redest du mit Freunden im Internet?

Antwort	Total	12-13 Jahre	14-15 Jahre	16-17 Jahre
Allgemeines/Verschiedenes/Gott und die Welt	45 %	32 %	49 %	46 %
Schule/Lehrer	33 %	32 %	34 %	33 %
Liebe/Beziehungen/Sex/Liebeskummer	26 %	25 %	27 %	25 %
Freizeit: Hobbies/Interessen/Sport	22 %	22 %	18 %	25 %
Persönliche Probleme/Stress/Ärger	21 %	15 %	18 %	25 %

Gesprächsthemen

Freunde/Bekannte	17 %	19 %	21 %	12 %
Musik/Bands/Sänger	12 %	7 %	11 %	15 %
Internet/Homepagebau/ Internet News	11 %	14 %	13 %	9 %
Computer/Pc's	8 %	7 %	10 %	7 %
Blödsinn/Quatsch/Spaß	8 %	8 %	7 %	9 %
Familie/Eltern/ Geschwister	6 %	7 %	7 %	5 %
Tagesablauf/Tages-geschehen	6 %	3 %	7 %	6 %
Flirten	6 %	5 %	7 %	4 %
Computerspiele	5 %	7 %	6 %	4 %
Filme/Fernsehen/Kino	5 %	5 %	5 %	5 %
Aktuelle Themen/Politik	4 %	-	4 %	6 %
Beruf/Geld/Arbeit/ Ausbildung	3 %	7 %	3 %	3 %
Alltägliches/Verschiedenes mit Ausnahme von persönlichen Dingen	3 %	4 %	3 %	3 %
Party/Alkohol	3 %	-	2 %	5 %
Persönliche Erlebnisse/ Erfahrungen	3 %	3 %	3 %	-
Leben/Lebensphilosophien/Religion	2 %	-	2 %	4 %
Träume/Zukunft	2 %	-	2 %	3 %
Neuigkeiten	2 %	-	2 %	2 %
Spiele/Bücher	2 %	3 %	2 %	1 %
Handy/SMS/SMS-Sprüche und -Witze	1 %	7 %	-	1 %
Wetter	1 %	-	1 %	2 %
Trends	1 %	1 %	1 %	2 %
Technik allgemein	1 %	-	2 %	1 %
Verschiedene Kulturen/ Sprachen/Länder	1 %	-	1 %	1 %
Tiere/Haustiere	1 %	-	1 %	1 %
Klamotten/Fashion	1 %	-	1 %	1 %
Neuigkeiten über Stars	1 %	2 %	-	1 %
Urlaub/Reisen	1 %	2 %	-	1 %
Weiß nicht/keine Angabe	1 %	2 %	1 %	-

Eine **EARSandEYES**-Befragung von 511 Kindern und Jugendlichen zwischen 12 und 17 Jahren. Stand: Frühjahr 2001

Chatsüchtig? Du weißt aber auch gar nichts – Ein Gespräch mit Marlene

Marlene ist 15 Jahre alt. Sie ist blond, hat rosige Wangen, dicke Brillengläser und lebt in der Pfalz mit ihren Eltern, die neben ihrem Beruf die katholische Bücherei leiten. Marlene arbeitet hin und wieder mit. Im Januar 2001 nimmt sie an einem Workshop für Bibliotheken in Ludwigshafen teil. Irgendwann verschwindet Marlene in den benachbarten Computerraum. »Sie ist chatsüchtig«, sagt der Veranstalter und schüttelt den Kopf. »Zu Hause darf sie überhaupt nicht mehr ins Netz.«

Stört es Dich, wenn ich dir ein bisschen zusehe?

Marlene (ohne aufzusehen): Nö.

In wie vielen Chats bist du gerade?

In drei verschiedenen Chats.

Gleichzeitig?

Ja.

Wie geht das?

Ich zeige es dir. Hier. Ich mache das Fenster kleiner und schiebe es dahin, und das andere Fenster mache ich auch kleiner und schiebe es dorthin. Und das hier auch. So. Wenn ich jetzt da drauf klicke, kann ich Eintragungen machen.

Seit wann chattest du?

Drei Jahre schon.

Zuerst von zu Hause aus?

Nein, zuerst in der Schule.

Wie bist du darauf gekommen?

Durch Freundinnen. Mit denen zusammen im Computerraum bei uns. Ich hatte erst drei Monate kein Internet.

Und dann haben deine Eltern dir einen Zugang besorgt?

Ja.

Und was ist dann passiert?

Dann war ich über vierzig Stunden drin. Im Monat.

Ist deine Mutter ausgeflippt?

Beide.

Beide, weil es zu viele Stunden waren?

Weil wir nur dreißig Freistunden haben.

Das ist ihnen dann zu teuer?

Nein. Sie sind sauer, weil ich meine Zeit damit verbringe und weil ich viel zu viel chatte.

Chatten deine Eltern auch?

Nein.

Was machen die dann, wenn die im Netz sind?

Mein Vater informiert sich nur für die Bücherei.

Also, er nennt das wahrscheinlich so?

Ja.

Und haben die gesagt, du bist chatsüchtig, oder?

Nein, das bin ich auch nicht. Ich kann auch ohne Chat auskommen, aber es macht halt trotzdem Spaß. Wenn man die Chance hat, geht man halt rein.

Findest du auch, dass du zu viel chattest?

Nein, ich finde es eigentlich nicht, aber meine Eltern sagen: Das ist nichts Richtiges, man lebt in einer Scheinwelt und so.

Und? Stimmt das?

Ja, das stimmt schon, aber trotzdem macht es Spaß.

Was ist denn das, was dir am meisten daran Spaß macht?

Eigentlich, dass man da Leute kennen lernt und sich mit denen unterhält.

Chattest du auch mit Leuten, die du kennst, oder sind es immer Unbekannte?

Beides. Aber schau: Das ist hier meine beste Freundin. Die ist im gleichen Chatroom wie ich.

Und die darf länger drin bleiben?

Ja, deshalb gehe ich bei der immer rein.

Im Prinzip bist du immer noch genauso lange im Internet beim Chatten wie vorher, nur kriegt es jetzt eben keiner mehr mit.

Ja.

Und deine Freundin, chattet die auch so viel?

Ja, es geht eigentlich. Die hat sich jetzt auch beim Pedi und bei mir angemeldet. Grin. Übrigens eine Sache, die Sie in irgendeinem von Ihren Büchern verwenden können. Grin ist sehr gut. Da kann man Hausaufgaben nachschlagen. Jetzt mache ich hier auch noch Werbung für Grin.

Was ist noch toll an Grin?

Grin ist ein sehr gutes Programm, man kann Hausaufgaben machen, man hat Fachforen über verschiedene Fächer und Sprachen. Man kann auch für das Studium nachschlagen, Schule, Job und Jobcenter und dann gibt es auch noch Chat, Fun-Foren und freie SMS und so. Ist wirklich gut. Und der Chat ist auch gut.

Benutzt du die Schulchat oder die Foren?

Ja, die Foren benutze ich auch manchmal, aber zur Zeit nicht mehr so viel.

Was ist das Beste am Chatten?

Dass man anonym bleibt.

Warum ist dir das wichtig?

Man muss erst mal die Leute kennen lernen und am Ende kann man auch noch frech seinen Namen preisgeben. Aber ich mach das sowieso nicht, weil es doof ist, seinen Namen preiszugeben. Man bleibt anonym und kann halt Leute trotzdem kennen lernen.

Aber du lernst sie ja nicht wirklich kennen.

Stimmt.

Du spielst mit denen nur so ein bisschen rum und flirtest wahrscheinlich auch mit denen und …

Genug flirten.

Bitte?

Man flirtet genug.

Hast du das Gefühl, dass mehr Jungen oder mehr Mädchen chatten?

Es chatten genug Jungen, sonst würde ich nicht chatten.

Ist dir jemand schon mal richtig blöd gekommen?

Ab und zu kommen sie doof, aber da hatte ich dummerweise SU und da konnte ich ihn gleich rausschmeißen.

Was ist SU?

Superuser. Das bedeutet, der Vip kann Superuser geben und da bin ich jetzt halt selber Vip, weil ich ihn ja selbst errichtet habe mit dem Pedi. Und der SU kann halt Leute rausschmeißen oder knebeln. Vip und Admin kann noch mehr, der kann die Leute ganz rausschmeißen, dass sie überhaupt nicht mehr rein kommen, wenn sie zuviel anstellen und so, und die haben viel mehr Sachen, die sie machen können.

Was muss denn jemand machen, damit du ihn rausschmeißt?

Fragen, ob man CS haben will, oder so irgendwie »du kleine Hure« überall herumschreien.

Was heißt CS?

Computersex.

Gibt es irgendwie ein Wörterbuch, wo ich das alles mal nachgucken kann? Ich habe gesehen, du machst irre viele Abkürzungen, kann man die irgendwo nachschauen?

Die lernt man eigentlich nur mit der Zeit. Ich wusste die vorher auch nicht, aber ich habe sie mir im Chat halt abgeguckt.

Was ich nicht verstehe ist, dass man manchmal als Erwachsener das Gefühl hat, es geht um nichts.

Der Älteste, den ich aus diesem Chatroom kenne, ist 30. Pedi, der das hier mit mir errichtet hat, ist 26.

Du kennst ihn auch persönlich?

Ja, Pedi will mich heute besuchen kommen.

Jetzt zu Hause oder wie meinst du?

Na, der wohnt ja in Mannheim. Er ist Arzt und arbeitet zur Zeit in Mannheim. War vorher in Berlin, dann in Boston zwei Wochen und jetzt ist er wieder in Mannheim.

Hast du schon mal jemanden getroffen, den du über Chat kennen gelernt hast?

Meinen Ex-Freund.

Erst war er dein Freund und danach war er dein Ex-Freund?

Ja. Ich habe ihn über Chat und E-Mail kennen gelernt und dann war er mein Freund und jetzt ist er mein Ex-Freund.

Und woran ist es gescheitert? Auch am Chat? Oder stimmt das dann mit der Realität nicht mehr überein?

Nein, wir waren jetzt drei Monate zusammen, aber die Entfernung war halt schon ... Sie wissen doch, wo Rottgau liegt, oder?

Ja.

Sie wissen auch, wo Landau liegt?

Ja.

Sie wissen auch, was für eine Entfernung zwischen den beiden Orten ist. Zumindest die Bahnverbindung. Man muss von Landau nach Frankfurt fahren, dann von Frankfurt nach Offenbach und dann von Offenbach nach Rottgau.

Das klingt zeitaufwendig.

Zweieinhalb Stunden. Zur Zeit bin ich nur in zwei Chats.

Was ist dein Rekord?

Vier.

Und behältst du dann auch den Überblick?

Klar.

Wieso?

Weil ich gucke, wer mich anspricht und wer mich nicht anspricht, mit dem chatte ich auch nicht.

Deswegen sieht es für Erwachsene immer so langweilig aus, weil die immer denken, das muss man jetzt alles lesen.

Muss man nicht, du musst nur angesprochen werden.

Findest du das doof, wenn so alte Säcke mit dreißig Jahren auch rumchatten wollen, oder ist dir das egal?

Auf meiner Freundesliste ... jetzt hole ich mal schnell meine Freundesliste, Datei, neu, Fenster. Also gut. Mir ist es eigentlich egal. Auf meiner Freundesliste sind welche zwischen 11 und 39. Also der Schmus ist 11, die Muselima ist 26, die Chip ist 18, Aphrodite ist 19, Stine ist 22, Playboy ist 18, Nami ist 15, Bit15 ist 15, Zuckerle ist 20, Zer ist 15, Straubi ist 13 ...

Das weißt du alles auswendig?

Ja.

Was machen die Leute, die sich per Chat bei dir melden, was macht sie zu deinen Freunden?

Ja, wenn man sich gut versteht, andauernd unterhält. Also Mania weiß ich nicht, Aquaria ist 22, ASD ist 16, Punk ist 16, Tee ist 16, Hole ist 19, Dekraut ist 20, Blödheini ist 18, der Schreibfaule ist 22, Brain ist 15, Denn ist 16.

Und woher weißt du, dass das wirklich stimmt?

Weiß ich nicht. Also, soviel weiß ich: Faps ist 13, also Glenda ist 27 und Pong ist 22. Also, den Leuten ist es egal, wie alt die sind, man chattet trotzdem mit denen. Zumindest, wenn man sich gut mit denen versteht. Ja, ich habe schon 50-Jährige kennen gelernt und habe mich zwei Stunden lang unterhalten.

Du weißt ja nicht, ob der 50 ist.

Also bitte, wenn er lügen wollte, hätte er 16 oder 17 geschrieben.

Ich habe gesehen, dass du laufend rumknuddelst, was bedeutet das eigentlich?

Knuddeln ist sowas wie, wie soll man das beschreiben. Das sagt man einfach.

Um jemandem zum Beispiel zu zeigen, dass man ihn mag?

Ja, bei mir und beim Pedi im Chatroom benutzen wir eine Liste von vorgefertigten Sprüchen. Da sind auch total viele Abkürzungen, die man dann benutzt und so, um irgend etwas zu schreiben.

Denkt ihr euch die selber aus oder sind die ganz allgemein?

Nein, jeder Chatroom ist anders. Wir wollen jetzt auch noch so mit Smileys und so ein Banner hier neben dran machen.

Denkt ihr euch auch eigene Smileys aus?

Wir nehmen die, die es eben so gibt, nur dass man die anklicken kann und nicht immer erst eingeben muss. [zeigt auf den Schirm] Guck und das bin ich, bin mal wieder einer der Chefs.

Ihr drei seid schon seit Stunden dabei.

Ja, Carlo war vorhin mal kurz weg, aber ich und der Pedi sind ja jetzt erstmal beim Einrichten. Das ist halt so, weil wir die Chatseite erst vor zwei Wochen eröffnet haben.

Aber, jetzt mal 'ne ganz blöde Frage: So richtige Freundinnen in echt hast du doch auch?

Ja, genug.

Und quatschst du auch mit denen so oder macht es mehr Spaß, mit ihnen zu chatten?

Nein, ich gehe abends mit meinen Freundinnen weg und mittags mit meinen Freundinnen weg und zwischendurch gehe ich mal 'ne Stunde ins Internet, wenn ich kein Verbot habe.

Und deine Eltern?

Die haben extra eine Zeitsperre eingebaut.

Aber ich bin doch sicher, dass du weißt, wie man die umgeht?

Ja, bloß haben sie rausgefunden, dass ich das weiß und wie man die umgeht, und deshalb habe ich ganzes Verbot.

Verändert der Chat das Gewissen? – Ein Gespräch mit Bernd Schorb

Bernd Schorb ist Medienpädagoge in Leipzig

Inwiefern verändert der Computer die Kindheit in Deutschland oder die Jugend?

Schorb: Der Computer verändert Kinder in Deutschland dadurch, dass dieses Medium eine wichtige Bedeutung für das Leben hat: Die Kinder kommen auf die Welt, der Computer ist zentral vorhanden. Aber der Computer wird niemals etwas daran ändern, dass der Mensch als soziales Wesen aufwächst. Auch wenn man es ihm nicht anmerkt. Das soziale Wesen wiederum wächst nur im direkten Kontakt mit Menschen auf, weil der Computer das, was ein Kind braucht, nicht leisten kann: Zuwendung und Zärtlichkeit.

Und was ist mit dem Chat?

Entschuldigen Sie, im Chat kann mir keiner über den Kopf streichen.

Nein, aber gehen Sie einmal in einen Chatroom, da steht echt drin: Baby knuddelt Seximausi …

Ich meine das ganz konkret: Kinder brauchen die Hand. Kinder brauchen es, dass ihnen jemand über den Kopf streicht. Sie brauchen den Kuss. In den letzten Jahrhunderten gab es Forschungen dazu. Kennen Sie die Wolfskindergeschichten? Zum Glück kann man heute so was nicht mehr machen. Damals wurden Kinder systematisch umgebracht. Nur weil Friedrich der Große herausbekommen wollte, ob es ausreicht, eine Person allein intellektuell zu fördern. Das führte dann zum Tode. Der Computer wird nie die Form der Zuneigung schenken, die Eltern geben können. Selbst, wenn die nicht perfekt sind.

Das sind ja Computer auch nicht.

Ja, schwere Ausnahmefehler. Die andere Seite ist, dass mir der Rechner, im Gegensatz zu den Massenmedien, bestimmte Räume anbietet, in denen ich mich relativ alleine aufhalten kann. Er liefert eine Möglichkeit der Intimität, die mir vielleicht meine unmittelbare Umgebung nicht gibt. Insofern bekommt er eine zunehmende Bedeutung für das tägliche Leben, aber auch für die Konstruktion und Vorstellungen des Lebens. Er offeriert mir zusätzlich Dinge, die an Attraktivität gewinnen, weil sie mir von der Realität nicht geboten werden. Dadurch wird die Realität wieder attraktiver, weil sie etwas Einmaliges ist.

Wobei die Anonymität eine ganz große Rolle spielt.

Teilweise. Der Erfolg der Pokémons kommt vom Kommunikationsmoment. Kinder spielen am Liebsten zu zweit am Computer, selbst wenn er als Alleinmedium geschaffen wurde. In der Regel gehen Kinder relativ unbegleitet mit dem Computer um, weil die Eltern keine Ahnung haben. Ich habe den Verdacht, sie interessieren sich nicht dafür, was Kinder mit dem Computer machen.

Also droht von der Anonymität her keine Gefahr?

In den Chats, diese Erfahrung kenne ich aus unseren Arbeiten, kommt der Punkt des Realinteresses. Wenn ich Kontakt haben will, gebe ich die Anonymität auf.

Im Chat wird aber gelogen. Verändert sich das Gewissen?

Ich bin nicht davon überzeugt, dass es etwas mit dem Gewissen zu tun hat. Das Gewissen bildet sich im Handeln. Gewissen und Handeln hängen eben ganz eng zusammen. Handeln kann ich aber nur in der Realität, und das Gewissen kann sich nur ausbilden, wenn ich weiß, dass mein Handeln eine Folge hat. Das Dilemma am Computer ist, dass es keine Folgen hat.

Also handelt es sich eher um eine Phantasiewelt?

Ja. Ich bin davon überzeugt, dass sich die meisten von uns als Kinder und Jugendliche sehr wohl Phantasiewelten aufgebaut haben. Als achtjähriger Junge war ich in der Lage, meinem Bruder fließend englisch vorzulesen, obwohl ich kein Wort Englisch gesprochen hatte. Aber ich habe es behauptet, ich lebte in dieser Welt. Diese Möglichkeiten, in anderen Welten zu leben, zu flunkern, zu lügen, jemand anderes zu sein, ist ein ganz, ganz wichtiges Moment des Aufwachsens. Woran würden wir sonst merken, wann der Schwache stark und der Starke schwach wird? Diese Möglichkeit bietet sich in Chats. Das sind Als-ob-Realitäten, in denen nichts passiert. Es geschieht bis zu dem Augenblick nichts, bis einer anfängt, sich in der Realität das zu erzwingen, was er in der Als-ob-Realität kennen gelernt hat.

Also doch Probleme mit der Anonymität?

Ja. In der Anonymität sehe ich tatsächlich Probleme. Gerade, wenn es Menschen sehr schwer fällt, Sozialkontakte real aufzunehmen, verlieren sie sich hier in der Pseudorealität mit pseudosozialen Kontakten. In Wirklichkeit bleibt dieser Mensch aber weiterhin allein. Probleme tauchen immer dann auf, wenn die großen Techniken die Realität substituieren. Ein Beispiel: In den virtuellen Seminaren, die wir an meinem Lehrstuhl durchführen, nahmen die Studenten die Chats heraus. Sie mussten feststellen, dass die eigenen Kommilitonen, die sonst brav mitgearbeitet haben, im Chat plötzlich anders agierten. Sie begaben sich in Rollen, sie sprachen durcheinander und redeten puren Unsinn. Da erkannten alle die Notwendigkeit, den Chat rauszunehmen.

Ich habe gelesen, dass Kinder heute mehr Angst haben.

Ich kenne Angststudien der verschiedensten Art, die schon eine ganze Zeit laufen und von denen ich sehr viel halte. Der Zusammenhang ist mir sehr einsichtig, dass sich Angst dann steigert, wenn ich keinen realen Bezug mehr habe, um meine Angst zu verarbeiten. Wir hatten in einer eigenen Studie einen Jungen, der sehr starken Fernsehkonsum genossen hatte und der sich die Realität nach dem Fernsehen ausbildete. Er sah sich jede Menge Reality TV an, und kam zu dem Schluss, dass es überall Mörder gibt. Jetzt geht er nicht mehr in bestimmte Straßen. Er hat Angst, dass dort ein Mörder stehen könnte. Diese Steigerung der Ängste halte ich für ein großes Problem, wenn die Differenzierung durch die Realität nicht mehr stattfindet. Die Angst der Kinder, heute durch den Wald zu gehen, ist weitaus stärker als die Angst der Kinder früher. Wer geht heute noch alleine nachts durch den Wald? Die Wahrscheinlichkeit wiederum, im Wald umgebracht zu werden, ist geringer geworden.

Brauchen Kinder ihre Eltern mehr denn je?

Mich erstaunt immer wieder, wie Kinder Informationen im Fernsehen aufnehmen. Ich kenne eine sehr erschütternde Geschichte. Ein Mädchen erzählte, dass sie sich die *Tagesschau* ansehe, obwohl ihr die Nachrichtensendung wahnsinnige Angst macht. Ich fragte sie, warum sie sich das dann überhaupt ansehe? Sie sagte: »Wenn ich mir die *Tagesschau* ansehe, nimmt mich der Papi in den Arm und streichelt mich.« Diese Vorstellung, mich an Medien binden zu müssen, um überhaupt erst die Zuneigung zu kriegen, finde ich schrecklich. Die Eltern sind wichtiger als die Medien.

Dennoch müssen die Medien immer wieder herhalten, wenn ein Schüler losballert.

Als ich ein kleiner Junge war, gab es nur Karl May. Ich wurde mal einen ganzen Tag in einer Kiesgrube gefesselt. Ich stand da oben, wäre beinahe runtergefallen und möglicherweise umgekommen. Wir alle hatten damals solches Zeug gelesen. Es gibt nur ein Problem dabei: Tausende Kinder haben so etwas mit mir eben nicht gemacht. Nehmen wir das Klischee vom Vater, der säuft, illegale Waffen sammelt und sich keinen Deut um seine Kinder kümmert. Dass es hier knallen muss, ist doch nur eine Frage der Zeit. Und wenn dann ein Schüler um sich schießt, wäre das auch ohne Computerspiele passiert. Es gibt noch ein weiteres Problem: Viele Eltern wissen gar nicht mehr, wo sie bei ihren Kindern eingreifen dürfen und wo nicht. Als mein Vater herausbekam, dass ich Comic-Hefte las, hat er sie verbrannt. Die Heftchen zu verbrennen war keine gute pädagogische Leistung, aber immerhin er hat sich mit meinem Medienkonsum auseinander gesetzt und darauf reagiert. Ich finde es nicht so wichtig, ob Eltern genau wissen, was ihre Kinder am Computer spielen. Aber sie müssen wissen, dass ihr Kind eine feste Anleitung braucht, selbst im Tagesablauf. Erst Hausaufgaben machen, danach fernsehen, lesen oder Radio hören. Wenn ich als Kind auf interessante Dinge stieß, habe ich immer mit meinen Eltern darüber geredet.

Oft aber nehmen Eltern gar nicht mehr wahr, was die Kinder sagen.

Viele Eltern wissen nicht, was an den Erzählungen ihrer Kinder wichtig ist und was nicht. Auch wenn Eltern keine Ahnung haben, wie Computer funktionieren, sollten sie zumindest ihren Kindern zuhören, wenn die sich mitteilen. Eltern müsste man dazu befähigen, sich ihren Kinder gegenüber adäquat zu verhalten. Ich habe bei Elternfortbildungen schöne Erfahrungen gemacht. Zuerst schimpften Eltern über den Mist im Fernsehen. Dann mussten sie sich auf den Boden setzen, eine Fernsehfolge von Anfang bis Ende ansehen und durften nichts Negatives darin entdecken. Stattdessen mussten sie sich fragen, was toll daran ist. Wenn sich Eltern darauf einließen, war das Ergebnis phänomenal. Sie stellten fest, dass es in diesen Sendungen Dinge gab, die sie auch mochten, und verstanden so auch den Geschmack ihrer Kinder besser.

Kinder müssen sich aber heute schon ihre Grenzen selbst setzen.

Damit sind Kinder überfordert, weil es ein ganz entscheidender Moment des Aufwachsens ist, Grenzen zu erfahren. Ohne Grenzen wird Kindern ein wichtiges Vergnügen genommen: Grenzen zu überschreiten.

Grenzüberscheitung als erster Schritt zur Rebellion?

Ich hatte das Privileg, in einer Zeit zu studieren, in der wir rebellieren durften. Aber ich wusste ganz genau, dass die Idee nicht aus mir gekommen war. Es gab eben ein soziales Umfeld, in dem heftig in einer maroden Gesellschaft rebelliert wurde. Ich kann doch von den Kindern und Jugendlichen nicht erwarten, dass sie rebellieren. Alle Untersuchungen über Jugendrebellen und Jugendunruhen laufen im Endeffekt darauf hinaus, dass die Gesellschaft sich in ihrer Jugend spiegelt und im Spiegel der Jugend ihre eigenen Unzulänglichkeiten erkennt. In einer Gesellschaft, in der Friedhofsruhe herrscht, kann ich keine Rebellion erwarten. In einer Gesellschaft die keine feste Position inne hat, ist es auch unklar, wogegen ich rebellieren soll.

Und was haben wir jetzt gerade für eine Zeit?

Eine Zeit mit negativen Folgen. Es gibt noch sehr wohl Rebellion, aber versteckt und in totaler Unterordnung. Seien es absurde Gemeinschaften oder Faschismus.

Sie werden also anfälliger für den Faschismus?

Die Gefahr ist riesengroß. Wenn ich nicht weiß, wo ich mich verankern soll, suche ich verzweifelt nach einem Anker.

Glauben Sie, dass die Kinder von heute unpolitisch sind?

Kinder und Jugendliche sind so wie die Gesellschaft.

KAPITEL 7

DER DIGITALE ANALPHABETISMUS

Wie die Deutschen im Informationszeitalter erwachten und mit Wissen Millionen machen wollten, letztlich aber zwischen Internet und Fernsehen immer die Dummen bleiben

»Hier reden ja alle durcheinander.«

Sabine Christiansen, Moderatorin

LESEN UND STERBEN IM INTERNET-ZEITALTER

Wer wen das Fürchten lehrt

Bryan Smith ist ein einfacher US-Amerikaner aus Fryeburg im US-Staat Maine: Der 42-Jährige trägt einen längeren, leicht ergrauten Bürstenhaarschnitt und einen Schnurrbart, der ihm bis zum Kinn herunterwächst. Er sieht wie eine Mischung aus Zuhälter, Ku-Klux-Clan-Mitglied und Waffennarr aus. Und obwohl die Polizei ein längeres Strafregister über ihn führt, darunter über 20 Verstöße gegen die Verkehrsordnung, ist er vermutlich harmlos. Er haust mit seinen beiden Rottweilern Bullet und Pistol in einem Wohnwagen und greift regelmäßig zu Alkohol, Tabletten und Drogen.

Am 19. Juni 1999 bricht Smith in seinem hellblauen Dodge-Lieferwagen zum Einkauf auf. Auf dem Rückweg wittert sein Hund das Fleisch im Kühlgerät, das dort aufgrund der hohen Temperaturen und der langen Wegstrecke lagert. Bullet springt von der Ladefläche direkt auf den Rücksitz und versucht mit seiner Schnauze den Deckel zu öffnen. Smith ermahnt ihn. Zwecklos. Immer wieder muss er ihn wegschieben und verliert so die Kontrolle: Der Dodge bricht aus und kommt von der Fahrbahn ab. Dann hört Smith einen dumpfen Aufprall. Er glaubt, ein Reh angefahren zu haben, bis er die blutverschmierte Brille auf seinem Beifahrersitz findet.

Rasch steigt er aus und entdeckt einen blutüberströmten Fußgänger auf dem Boden. Das schwer verletzte Unfallopfer kommt knapp mit dem Leben davon. Es weist, wie sich später im Krankenhaus herausstellt, mehrere Brüche der Unterschenkel, des Knies und einiger Rippen auf. Zudem ist seine Hüftpfanne deformiert und die Wirbelsäule angebrochen. Lange Zeit kann das Opfer diesen Unfall nicht als Realität akzeptieren. Denn der Spaziergänger ist der weltweit bekannteste Horror-Schriftsteller Stephen King, der sich sonst solche Geschichten ausdenkt.

In seiner Autobiografie *Das Leben und das Schreiben* hält King den Junitag so fest: »Ungefähr gegen vier Uhr nachmittags muss ich mich auf den Weg gemacht haben. Kurz bevor ich die Hauptstraße erreichte (im Westen von Maine wird jede Straße so genannt, die einen weißen Streifen in der Mitte hat), stellte ich mich hinter einen Baum und urinierte. Es sollte zwei Monate dauern, bis ich wieder im Stehen pinkeln konnte.« Als der Dodge auf ihn zukam, dachte er nur: »Mein Gott, ich werde von einem Schulbus überfahren.« Angeblich soll King Smith den Dodge später abgekauft haben, wie seine Fans im Internet kolportieren, und den Wagen am Jahrestag des Unfalls auf unsanfte Weise in seine Einzelteile zerlegt haben.

Drei Monate später stirbt der von King mit Klagen übersäte Bryan Smith an einem Alkohol- und Tablettencocktail. Bullet und Pistol bewachten die Leiche im Wohnwagen. Stephen King, der ein gutes Ende zu schätzen weiß, äußerte öffentlich sein Bedauern.

Die fleischfressende Pflanze

Stephen King lehrte aber nicht nur immer wieder seinen Lesern das Fürchten, sondern auch seinem US-amerikanischen Verlag Simon & Schuster: Der Bestsellerautor veröffentlichte sein neuestes Werk *The Plant* nur im Internet. Er statuierte ein Experiment.

Jeder Fan sollte pro Kapitel einen Dollar zahlen. Das Ganze auf freiwilliger Basis. Nur wenn sich 75 Prozent der Leser daran hielten, verkündete er, würde er das Manuskript über die fleischfressende Pflanze vollenden.

»Ich hoffe nur, dass die Computer nicht zusammenbrechen«, ließ er die *Washington Post* amüsiert wissen.

Alle Beteiligten rechneten mit einem regen Ansturm. Denn zuvor erregte King im Internet schon mit seiner Kurzgeschichte *Riding The Bullet* größere Aufmerksamkeit, die er während seiner schmerzerfüllten Rekonvaleszenzzeit schrieb.

Nach nur zwei Tagen hatte eine halbe Million Leser immerhin 2,50 Dollar bezahlt. Den Gewinn teilte sich der Schriftsteller damals noch mit Simon & Schuster, den von *The Plant* nicht. Das erste Kapitel wurde über 150 000-mal abgerufen, knapp 116 000 Leser waren bereit, den vereinbarten Obulus von einem Dollar zu entrichten. King selbst rechnete mit 1,67 Millionen Downloads, was 1 670 000 Dollar entspräche. Eine stattliche Summe, die der Verlagswelt entging und sie nervös machte.

Doch alle Aufregung war umsonst. Stephen King schrieb *The Plant* für das Netz nicht zu Ende. Enttäuscht wandte sich der Autor von seinem Versuch ab. 54 Prozent aller King-Fans zahlten am Ende eben nicht. Und das war zu wenig für die fleischfressende Pflanze.

How to schlepp a book

Kings *Riding The Bullet* ließ sich per Internet im E-Book-Format herunterladen. Die 500 000 Leser stellen bislang den größten Erfolg im E-Book-Bereich dar, der seitdem nie wieder erreicht wurde. Das E-Book-Format funktioniert nur auf speziellen Geräten. Die kosten zwischen 600 und 800 Mark und sind ganz schön schwer. Zwar lässt sich außer der Dioptrienzahl alles Mögliche an der Ansicht des Textes ändern, damit sind aber die Vorzüge schon am Ende.

Texte bleiben auch in Zukunft immer Texte. Selbst wenn sie nicht auf Papier gedruckt herauskommen. Doch das Lesen auf Bildschirmen erscheint offenbar nur einer sehr kleinen Gruppe von Menschen reizvoll. Und natürlich erweisen sich die E-Book-Inhalte für bereits erfolgreich eingeführte Geräte als vollkommen inkompatibel zu anderen technischen Geräten.

Die E-Book-Formate funktionieren auf einem Palm Pilot ebenso wenig wie bei einem Psion Handheld. Deswegen kommt das Geschäft mit elektronischen Büchern schon seit einigen Jahren einfach nicht in die Gänge und wird sich wohl auch auf lange Sicht in dieser Form nicht konsolidieren.

Fakt ist: Niemand hat ein E-Book, niemand kauft ein E-Book und niemand will ein E-Book.

In den USA ermittelte das Marktforschungsunternehmen Forrester Research, dass sich die Nutzer nur schwer vom Lesen an einem Bildschirm überzeugen lassen. 50 000 Geräte wurden in den USA verkauft, in Deutschland etwa 1000.

Dennoch präsentieren die Hersteller diese Geräte mit einer weltfremden Entrücktheit, als würden die Zeugen Jehovas an der Haustür nun auch noch Vorwerk-Staubsauger offerieren. So nutzte kürzlich der Geschäftsführer eines deutschen E-Book-Herstellers auf der Leipziger Buchmesse die Gelegenheit einer Diskussionsrunde für eine flammende Marketingrede im kleinen Kreis. Selbst die E-Mail, erklärte er mit biblischem Ernst, habe auch lange gebraucht, um sich durchzusetzen. Nur konnte sich daran kein Zuhörer erinnern. Unterbrechungen ließ der Mann nicht zu. Außerdem, so meinte er weiter, zerstörten die Buchverlage die Wälder dieser Erde.

Der am Gespräch beteiligte Schriftsteller Joseph von Westfalen drehte sich eine hauchdünne Zigarette und grinste. Er hört gerne Unsinn. Anschließend schälte der Hersteller das neueste E-Book-Modell aus einem Futteral und ließ es durch die Hände der kleinen Gruppe wandern, die damit offensichtlich so viel anfangen konnte wie seinerzeit die Kinder Israels mit den Steintafeln Moses. Und es war fast genauso schwer.

Inzwischen ging der Geschäftsführer zu den praktischen Argumenten über: Ein Anwalt habe immer seine aktuelle Gesetzessammlung dabei, und im Urlaub – also ein- bis zweimal im Jahr – müsste der Leser nicht mehr so viele Bücher mitnehmen. Wer aber würde an den Strand ein mindestens zwei Kilogramm schweres Gerät schleppen, wo Sand und Salzluft schon einem verhältnismäßig günstigeren Walkman das Leben absprechen? Von dem Kontrast in der Sonne mal ganz abgesehen.

Batterien nicht inbegriffen

Die Branche bemüht sich dennoch um Reputation, um eine Lobby für E-Books zu schaffen. Auf der letzten Frankfurter Buchmesse wurde erstmals ein E-Book-Literaturpreis verliehen. »Wenn dir nichts Besseres einfällt, fang immer mit einem Preis an«, lautet eine alte Marketing-Faustregel.

Ab 2002 soll es auch auf der weltgrößten Kinderbuchmesse Fiero del Libro per Ragazzi in Bologna einen E-Book-Preis für Kinderliteratur geben. Die internationale Jury freut sich schon jetzt auf alle drei Einsendungen.

Während der letzten Jurysitzung erhielt Roxana Frost, eine Microsoft-Mitarbeiterin in Sachen elektronisches Publizieren, Gelegenheit, sämtliche Vorzüge des E-Books persönlich vorzustellen. Um ihre Kompetenz zu unterstreichen, führte sie ihren vorigen Beruf an: Bibliothekarin. So demonstrierte sie den Buchverlagen, die es anzusprechen galt, dass sie eine der ihren sei und aus dem nahezu gleichen Metier komme. Schließlich sollten die Verlage ihre Bücher, mit Vorliebe Bestseller, schon vor der Print-Veröffentlichung im Internet zum Herunterladen anbieten. Dort kosten dann Bücher zwischen fünf und zehn Mark. Manche könnten auch teurer sein. Dazu noch eine Handvoll Batterien.

»Die Batterien«, räumte Frost ein, »sind tatsächlich noch ein Problem.«

Microsoft fährt noch eine zweite Strategie. »E-Books sind unserer Ansicht nach nicht unbedingt an eine Maschine gebunden«, erklärte Frost. »Mit unserem Microsoft-Reader-Format kann sich der Nutzer die Literatur aus dem Internet auf jedes Notebook ziehen.«

Das klingt schon besser. Wenn also Baden-Württemberg tatsächlich wie geplant jedem Schüler ein Notebook zur Verfügung stellen würde, ließen sich alle Schulbücher im E-Book-Format mitführen. Nie wieder die Ausrede »Buch vergessen« und nie wieder den Rücken bucklig geschleppt. Davon wollen aber weder die Buchverlage noch die E-Book-Hersteller etwas wissen. Microsoft hingegen sieht das entspannt, da der Konzern in seiner strategischen Planung auf mehrere Pferdchen setzt. Roxana Frost hielt im Kreise der Jury ihr Notebook seitlich wie ein Buch vor sich und führte die Lektüre vor. Einfaches Umblättern, Verstellen der Schriftgröße, Merkzeichen. Die Jury schmolz dahin. Roxana hätte nur nicht das gewöhnliche Buch P-Book für Paperbook nennen sollen.

Klagen ohne zu leiden

Auch das inhaltliche Angebot ist eher gering. Auf Messen sprechen deswegen junge Damen Autoren an, um sie vom E-Book zu überzeugen. Warum nur das Werk beim klassischen Verlag herausbringen, fragen sie. Nach Vertragsabschluss kassiert der Autor dann die Hälfte von etwa fünf Mark. Für jedes abgerufene Werk, versteht sich. Nur sollte der Schriftsteller vorher noch einmal einen Blick in seinen alten Verlagsvertrag werfen. Seit den neunziger Jahren gibt es verbindliche Regelungen für die digitalen Rechte. In den meisten Fällen hat er sie ahnungslos seinem Verlag überlassen und kann somit nicht ohne weiteres einen neuen Vertrag unterschreiben.

Der findige amerikanische Verlag Rosetta-Books wurde kürzlich vom renommierten und der Bertelsmann-Gruppe zugehörigen Random House verklagt. Der Grund: Bücher von Kurt Vonnegut, William Styron und Robert Parker werden bei Rosetta zum Herunterladen aus dem Internet angeboten. »Wir sind keine Piraten«, erklärt Geschäftsführer Arthur Klebanoff in der *Financial Times Deutschland*. Schließlich habe er mit den Autoren direkt einen Vertrag abgeschlossen. Doch das ist erst der Anfang. Immer mehr Anbieter des neuen Formats gehen Autoren direkt an, deren Verträge lange vor dem Internetzeitalter abgeschlossen wurden. Und wenn die Autoren noch leben, zögern sie nicht, einen weiteren Vertrag abzuschließen. Gegen all diese Unternehmungen richtet sich die Klage von Random House. Dort ist man auf Unterlassung und Schadenersatz aus. Schließlich sind die elektronischen Verwertungsmöglichkeiten Teil der neuen Bertelsmann-Strategie.

In der *Financial Times Deutschland* wird außerdem der amerikanischen Schriftstellerverband Authors Guild zitiert. Die Art und Weise, wie sich Verlage die Rechte im Internet sichern wollen, sagt Authors-Guild-Vorstand Paul Aiken, sei »nichts anderes als der unverschämte und unbegründete Versuch, sich rückwirkend sämtliche Rechte zu schnappen«.

Deutsche Autoren müssen sich vorerst nicht aufregen. Von dem Geld, das ein deutscher Schriftsteller im E-Book Format einnimmt, könnte er nicht einmal seine Mutter zu einem Sparmenü bei McDonalds einladen.

Lesestrategie

Das klassische Buch, batterielos in Betrieb, erstaunlich kompatibel und bedenkenlos »portable«, erfreut sich höchster Beliebtheit. Einer Infas-Umfrage von 1999 zufolge stieg in den fünf Jahren zuvor die Anzahl der Vielleser von fünf auf neun Prozent. Ein typischer Vielleser ist dabei nach Infas-Gesichtspunkten schon ein Mensch, der mehr als 20 Bücher im Jahr liest. Von 1995 bis 1999 ging die Anzahl der Bücherleser, die täglich einer Lektüre nachgehen, von 13 auf 20 Prozent hoch. »Damit gehört das Buch zu den Gewinnermedien des vergangenen Jahrzehnts«, bilanziert der deutsche Börsenverein.

1999 erwarben die Deutschen immerhin für 18 Milliarden Mark Bücher und strafen all jene Kulturpessimisten Lügen, die angesichts des Fernsehens und neuer Medien immer wieder den Untergang der Lesekultur heraufbeschworen haben.

»Junge Menschen unter dreißig Jahren sind besonders lesefreudig«, titelt *Die Welt* erfreut. Und das darf seit der Einführung blinkender, leuchtender und zuckender Webseiten schon als kleines Wunder angesehen werden.

Heutzutage ist die Fähigkeit zu lesen so selbstverständlich, dass wir keine Sekunde darüber nachdenken, wie es wohl Generationen in früheren Jahrhunderten ergangen sein mag, als nur der Adel des Lesens mächtig war. Das Privileg dieser Gabe prägt sich höchstens dann etwas deutlicher ein, wenn die UNESCO von weltweit 855 Millionen Menschen spricht, die zur Zeit weder lesen noch schreiben können. In Deutschland sind es etwa vier Millionen Menschen.

Und was sagt der Kulturpessimist: »Die Deutschen kaufen nur mehr, aber sie lesen gar nicht richtig.«

Haben sie denn jemals richtig gelesen? Den Vorwurf bestätigt zumindest der Kongress *Gutenbergs Folgen*. Dort wurde eine Studie der Stiftung Lesen vorgestellt: »Viele lesen zwar nicht weniger, aber dafür seltener, oberflächlicher – und brechen die Lektüre schneller ab, wenn sie nicht ihren Erwartungen entspricht.«

Das klingt nach einem ganz pragmatischen Ungang mit dem Medium Buch. Kaum jemand liest ja etwas weiter, wenn der Inhalt den eigenen Erwartungen nicht entspricht.

»Die Leser«, so Bodo Franzmann, Leseforscher der Stiftung Lesen, »passen ihre Lesestrategien immer stärker an das Informationsüberangebot in der Mediengesellschaft an.«

Lesen sei eben einer nachhaltigen Veränderung unterworfen. Was ist so verkehrt daran? Und wer legt eigentlich fest, was ein guter Leser und ein schlechter Leser ist?

Lesen an sich ist ja rein körperlich ein stinklangweiliger Vorgang. Hände halten das Buch, und das Augenpaar fährt hastig hin und her. Für Klaus Ring, Leiter der Stiftung Lesen, ist Lesen nicht nur das Aufnehmen von Informationen, sondern eben auch die Möglichkeit, die Phantasie anzuregen und schweifen zu lassen. Die Stiftung Lesen hat sich in Deutschland ein hehres Ziel gesetzt: Sie will zum Lesen anstiften. Und zu diesem Zweck lassen sich die Mainzer einiges einfallen. Sie bringen Bücher in Schulen und Kindergärten, arbeiten mit der Deutschen Bahn zusammen und bringen Bücher in Zahnarztpraxen (»Lesen so wichtig wie Zähneputzen«). Die Stiftung ist Lobby des »guten« Buches. Sie agiert permanent und unerschrocken gegenüber allen Trends. Im Gegenteil: Aktuelle Bezüge werden sofort aufgriffen. CD-ROM, Internet, *Big Brother*. So spendete die Stiftung den Containerbewohnern ein dickes Bücherpaket. Natürlich durfte George Orwell nicht fehlen. Eine clevere PR-Aktion der Stiftung Lesen eben, um Niveau auch dorthin zu bringen, wo partout keins zu finden ist.

Endstation Lesen – Ein Gespräch mit Klaus Ring

Klaus Ring ist Geschäftsführer der Stiftung Lesen

Internet, E-Books, Microsoft Reader. Geht unsere Kultur flöten?

Ring: Unter dem Einfluss der neuen Medien wird sich, ob wir es wollen oder nicht, unsere Kultur stark verändern. Das war im Übrigen auch früher schon so, und es betraf nicht nur den Umgang mit dem, was an kultureller Tradition existierte. Stets gaben »neue Medien« auch neue Impulse für kulturelle Weiterentwicklungen. Heute sehen wir, dass die neuen elektronischen Technologien nicht nur dabei sind, unser Kommunikationsverhalten, die Art also, wie wir miteinander umgehen, zu verändern, sondern auch unsere Denkweisen. Ganz auffällig ist dies bei den sprachlichen Veränderungen, die sich derzeit vollziehen. Aber die elektronischen Medien verändern auch unser Leseverhalten, und zwar quantitativ wie qualitativ: Es wird weniger gelesen, und es wird zunehmend anders gelesen als früher. Wir stellen andere Anforderungen an die Inhalte, an die Text-Layouts, schließlich aber auch an die Art und Weise, wie Texte geschrieben werden, besonders deutlich zu sehen beim Vergleich *Spiegel* und *Focus*, *Die Zeit* und *Die Woche*, oder an den modernen Schulbüchern. Triebkräfte hierfür sind die neuen Organisationsformen für Texte und andere Informationsarten, die durch die neuen Technologien möglich wurden.

Daran muss man sich gewöhnen. Den einen fällt dies leicht, anderen schwer, viele werden sich verweigern. Bei aller Euphorie über die scheinbar unbegrenzten Möglichkeiten, die die neuen Medien den Menschen bieten, miteinander zu kommunizieren, sich zu informieren, zu bilden, ihre Freizeit zu gestalten: Es kann nicht übersehen werden, dass sie die Spaltung unserer Gesellschaft verbreitern und vertiefen. Ohne Frage gibt es heute bereits sehr viele Leute – jüngere wie auch ältere –, die sich beruflich wie privat der neuen Technologien brillant und hochkompetent bedienen. Andere aber haben eben Probleme, sich zurechtzufinden. Die einen, weil ihnen die Entwicklungen zu schnell gehen und sich daher Ängste entwickeln. Die anderen, weil sie den Anforderungen intellektuell mangels solider Ausbildung nicht gewachsen sind – und das sind die gravierenderen Fälle. Die einen können ihr Problem lösen, wenn ihnen genug Zeit eingeräumt wird und sie entsprechend begleitet werden. Die anderen brauchen schlichtweg ein höheres Niveau an Bildung, an Kenntnissen und an Übung, um damit umzugehen. Der Weg hierzu wurde bisher – und wird auch in Zukunft – durch Lesen beschritten. Wir wissen durch verschiedene Untersuchungen, dass in der Regel die geübten Leser auch die besseren Internetnutzer sind. Der Führerschein für die elektronischen Datenautobahnen wird durch Lesen erworben und nur auf diese Weise. Durch das Wegbrechen des Lesens entstehen heute bereits erkennbare Defizite, die sich auch auf die »Medienkompetenz« der Betreffenden auswirken werden.

Was ist denn dieser Akt des Lesens eigentlich genau?

Zunächst einmal: Anders als beispielsweise das Sehen oder Hören ist das Lesen entwicklungsbiologisch gar nicht vorgesehen gewesen: Niemand wird zum Lesen geboren. Das ist der Grund, warum Lesen immer schon besonders geübt und gepflegt werden musste. Aber warum ist es dann so wichtig? Ähnlich wie beim Erlernen der Sprache werden durch das Lesen verschiedene Hirnfunktionen zur Entwicklung gebracht, und zwar intellektuelle wie emotionale. Mit dem literarischen Lesen, dem Lesen also von erzählender Literatur, von Märchen, Geschichten, Romanen entstehen überhaupt erst unsere Fähigkeiten, innere Bilder zu formen, Phantasie zu entwickeln. Gleichzeitig lernen wir aber auch, abstrakt zu denken, zu urteilen, Werte zu entwickeln, schließlich menschliches Handeln intellektuell und emotional zu verstehen. Damit schaffen wir uns wesentliche Grundlagen für unser Zusammenleben, unser gegenseitiges Verständnis und das Verständnis der Welt und ihrer Kulturen. In diesen Zusammenhängen liegt der Grund, warum es so wichtig ist, schon kleinen Kindern während der Phase ihrer größtmöglichen Prägungsbereitschaft Märchen und Phantasiegeschichten vorzulesen und ihnen damit Zugang zu Welten zu verschaffen, die für sie fremd sind. Erst durch die Erfahrung dieser Welten lernen sie, sich zu orientieren, anderes und andere zu verstehen und damit zu sich selbst, zu ihrer eigenen Identität zu finden. Diese Art des »kreativen« Lesens wird vermutlich immer an Bücher gebunden sein. Dazu bedarf es indessen nicht nur geeigneter Texte, sondern auch einer bestimmten Atmosphäre. Literarisches Lesen ist eigentlich immer ritualisiert. Wir brauchen dazu den richtigen Ort, Ruhe, viel Zeit und die Muße, die zur Kontemplation nötig ist: sehr Altmodisches also. Natürlich gibt es auch andere Arten des Lesens. Wenn ich mir Informationen besorgen möchte, werde ich mir überlegen, wo ich sie am schnellsten finde. Ich brauche dazu kein Ritual, sondern Zugriffsmöglichkeiten. Das Lesen von Zahlen, Daten, Fakten vollzieht sich insofern qualitativ anders als das Lesen literarischer Texte.

Ist das Internet eine weitere Leseecke?

Ich glaube nicht, dass es in dem Sinne eine »Leseecke« ist. Ich kann mir nicht vorstellen, dass das Lesen von Belletristik oder gar Lyrik im Internet das Buch ablösen wird. Dagegen sprechen viele Gründe, nicht nur bestimmte Gewohnheiten, und die Einschätzung auch vieler Internet-Freaks, dass die Bildschirmmedien unpersönliche, kalte Medien seien. Das Internet ist nach meiner Einschätzung etwas, bei dem ein ganz bestimmter Nutzen im Vordergrund steht. Wenn ich ins Internet gehe, dann möchte ich auf mehr oder weniger scharf definierte Fragen klare, möglichst knappe Antworten erhalten. Natürlich muss ich die Antworten lesen, ich muss sie verstehen, interpretieren und in das integrieren können, was mich zu der Suche veranlasst hat. Ich muss auch beurteilen können, ob die Antworten auf dem Schirm plausibel und zuverlässig sind. Aber diese Lesewelt ist eine sehr eigene. Sie ist für mich mit der anderen, die ich zuvor beschrieben habe, kaum verbindbar. Nichts desto weniger ist das Wandern in dieser Welt sehr anspruchsvoll. Ich muss sehr viel wissen, ein gutes Urteil haben oder zumindest einen guten Instinkt für das, was wichtig oder unwichtig, richtig oder falsch, gesichert oder vorgetäuscht ist: Erkenntnisfähigkeiten also, die ich mir zuvor nicht nur, aber auch durch langes Einüben traditionellen Lesens geschaffen habe. Um an dieser Stelle noch einmal auf eine meiner früheren Aussagen zurückzukommen: Hier liegt das eigentliche Problem der Vertiefung der gesellschaftlichen Spaltung, die sich derzeit vollzieht: Das Internet setzt hohe Qualifikationen voraus, die von immer weniger jungen Menschen mitgebracht werden. In diesem Sinne ist die viel beschworene Medienkompetenz auch nicht etwas, was sich isoliert von anderen Fähigkeiten vermitteln lässt, sondern Beherrschung der elementaren Kulturtechniken voraussetzt. Um es mit dem Informatiker Weizenbaum auszudrücken: »Medienkompetenz ist die Fähigkeit, kritisch zu denken; kritisches Denken lernt man durch kritisches Lesen; die Voraussetzung für kritisches Lesen ist eine hohe Sprachbeherrschung.« Wenn wir uns dazu durchringen könnten, diese Aussage ernst zu nehmen, dann wären wir wirklich auf dem Weg in eine moderne Wissensgesellschaft, die jedem seine Chance gäbe.

PORTAL COMBAT

Wieviel Nachrichten braucht der Mensch?

Portal hieß das inoffizielle Stichwort des Jahres 2000.

Für jede Sparte des Lebens wurden Portale im Internet angeboten. Sportportale, Familienportale, Computerportale, Herzschmerzportale, Gesundheitsportale und Kinderportale. Bis auf Wettspielportale haben die meisten heute kein Geld mehr. Die Geschäftsmodelle zielten im Allgemeinen auf einen Börsengang. Nur herrscht zwischen Hausse und Baisse zur Zeit schlechtes Klima. Und weil die anderen Geschäftsmodelle immer als Plan B für die Banken herhielten, allein aber keine überzeugende Substanz boten, lösten sich inzwischen viele Portale in Luft auf. Ins Internet gehen immer wieder Millionen Mark hinein, kommen aber eben nie wieder heraus. Zuletzt meldete auch das Sportportal Sportgate Konkurs an. Neben Boris Becker, dem Deutschen Sportbund und dem ehemaligen RTL-Chef Helmut Thoma war auch Pixelpark-Chef Paulus Neef eingestiegen. Es kam zur Schlammschlacht, weil Becker trotz Zusagen keinen Pfennig mehr in das Unternehmen hineingesteckt habe. Mit einem lauten Knall explodierte auch beim *Spiegel* das weitaus ehrgeizigere Ziel, Portale für verschiedene Interessengruppe zu starten. Der *Spiegel* ist kein Anfänger, kann immerhin dank *Spiegel Online* und *Manager Online* auf eine längere Erfahrung zurückblicken. Bis die Geschäftsführung abrupt die Notbremse zog. Generell verursachen Online-Redaktionen, wenn sie professionell geführt werden, einfach zu hohe Kosten.

Lange Zeit galten Online-Redakteure als Redakteure zweiter Klasse. Denn sie verdienten weniger und wurden von den Kollegen aus dem Printbereich überhaupt nicht ernst genommen. Immer mehr Online-Redakteure schreiben heute auch für Print, aber kaum ein Printredakteur für Online. Und es dauerte Jahre, bis die großen Blätter – wenn überhaupt – gemeinsame Konferenzen einführten.

»Ich verrate jetzt ein Geheimnis: Ich bin als Online-Journalist beim Einwählen ins Netz und beim Schreiben für *Spiegel online* noch nie vom Computer aufgefordert worden, schlampig zu recherchieren, langweilig zu schreiben, uninteressante Fragen zu stellen oder mein kritisches Bewusstsein abzuschalten«, schreibt sich Markus Deggerich in *Die Zeit* vom 21. Juni 2001 seinen Frust von der Seele. »Als ich vor fast zwei Jahren als erster politischer Korrespondent eines Online-Mediums nach Berlin ging, war ich für viele ein Exot. Misstrauen und Spott waren die häufigsten Reaktionen.« Seine Gesprächspartner in der Politik kamen seinen Interviewwünschen nur selten nach. »Was ich stattdessen zu hören bekam, waren skeptische Nachfragen und Vertröstungen, die ahnen ließen, wie im Kopf des Ministeriumssprechers ein Bild von mir entstand: kleinwüchsig, dickbäuchig, blass, Technikfreak mit fettigem Haar, Pickeln im Gesicht, viereckigen Augen und Brillengläsern so dick wie Joschka Fischers kugelsichere Fensterscheiben.«

Hausintere Dinge erfährt die Online-Sektion im Normalfall zuletzt, kann aber mit Veröffentlichungen erheblich schneller reagieren. Auch Fehler und Pannen verschwinden eleganter und unauffälliger als bei einer Tageszeitung, mit der am nächsten Tag auf dem Markt der Fisch eingewickelt wird.

»Orthografische Fehler, Satzungetüme und missverständliche Formulierungen lassen sich bei Online-Publikationen schnell korrigieren«, meint auch Ulrich Booms von *Spiegel Online*. »Eine aktuelle Geschichte kann von der ersten Meldung bis zum umfassend recherchierten Artikel innerhalb derselben Datei immer wieder aktualisiert werden. Work in progress.«

Soweit die gute Nachricht. Was aber ist ein Dokument, wenn inhaltliche Fehler schnell gelöscht werden und Falschmeldungen verschwinden können? Sind sie damit unveröffentlicht?

»Die Schwierigkeit des juristischen Beweises für beispielsweise eine Rufschädigung ist aber nicht erst durch die technischen Möglichkeiten des Internet entstanden«, so Booms.

»Versucht man, bei einem Radiosender an einen gesendeten Beitrag zu kommen, braucht man viel Geduld, mit ungewissem Ausgang. Setzt man dann einen Widerruf durch, hat man zwar juristisch einen Erfolg. Keineswegs aber hat man die emotionalen Folgen rückgängig gemacht, da kaum das identische Publikum erreicht wird. Nicht anders bei der Presse: Ist eine Aussage in einem *SPIEGEL*-Artikel auf Grund einer Unterlassungsverurteilung zurückzunehmen, wird der Artikel im Internet und bei den Datenbankanbietern gelöscht. Sollte das Heft später gekauft werden, wird der Passus geschwärzt. Damit verschwindet die Aussage aber nicht in den ca. 1 000 000 Exemplaren, die in der Erscheinungswoche verkauft wurden, und aus den 6 000 000 Köpfen, die es rein statistisch gelesen haben können. Insofern könnte man mit der gleichen Moral oder Unmoral sagen: Lass es uns drucken, damit ist es in der Welt, der Widerruf kostet zwar was, aber mitbekommen tut das sowieso keiner.«

Und der Online-Redakteur?

»Der Online-Redakteur, der dem selben Ehrenkodex unterliegt wie jeder andere Journalist auch, richtet also auf Grund technischer Möglichkeiten keinen größeren Schaden an, als es in allen anderen Medien auch möglich ist, es ist technisch nur leichter. Leichtfertiger wird er deswegen damit nicht umgehen, denn Hardcopys, Downloads und Proxieroutinen ergeben genügend Chancen, den Fehler oder die falsche Behauptung doch zu dokumentieren.«

Online-Redaktionen kommen zusätzlich näher an ihre Leser heran. Die können sofort sehen, welche Themen bei ihrer Zielgruppe ankommen, welche nicht und entsprechend reagieren, ohne eine Heftstruktur zu verändern. Zusätzlich binden sie die Leser in rasche Abstimmungen ein oder fordern Kommentare. Das spricht natürlich den Leserbriefschreiber an, was aber erträglich bleibt. Denn erstens ist das Lesen der Kommentare freiwillig und zweitens verfügen Online-Leser über eine höhere Bildung.

Die Zeitung der Zukunft wird wohl nur noch mit einem schlanken Internetteam arbeiten und dem Printredakteur im jeweiligen Fachgebiet auch noch den Onlinepart übernehmen lassen. Das wäre insofern empfehlenswert, da das Feuilleton oder etwa der Wissenschaftsteil mit nur einer Handschrift geführt würde. Bereits jetzt herrscht zum Beispiel bei *Spiegel Online* ein völlig anderer Duktus als im Heft – und das lässt sich nicht allein mit den veränderten Lesegewohnheiten des Online-Lesers begründen. Zusätzlich führen Online-Nachrichten noch weitere Veränderungen des Niveaus durch den weitaus höheren Ausstoß an Neuigkeiten mit sich, die ein attraktives Nachrichtenmagazin im Internet nun mal bieten muss. Das führt natürlich unweigerlich zu einer thematischen Inflation an Nichtigkeiten. Geschehnisse aus der dritten und vierten Reihe, die in Zeitungen gar keine Verwendung fänden, erweisen sich hier als nützliche Pausenfüller. Allein durch die Möglichkeit, alle paar Minuten die Nachricht zu verändern, werden die Neuigkeiten in ganz viele kleine Päckchen geschnürt, sodass sich der Leser am Ende fragt, ob er das nun bereits gelesen hat oder nicht.

George W. Bush wird vermutlich nur knapp Präsident.
George W. Bush wird vermutlich knapp Präsident.
George W. Bush wird knapp Präsident.
George W. Bush ist Präsident.
Bush.

Ein paar Jahre ließen die Verlagshäuser ihren Online-Redaktionen innerhalb des Kostenrahmens freie Hand und Raum zum Experiment. Aufgrund der hohen Kosten sind diese Zeiten nun passé. Stellenabbau und Budgetkürzungen folgten. Denn die investierte Arbeit im Onlinebereich der Zeitungen und Magazine ist immer noch nicht refinanzierbar. Diese Lektion muss die *FAZ* allerdings noch am eigenen Leibe erfahren. Der Vorstand besteht weiterhin auf einem Salär für die Nutzung des *FAZ*-Internetangebots.

Online-Leser bezahlen aber im Allgemeinen nichts. Der immer wieder zitierte »free spirit« des Netzes kennt keine finanziellen Transaktionen.

Wollen Sie 0,5 KB mehr wissen?

Kürzlich überraschte die *Encyclopædia Britannica* weltweit die Branche: Nachdem die Absätze für das Buchwerk nachließen und auch die CD-ROM trotz Preisstürze nicht in einem zufriedenstellenden Maße abgesetzt wurde, steht das renommierte Lexikon heute in voller Länge und komplett umsonst im Internet.

Die neuen Medien sind sicherlich am Niedergang des klassischen Lexikons mit beteiligt. Ausgerechnet der Softwarekonzern Microsoft mischte vor ein paar Jahren die altehrwürdigen internationalen Lexikonverlage kräftig auf und landete mit der *Encarta*-Enzyklopädie einen veritablen Hit. Gänzlich ohne Printversion bewies das Microsoft-Lexikon durch die rasche Verfügbarkeit von Daten, Bildern, Filmen und Animationen die Vorzüge des neuen Mediums und überzeugte sogar eingefleischte Computerhasser. Fünf Jahre nach der deutschen Premiere ist die *Encarta* heute Marktführer, dicht gefolgt vom *Brockhaus*. Von beiden gibt es außer der Vollversion noch eine abgespeckte Fassung, die auch schon eine respektable Menge Wissen bietet. Die multimedialen Themenreisen, Animationen und Spielereien sorgen dafür, dass die meisten Lexika nicht nur gleich auf mehreren Scheiben herauskommen, sondern auch im Gebrauch den Nutzer oft zum Diskjockey machen. Aber auch da haben die Verlage inzwischen reagiert: Fast alle elektronischen Nachschlagewerke gibt es auch auf DVD-ROM, einer Scheibe mit bis zu 17 Gigabyte Fassungsvermögen (eine CD-ROM ist auf 650 MB beschränkt). Seit eben die *Encyclopædia Britannica* komplett und kostenfrei im Internet steht, ist den deutschsprachigen Verlagen endgültig die Konkurrenz des Netzes bewusst geworden. Man sucht nach einem reizvollen Internetkonzept, das aber bitte schön den Kauf der Scheiben nicht überflüssig machen soll. Am weitesten geht Microsoft: Neben aktuellen Quizspielchen und täglichen Fernsehtipps ist unter www.encarta.de schon jetzt knapp ein Drittel der *Encarta Plus 2001* online verfügbar.

Was erfahren wir über die Katastrophe des U-Boots Kursk? Was weiß das Lexikon über Pokémon? Kennt es die aktuelle Besetzung des Bundeskabinetts und die Kohlsche Spendenaffäre? Wie stellt es den aktuellen Stand der Genom-Entschlüsselung dar? Wie wird ein schwieriger Sachverhalt wie »Entropie« erklärt? Und wie sinnvoll sind die multimedialen Beigaben, mit denen die Verlage werben? Die *Encarta Plus* enthält 13,9 Millionen Wörter, über 45 000 Artikel und 240 000 Querverweise. 18 000 Bild-, Film- und Tonelemente stellen so manchen Sachverhalt besser und einprägsamer dar als viele Worte. So trägt Allen Ginsberg sein bekanntes Gedicht »Howl« vor. Die kurzen Videos allerdings sind nicht immer erhellend. Wenn die Beatles aus dem Flugzeug steigen und winken, fehlt jeglicher Zusammenhang. Kein Begriff ist hier anwählbar oder mit dem Lexikon verknüpft. Wer schmökern möchte, lässt sich bei den Themenreisen auf Helden, Idole, Reiseziele oder Kunst und Literatur ein. Viele Texte im Lexikon tragen übrigens journalistischen Charakter. Das lockert den lexikalisch-trockenen Duktus auf, und außerdem dürfen die Autoren – mit Namen und Kurzbiografie genannt – eine eigene Meinung haben. Über das Netz kann der Nutzer seine *Encarta* alle vier Wochen auf den neuesten Stand bringen. Trotz dieser Möglichkeit verlässt sich die Redaktion offensichtlich bei der Aktualität zu oft aufs Internet. Wer zum Beispiel unter »Bundesregierung« sucht, dem wird zwar brav erklärt, was das für ein Gremium ist. Wer aber die augenblickliche Regierung bildet, bleibt ein Geheimnis – erst über den Link zu www.bundesregierung.de erfährt man mehr. Das ist für ein Offline-Lexikon zu wenig. Nur wer die entsprechenden Namen kennt, erfährt zum Beispiel etwas über die Funktion von Joschka Fischer. Immerhin bietet die Scheibe schon einen langen Aufsatz über Kohls Spendenaffäre. Zum gesunkenen U-Boot Kursk findet die *Encarta* nichts. Keinen Treffer gab es auch bei Pokémon oder zur Entschlüsselung des Genoms. Überhaupt gestaltet sich die Suche mitunter schwierig. Zum Beispiel deshalb, weil sie nicht fehlertolerant ist – wer einen Namen falsch buchstabiert, geht leer aus. Und das bei einer Firma, die mit ihren Softwareprodukten die Fehlertoleranz der Nutzer arg strapaziert.

Im ganz neuen Gewand präsentiert sich der *Brockhaus Multimedial 2001 premium*. Mit 10,5 Millionen Wörtern nahm der Brockhaus gegenüber dem Vorgänger um knapp 60 Prozent an Umfang zu. 98 000 Wörter, die nicht länger im kreuzbraven Design präsentiert werden. Stattdessen eine schlicht-verspielte Präsentation, die fast progressiv daherkommt. Bei der Suche nach dem Begriff »Anne Frank« stellt der Brockhaus gleich die entsprechenden Bilder des Mädchens bereit, die sich auf Klick vergrößern lassen. Der Artikel, sorgfältig in der Mitte der Seite positioniert, macht den Leser mit allen Daten und Fakten bekannt. Neu ist, dass der Brockhaus einen recht freien Kontext herzustellen versucht. In diesem Beispiel zum Autor Josef Capek, der wie Anne Frank in Bergen-Belsen umgebracht wurde. Aber das war den Mannheimern noch nicht genug: Im so genannten Wissensnetz bietet die Software zufallsgenerierte Kontextvorschläge an. So gelangt man vom Schriftsteller Josef Capek zu Karel Capek und zum Thema Roboter (er hat den Begriff erfunden). Sekundenschnell bietet das Wissensnetz die acht Themen Automatisierung, Mechatronik, Roboterbaukästen, minimalinvasive Chirurgie, Robots, Bots, Open Robot Architecture und Cim an. So lässt sich tatsächlich prima stöbern. Auch das Bibliographische Institut bietet einen regelmäßigen Update-Service an. Aber selbst die neueste Version kennt weder Kursk noch Pokémon, die Entschlüsselung des Genoms ist hier noch frommer Wunsch. Immerhin werden aber Kohls Verfehlungen kurz gestreift. Auch der *Brockhaus* verweist den Suchenden gern ins Internet, wenn er selbst nicht mehr weiter weiß. Zum Beispiel zur Suchmaschine Fireball. Die eigenen Inhalte finden sich im Wissensdienst xipolis (www.xipolis.de). Für das xipolis-Projekt, ein Wissensportal, tat sich die Holtzbrinck-Gruppe mit dem Mannheimer Bibliographischen Institut (DUDEN) zusammen. Für diese Riesenhochzeit gibt es gute Gründe: Zum einen hat Holtzbrinck nicht nur so wunderbare Lexika wie *Kindlers Literatur Lexikon,* das *Lexikon des internationalen Films,* sondern auch Zeitungen wie zum Beispiel *Die Zeit.* Brockhaus wiederum besitzt durch das gleichnamige Lexikon weitere inhaltliche Kompetenzen. xipolis versteht sich als Nachschlagedienst. Wissensdurstige stöbern herum und lesen sich fest. Aber umsonst ist das nicht. Nur weniges steht kostenlos als Appetitanreger zur Verfügung. Darum erwirbt der Kunde ein digitales Rabattmarkenheft mit Punkten. Bestimmte Lexikonauszüge und Zeitungsartikel gibt es nur gegen Cash. Unfreiwillig komisch mutet da das Angebot im Wortlaut an – als würden wir uns ein Scheibchen von der großen Wissenswurst abschneiden:

So sind 63 Worte, auch als 0,6 KB angepriesen, für nur 98 Pfennig zu haben.

Zum Thema Gameboy etwa müsste der Wissensdurstige 98 Pfennig bezahlen. Das sind übrigens 20 xiPunkte, wie die Online-Währung heißt. Der Euro reicht eben nicht.

61 Worte entsprechen 0,5 KB. Kilobyte. Dürfen es 100 Gramm mehr sein?

Nur: Woher weiß der xipolis-Nutzer, dass er dann tatsächlich erfährt, was er eigentlich wissen will? Gesetzt, ein Schüler wüsste nur grob, was das »Judentum« ist, so stößt er hier auf die Interpretation eines Buches von Léon Bloy. Das Werk ist eine Replik auf ein antisemitisches Werk, wobei hier unter den Tisch fällt, dass Bloy selbst ein glühender Antisemit war. Immerhin gibt es schon ein paar Stellen weiter eine 496 Wörter starke (6,5 KB) Erklärung. Kostenlos. So ganz erschließt sich das Punkte-System nicht. Wann kostet etwas Geld und wann nicht – und weshalb? Die Übersichtsseite zeigt, welche Inhalte kostenpflichtig sind und welche nicht. Aber der nachschlagende xipolis-Kunde sucht nach Thema und nicht nach Quelle. Bei den Verweisen auf die Wochenzeitung *Die Zeit* kostet ein themenrelevanter Artikel 2,45 Mark. *Die Zeit* ist aber selbst im Web. Und der entsprechende Artikel dort auffindbar, wenn das nicht strategische Allianzen verbieten …

Ein ähnliches Angebot startet der Bertelsmann Konzern. *Wissen.de* möchte den deutschsprachigen Wissensbegierigen möglichst viele Antworten auf Fragen liefern, die bislang den Gang zum Lexikon nötig machten. 150 000 Stichwörter greifen auf Lexikon, Fremdwörterbuch und die *Chronik der Weltgeschichte* zurück. Neben dem Wissensfundus versorgt eine Nachrichtenredaktion mit Meldungen aus der *Berliner Zeitung*. Nicht die schlechteste Zeitung wohlgemerkt. Der Ratgeber bietet verschiedenste Dinge an, und im Chat findet mit Experten ein reger Austausch statt. Ganz nett soweit. Das gilt auch für das Kapitel »Lernen Online«, in dem zu verschiedenen Themen (Deutsch, Politik, Gesellschaft, Religion usw.) kleine Wissenshäppchen angeboten werden. »Der Klügere sieht nach«, lautet auch das Credo von *Wissen.de*. Doch nicht immer sind die Texte so verfasst, dass sie tatsächlich von Nutzen sind. Noch einmal das Beispiel Gameboy.

»(…) kleines Computergerät für die Benutzung von Computerspielen«, meint das integrierte *Wahriglexikon*. Und das *Wahrig Fremdwörterlexikon* versteigt sich sogar zu folgender Formulierung: »Handflächengroßes, elektronisches Spielgerät, in das Disketten mit verschiedenen Computerspielen eingeführt u. über einen kleinen Bildschirm gespielt werden können.«

Und was macht die *Encyclopædia Britannica* jetzt? Sie kündigt an, nun doch in naher Zukunft Gebühren für die Nutzung im Internet zu verlangen.

Welches Wort ist hier das deutsche?

Business Partner committen sich. Und einen einfachen Geschäftsführer gibt es nicht mehr, das klingt zu sehr nach Einzelhandel. Heute prangen Titel wie *CEO, President* und *Vice-President* auf den Visitenkarten 22-jähriger Schnösel. Sie nennen Anrufe *Incoming calls* und wenn sie selbst jemanden anrufen *Outgoing Calls.* Sie nutzen ununterbrochen *Mobile Devices,* verfolgen unbarmherzig *Cashburn-Rate,* sehnen täglich den *break even* herbei, fassen die Welt in *Pageimpressions* oder werfen wild mit Begrifflichkeiten um sich wie *b2b, c2b, b2c, e-commerce, flatsharing, ccommerce, pitch, burnrate,* die bei inflationärem Gebrauch nichts mehr aussagen. Selbst Pleiten, Tod und Teufel treffen heute natürlich auf englisch ein: *in very worst case,* versteht sich. Wer gar nichts mehr zu sagen hat, zeigt seine Powerpoint-Präsentation.

Die englischen Verklausulierungen nehmen derart Oberhand, dass sich die Internetwelt am Ende selbst nicht mehr versteht. Schlimmer noch: Die deutsche Sprache stirbt. Befürchtet zumindest der ehemalige Berliner Innensenator Eckhart Werthebach (CDU) und fordert ein Sprachenschutzgesetz. In der *Welt* setzten sich Günther de Bruyn, Walter Kempowski, Reiner Kunze und Erich Loest für die Rettung der deutschen Sprache ein.

Der Autor Jürgen Laarmann schreibt in der *Bild*-Zeitung an Werthebach: »Die Idee, die internationale Internet- und New-Economy-Terminologie einzudeutschen, kann nur von jemandem stammen, der damit nicht zu viel zu tun hat. Wie soll das gehen? Elektrobrief für E-Mail? Schwätzlinie für Chatline?«

Einmal mehr, bitte – Ein Gespräch mit Dieter E. Zimmer

Dieter E. Zimmer, Übersetzer und Autor, über das Wissen der Lexika, die Sprache und das Grauen

Sie haben ja als einer der ersten Journalisten multimediale Lexika näher untersucht. Was haben Sie festgestellt?

Zimmer: Alle Lexika leiden von Anfang an darunter, dass sie nicht genau wissen, was sie wollen und sollen. So etwas wie einen allgemeinen Informationsanspruch gibt es nicht. Informationsansprüche sind in der Regel immer konkret und bei jedem Nutzer und in jeder Situation verschieden. Wer nur ein paar ganz allgemeine Auskünfte braucht, meinetwegen die Lebensdaten von ein paar Historikern oder Schriftstellern, braucht natürlich nicht jedes Jahr ein Update. Aber wenn ich sehr spezielle Auskünfte wünsche und von dem Produkt weiß, dass es im Prinzip diese Auskünfte auch enthalten könnte, dann lohnt es sich auch, alle Jahre mal nachzuschauen, ob es auf dem speziellen Gebiet nützliche Zusätze, Korrekturen und Aktualisierungen gibt.

Sind Sie denn mit den digitalen Lexika zufrieden?

In der *Britannica* finde ich schon eine ganze Menge.

Die ist weitgehend multimediafrei und verzichtet auch auf Zusatzartikel aus dem Tagesjournalismus.

Auf diese ganzen Entertainment-Elemente und auf subjektive Übersichtsartikel verzichte ich gerne. Wenn ich ein Lexikon aufschlage oder eine CD-ROM anklicke, will ich etwas wissen und keinen multimedialen Schnickschnack und auch keine ausführlichen Meinungen vorgesetzt bekommen. Wenn die Hersteller denken, dass die Leute nur mit Spielerei und für Spielerei zu gewinnen seien, liegen sie ja vielleicht nicht ganz falsch. Dann gehöre ich aber jedenfalls nicht zu ihrer Zielgruppe.

Was halten Sie von den Rechtschreibprogrammen bei Microsoft Word?

Sie meinen die Korrekturprogramme? Die habe ich abgeschaltet. Alles was mit diesem Typ Thesaurus zusammenhängt, halte ich für absoluten Blödsinn. In keinem Programm würde ich mir den zumuten wollen. Einiges aus den linguistischen Funktionen brauche ich aber doch, zum Beispiel das Trennprogramm. Das ist eigentlich ganz ordentlich. Nur leider diktiert es manchmal Trennungen, die ich nicht will – zum Beispiel abgetrennte Einzelbuchstaben, wie in ›E-sel‹. Man kann sich auf die Automatik also nicht verlassen. Man muss sie manchmal sogar ganz abschalten. Zwei Jahre lang habe ich unter anderem darüber mit Leuten aus den Sprachabteilungen von Microsoft korrespondiert, ohne Erfolg.

USA oder Deutschland?

Die deutsche Sprache wird in Amerika bearbeitet, nicht in Irland wie die anderen europäischen Sprachfassungen. Es ist eine so genannte Pilotsprache, wie auch Japanisch. Das verdankt sie weniger dem relativ hohen Marktanteil als dem Umstand, dass auf Deutsch alles 20 bis 30 Prozent länger wird als auf Englisch.

Wird unsere Kultur davon geprägt, mit unfertigen Materialien zu operieren?

Es handelt sich um Software. Software ist sehr viel veränderbarer als Hardware – eigentlich das englische Wort für Eisenwaren. Die Software, die heute eingesetzt wird, ist derart komplex, dass sie überhaupt nicht ohne Fehler sein kann. Niemand kann vorhersehen, auch die entsprechenden maschinellen Prozesse nicht, wie eine bestimmte Funktion in einem sehr komplexen System auf Veränderungen reagiert. Also werden immer wieder Fehler auftreten, die erst mit der Zeit erkennbar sind. Erst dann werden sie repariert, wobei wieder neue auftreten, und so weiter.

Welche Auswirkungen hat der Computer-Alltag auf unsere Sprache für die Zukunft? Sie stehen ja im Ruf, ein deutscher Purist zu sein.

Ich weiß. Dabei bin ich das gar nicht. Ich nehme allerdings wahr, dass die Sprache sich im Kontakt mit anderen Sprachen, besonders unter dem Einfluss des Englischen, bereits stark verändert hat. Das beschränkt sich nicht nur auf bestimmte Sachbereiche und wird auch nicht verklingen, wenn die Moden vergangen sind. Deutsch verändert sich unter dem Einfluss des Englischen. Leute, die heute dieses neue Deutsch lernen, werden Mühe haben, deutsche Texte aus früheren Zeiten auch nur zu verstehen. Das wird für sie wie eine Fremdsprache sein.

Hat es denn einen Sinn, alles zu verdeutschen?

Neben der offensichtlichen Anglisierung des Deutschen gibt es eine schleichende stille Anglisierung dahin, dass deutsche Wörter ihren Sinn verschieben oder Idiome erfunden werden, die es so im Deutschen nicht gab. Wörter wie »Realisierung« oder »kontrollieren«, »installieren«. Oder Sie sagen »einmal mehr« anstatt »noch einmal«. Das geschieht nicht nur mit einer gewissen Notwendigkeit, es ist auch ein Modephänomen. Denn mit dem Englischen kann jeder ein bisschen mehr Eindruck machen, vor allem im ganzen PR-Bereich. Viele Leute, die dann irgendwas sagen, sagen es nur, weil es neu ist und weil es dafür noch kein deutsches Wort gibt. Wenn es irgendwo in Deutschland eine Stelle gäbe, die dann, wenn irgendwas Neues auftaucht, außerordentlich schnell Vorschläge machen würde, wie der Begriff im Deutschen bezeichnet werden könnte, dann wäre wohl auch eine gewisse Bereitschaft vorhanden, davon Gebrauch zu machen. In Frankreich hat es ja geklappt, warum sollte das in Deutschland nicht klappen?

Ich komme nicht so ganz dahinter, ob Sie jetzt dafür oder dagegen sind, dass wir hier französische Verhältnisse bekommen.

Ich wäre dafür, dass sich wie in Frankreich mehr in der Landessprache ausdrücken ließe. Aber der französische Weg dahin, also eine Gesetzesvorschrift, den halte ich hierzulande nicht für gangbar. Würden wir so etwas nach Deutschland importieren, würde es schrecklich werden. Ich muss mir nur vorstellen, wie dann irgendwelche Superbehörden oder behördenähnliche Gremien, austariert besetzt mit den so genannten gesellschaftlichen Kräften, in endlosen Diskussionsforen und mit unsagbarer Langsamkeit unmögliche Vorschläge erarbeiten. Und wie jeder den Nachbarn anzeigen könnte, weil der ein uneingedeutschtes Fremdwort auf ein Schild geschrieben hat. Grässlich.

Suchen ja, aber finden?

Das Wissen im Internet ist es nicht verlässlich. Denn erstens wird der Wahrheitsgehalt dieser Inhalte nicht verbrieft, und zweitens ist es sehr unzulänglich. Wer einen Suchbegriff eingibt, erhält unter Umständen an fünf verschiedenen Tagen fünf durchaus unterschiedliche Funde. *FAZ*-Autor Fritz Jörn schätzt, dass das Netz »etwa fünfhundertmal größer als alles Durchforschte« ist. »Es gibt riesige Inseln nach außen nicht verlinkter Dateien, es gibt Formate, die dem HTML-Standard nicht entsprechen und von Suchmaschinen nicht oder ungern gelesen werden, von Word-Dokumenten bis zu PDF-Dateien (…), Tabellen und Folienvorträge, Gedcom-Stammbäume, vor allem aber Bilder, Filme, Musik, die sich nur schwer elektronisch katalogisieren lassen.«

Im privaten Bereich mögen diese Mängel unproblematisch sein, soweit sie einem bewusst sind. Aber in bestimmten wissenschaftlichen Berufen wird eben auch Genauigkeit und Präzision geschätzt.

Jens Reich: Wie ich mein Wissen finde

»Die heutige Zeit erzeugt eine große Geschwindigkeit und verlangt eine entsprechende Flexibilität. Auch die geistige Arbeit wird ungeheuer facettenreich, vielschichtig dabei und dekonzentrierter.

Ich könnte es auch oberflächlich nennen. Dekonzentrierter in dem Sinne, dass nicht alles auf einen Punkt zu finden ist, sondern hin- und herspringt. Das sehe ich ja schon in der Benutzung von Bibliotheken. Altmodisch gehe ich an den Stichwortkatalog und suche dann sorgfältig alles raus. Ich lese alle Bücher durch und finde alles, was ich brauche.

Im Internet ist das anders. Hier surft man, und was man kriegt, das kriegt man, und wenn man in einem Blödsinn landet, dann schaltet man eben wieder ab. In dieser Informationsmeile kann man ja nichts erzwingen. Wenn man nicht das richtige Stichwort weiß, dann ist eben nichts zu machen, dann findet man nichts. Wenn ich Namen kenne, besitze ich ja noch eine Chance mit einer Suchmaschine. Aber wenn ich einen komplizierten Zusammenhang suche und nicht gleich hunderttausend Hits haben will, muss ich mir erst einmal überlegen, wie der abrufbar sein könnte. Das sind dann plötzlich linguistische Probleme. Das ist eine andere Welt. Mal hier, mal dort was zusammenbringen und dann so kreativ werden, dass man überraschende Effekte erzielt und aufeinander wirken lässt. Da sind die Jüngeren eben voll trainiert, voll dabei, und die Älteren machen es widerwillig, wenn überhaupt. Es steht eben quer zu dem, was wir über Jahrzehnte eingeübt haben.«

Dummheit, die von innen kommt

Woher aber soll denn das Wissen im Internet auch kommen?

Nirgends erhalten so viele schlecht gebildete und schlecht ausgebildete Menschen einen Job wie in der Multimediabranche. Sie ist der riesengroße Schwamm, der hauptsächlich Quereinsteiger aufsaugt. Das hat seinen guten Grund. Im Allgemeinen glänzen im Multimediageschäft höchstens ein bis zwei Koryphäen: Der Supergeschäftsmann und - mit Glück - der Superkreative. Der Rest darf auf keinen Fall etwas kosten. Meistens handelt es sich um Studenten oder Praktikanten, die nach zwölf Monaten einen Jahresvertrag bekommen - wenn sie klug genug sind, danach zu fragen.

In Lektoraten und unterschiedlichsten Redaktionen arbeiten hauptsächlich Studienabbrecher, die mal drei Semester Pädagogik, zwei Semester Kunstgeschichte, vier Semester Religionswissenschaft, Spanisch oder Indologie studiert haben. Sie denken dann tatsächlich, sie kämen aus dem Fach. Nur Betriebswirtschaftler studieren eben in aller Regel zu Ende.

»Diese neue Branche«, bestätigt Meibrit Ahrens, Ideenfrau der Agentur *Elephant 7,* »ist unglaublich schnell gewachsen. Hier kann wirklich einfach jeder Redakteur werden. Von der Kosmetik-Fachverkäuferin zur Online-Redakteurin in nur einer Woche.«

Schon nach zwei Tagen reden diese Mitarbeiter über *content,* als hätten sie ihr Leben lang noch nie etwas Anderes gemacht, haben dabei keine blasse Ahnung und werden ohne das geringste Gespür auf Persönlichkeiten losgelassen, weil die »eine Marke« sind.

»Als ich vor sechs Jahren anfing, Multimedia zu machen«, erzählt Ahrens, »hieß das Zauberwort ›Content‹. Es sprach wirklich jeder davon, nur machen konnte ihn keiner, weil niemand so genau wusste, wie das ging. Der vielbeschworene ›Content‹ kann nicht herbeigeredet werden. Inhalt kann nur in mühevoller Kleinarbeit von klugen und interessierten Autoren, Redakteuren oder Textern erarbeitet werden. Und genau da fängt das Problem an: Es mangelt an Geld und Zeit für die gründliche Bearbeitung, und die klugen Köpfe fehlen. Und so wird es kurz und bunt, laut und poppig, dünn und meist auch ziemlich doof. Content ist heute wahlweise ein Kochrezept, eine Homestory oder Fußballergebnisse, die jeder aus dem Fernsehen schon weiß. Wenn aus ›Inhalt‹ ›Content‹ wird und dieser ›Content‹ in ›Content Management Systemen‹ verwaltet wird, ist höchste Vorsicht geboten. Vorsicht vor Multimedia. Mehr Medien, weniger Inhalt.«

Mitunter führt das zur fatalen Selbstüberschätzung wie beim Schauspieler Klaus-Jürgen Wussow, der so lange die Rolle des Professor Brinkmann in der Schwarzwaldklinik verkörperte, dass er nun selbst glaubt, Operationen durchführen zu können.

Unkenntnis, zweifelhafte Bildung und mangelndes Gespür verfehlen in jedem Interview den passenden Ton. So antwortete mal ein Geschäftsführer eines Multimediaverlages auf die Frage, warum er eine CD-ROM über den Holocaust herausbringt: »Weil es ein total geiles Produkt ist.«

Diese Leute glauben nicht an ein Thema, sondern wollen »einen Markt besetzen«. Dabei ist es ihnen im Grunde vollkommen egal, ob sie eine Webseite für Kinder, Bockwurst oder über das Sexualleben der ostsibirischen Waldameise herstellen. Hauptsache, alles wird »echt total geil«. Diese Leute sagen *Rezessionsexemplar,* wenn sie *Rezensionsexemplar* meinen, suchen in der *Zeit* hektisch nach dem Sportteil, sprechen einen französischen Maler Henri Mätteisi (Matisse) aus oder halten Scharlach für einen jüdischen Feiertag. In dieser Branche kommt es eben nicht so genau drauf an, wenn Inhaltsanbieter nicht das kleinste bisschen Kultur mitbringen und sich um Kopf und Kragen reden.

Der Verkaufschef eines großen Entwicklers erklärte dem Chef eines großen Lexikonhauses: »Heute können wir das komplette Nachschlagewerk in ein paar Stunden in unsere Retrieval Engine reinschnurpeln, die Ergänzungen machen wir dann mit ein paar Studenten. Die Engine läuft so über die Texte drüber, und wenn sie ein Wort nicht kennt, kriegt der Student das vorgelegt. Zack!«

Der überraschte Verlagsleiter des Lexikonhauses hielt kurz inne: »Wir machen das ein bisschen anders. Wenn ein Wort mindestens fünfmal in einer überregionalen Tageszeitung oder in vergleichbaren Massenmedien vorgekommen ist, dann gelangt es in die Redaktionskonferenz, und erst wenn die zustimmt, ›schnurpeln‹ wir es hinein.«

»Tja«, meint Meibrit Ahrens, »wo es mehr auf schicke Oberflächen als auf Inhalte ankommt, kann noch so viel von Content geredet werden, da wird es hübsch, geistesleer und öde bleiben.«

Glücksfälle wie der Wiener Kreative Michael Perin Wogenburg kommen in der Branche nur selten vor. Vor knapp zwei Jahren lieferte er seine CD-ROM *Vienna Walk*. Darin laufen drei gefilmte Menschen durch Wien und betreten Hotels, Museen und Geschäfte. Der Anwender der CD-ROM bestimmt den Ablauf und kann immer tiefer ins Detail gehen. Ein Beispiel gibt der *Cultural Walk* mit der Afrikanerin Pauline. Der Anwender setzt sich zu ihr in den Mercedes, aus dem Kassettenrekorder tönen lässige Grooves, und sie rauschen die Wiener Ringstraße entlang, am Opernhaus vorbei, an Hofburg, Parlament und Rathaus. Unten am Bildschirm blenden kurze Texte ein, was im Augenblick zu sehen ist, sowie die dazugehörige Webadresse. Ein Klick – und man erfährt zum Beispiel, welche Stücke das Theater in Wien heute zeigt. Bald soll es über diese CD-ROM möglich sein, online eine Loge im Burgtheater zu reservieren. Oder möchte der digitale Besucher vielleicht lieber mit Pauline ins Museum für angewandte Kunst gehen? Dort kann er durch die Säle schlendern und Exponate näher betrachten. Zwischen den Vitrinen trifft Pauline dann einen Mann mit Hund, den Naturwissenschaftler Werner Schimanovich, dessen E-Mail-Adresse und Webseite natürlich eingeblendet werden. Schließlich soll der Wien-Besucher auch mit den Wienern ins Gespräch kommen. Kommunikation – ohne sie kein *Vienna Walk*. In einer neueren Fassung kann der Besucher Pauline verlassen und mit Schimanovich in seiner Bibliothek herumstöbern. Perins Idee war es, eine Stadt enzyklopädisch zu erschließen. Weitere Fassungen wird es nicht geben. Die meisten Verleger verstehen seine Ideen nicht. Darum lebt er heute auf Mauritius und engagiert sich für eine Software, die »Dog Shit« heißt. Innovation ist in der Multimediabranche nicht gefragt.

Software statt Wissen

Dass das Wissen im Internet auch auf der Seite der Nutzer tatsächlich eine maßgebliche Rolle spielt, scheint eine rein romantische Sicht der Dinge zu sein. Die Deutschen wollen Software, Bilder und Musik abgreifen. International steht Sex auf Platz 1 der in Suchmaschinen eingegebenen Suchbegriffe.

Top Ten der Suchbegriffe

Deutschland		International	
1.	Download	1.	Sex
2.	Bilder	2.	MP3
3.	MP3	3.	Hotmail
4.	Berlin	4.	Games
5.	SMS	5.	Cars
6.	Kostenlos	6.	Yahoo
7.	Chat	7.	Music
8.	Software	8.	Pokemon
9.	Kostenlose	9.	Warez
10.	Spiele	10.	Britney Spears

Quelle: Fireball/wordtracker.com – Stand 2001

TRAU SCHLAU WEM

Schön und klug

»Wir befinden uns am Strand von Malibu, Kalifornien«, schreibt Frédéric Beigbeder in seinem Roman *39,90*. »Herrliches Wetter. Zwei hinreißende Blondinen im roten Badeanzug laufen über den Sand. Sagt die eine: ›Die onomastische Exegese sieht sich dem Widerruf durch die Hermeneutik ausgesetzt.‹ Antwortet die andere: ›Man sollte sich jedoch hüten, in ontologische Paronomasie zu verfallen.‹ Auf dem Ozean brüllen sich währenddessen zwei braun gebrannte Surfer an: ›Weißt du, dass Nietzsche in *Ecce Homo* eine total hedonistische Eloge auf das Schwimmen verfasst hat?‹ Der andere, ziemlich wütend: ›Überhaupt nicht, er vertritt nur das Konzept der Großen Gesundheit als allegorischen Solipsismus!‹ Zurück zum Strand, wo die beiden Mädchen jetzt mathematische Gleichungen in den Sand malen. Dialog: ›Wenn man als Hypothese annimmt, dass die Kubikwurzel aus x in Funktion des unendlichen variiert …‹ ›Ja‹, sagte die andere, ›dann musst du das Ganze, das zur Asymptote strebt, nur noch gliedern.‹«

Worum geht es hier? Um eine von MENSA arrangierte *Baywatch*-Fassung für Hochbegabte? Nein, so reizvoll der Gedanke wäre. Beigbeder beschreibt eine Werbekampagne für Joghurt. Slogan: »MAIGRALETTE. Schlank macht schlau.«

Im Roman wird die Kampagne vom Hersteller mit den Worten »Wozu Humor?« abgeschmettert. In der Realität hat *Der Spiegel* ein ganz ähnliches Szenario tatsächlich umgesetzt. Wissen, so die klare Botschaft, ist eben ein kostbares Gut.

Der feine Unterschied zwischen Information und Wissen

Wissen ist *der* Trend. Die »Bibel des modernen Menschen« nennt es die für ihren nicht besonderen Tiefsinn bekannte

Frauenzeitschrift *Allegra* und versteigt sich sogar zu der Behauptung: »Wissen ist das neueste und angesagteste Statussymbol.« Das erklärt zumindest das Sonderheft. Titel: »Was muss ich wissen? (Und was kann nicht schaden).« Zehn Experten von Gabi Bauer über Beat Wyss, Dieter Gorny bis zu Michael Steinbrecher und Sigrid Löffler stellen 250 Fragen zu Politik, Internet, Sport, Literatur, Musik, Kino, Kunst, Sex, Wissenschaft, Kunst und Mode. Im *Allegra*-Sonderheft wird der Unterschied zwischen Wissen und Information am Schönsten deutlich. Was würden wir antworten, wenn auf einer Party mitten in einem Gespräch über die Obsessionen Fellinis die Gastgeberin unvermittelt den Satz ausstieße: »Katherine Hepburn hat bisher als Frau die meisten Oscars gewonnen.« Vermutlich einen Augenblick verlegen auf den perlenden Champagner im eigenen Glas schauen und dann aus Höflichkeit nachfragen: »Das ist ja höchst interessant. Wie viele denn?« – »Äh, äh.«

Erwischt. Eine *Allegra*-Leserin …

Im folgenden ein kleiner Auszug aus dem Allegra-Halbwissentest:

KINO

Frage: Welche Schauspielerin hat die meisten Oscars gewonnen?

Antwort: Katharine Hepburn.

(Richtig, aber wie viele?)

MUSIK

Frage: Wie heißt Michael Jacksons Rekordalbum?

Antwort: Thriller.

(Klasse, aber wie hoch ist die Rekordzahl?)

SPORT

Frage: Wer sammelte bisher die meisten olympischen Goldmedaillen für Deutschland ein?

Antwort: Birgit Fischer. Kanusport.

(Immerhin wissen wir wofür. Aber wie viele denn nun?)

SEX

Frage: Wie lautet der Name der umstrittenen Abtreibungspille?

Antwort: Mifegyne.

(Schon, aber wieso ist sie umstritten?)

MODE

Frage: In welchen Städten finden die wichtigsten Modenschauen statt?

Antwort: Paris, Mailand, London, New York

(Sehr schön, aber wer zeigt wo?)

Wissen macht reich

Am aktuellen Wissensboom ist auch Günther Jauch mit seiner Olympiade für Halbwissen nicht ganz unschuldig. Denn der Gewinner geht mit einer Million Mark nach Hause. Das kommt, zugegeben, sehr selten vor. Aber für 16 000 Mark, 32 000 Mark oder gar 125 000 Mark sind die meisten Kandidaten bereit, ihr Wissen und ihre Wissenslücken der Nation vorzuführen. Wer nichts weiß, wird eben Quizkandidat. Buchhändlerinnen, Hausfrauen, Physiker und Verkehrspolizisten versuchen ihr Glück. Menschen eben, die bis zum eigenen Auftritt als Zuschauer zu Hause eigentlich meistens alles wussten.

Im Fernsehen war das Quiz schon immer ein sehr beliebtes Format. Die entsprechenden Sendungen wurden vor der Einführung der Privatsender zu Dauerbrennern. Unvergessen bleibt da der steife Robert Lembke mit der riesigen Brille und seiner berühmten Schweinchenfrage. Mehr als fünfzig Mark im Sparschwein konnte da allerdings keiner gewinnen. Gelassen führte Helmut Lange mit seiner tiefen Stimme durch das cineastische Ratespiel *Kennen Sie Kino*, und Hans Rosenthal versprühte in *Dalli, dalli* einfach nur gute Laune. In *Der große Preis* glichen Loriots Zeichentrickfiguren Wum und Wendelin den tumben Charme eines Wim Thoelke und seiner noch drögeren Kandidaten aus, die sich alle auf ihr Spezialthema akribisch vorbereitet hatten, um dann in der runden Ratekuppel mit Kopfhörer zu verschwinden. Auch wer beim *Großen Preis* mitmachte, räumte für heutige Verhältnisse bescheidene Beträge ab. Erst mit *Glücksrad* auf SAT.1 und anderen Sendungen, bei denen zum Beispiel der richtige Briefumschlag gezogen werden muss, bekamen auch komplette Analphabeten auf beiden Seiten der Fernsehbühne eine Chance. Weil die Macht des Wortes keinen Blick wert ist, wurden eben langbeinige Blondinen zum Umdrehen von Buchstabentafeln verdonnert.

Es folgten dann noch zahlreiche Ratespiele mit den ganz alten Hasen des Fernsehens. Dieter Thomas Heck boxte sich wacker durch die *Pyramide,* und Frank Elstner plagte sich mit *Jeopardy*. Beides Formate, die nicht annähernd an den Erfolg von *Wer wird Millionär?* herankommen.

Und was tun Günther Jauchs Mitspieler nicht alles, um zu gewinnen. Ein Kandidat wollte dabei ein ganzes Lexikon auswendig gelernt haben, eine andere knöpfte sich akribisch *Trivial Pursuit* vor – genutzt hat es Beiden nichts.

Natürlich ist die Frage gerechtfertigt, was es denn bitteschön noch mit Wissen zu tun hat, wenn ein Kandidat sämtliche Joker allzu rasch verbrät und sich dann für einen Begriff entscheidet, »weil ich mein', das schon mal irgendwo gehört zu haben, und die anderen Begriffe sagen mir im Augenblick gar nichts«.

Die souveräne Moderation von Günther Jauch trug dann immerhin dazu bei, dass ihn die meisten *Bild*-Leser nun für den klügsten Deutschen halten.

Jauch selbst bietet noch die Promivariante, bei der dann der Kandidat gar nichts mehr wissen muss, sondern nur bestimmt, welcher Promi möglicherweise was wissen könnte. Auf allen Sendern schießen Quizsendungen mit leichten Varianten aus dem Boden und besetzen das Nachmittags- und Abendprogramm. Einzig auffallende Bedingung: Die Mitspieler sind offensichtlich weitaus dümmer als bei Jauch. Das spart Geld.

Die Information bin ich

Niemandem schwant, wie der Manager der Beatles Brian Epstein wohl mit Nachnamen hieß, warum der Golfer Tiger Woods nichts mit *Desert Storm* zu tun hat, und was eigentlich genau den Unterschied zwischen Karasek und Karadzic ausmacht. Stattdessen fahren sich die Kandidaten munter durch die Haare, nehmen mit ihren Händen verschiedenste Gebetsstellungen ein, knabbern an Halsketten oder rutschen nervös auf dem Stuhl herum.

Was bringt bloß Menschen, die nichts wissen, dazu, in solchen Sendungen aufzutreten?

Geld und Eitelkeit.
Jeder ist ein Star.
Jeder will ins Fernsehen.
Jeder kann ins Fernsehen.
Und jeder kommt ins Fernsehen.

Die täglichen Talkshows beweisen es. Für ein paar Mark und drei Minuten Ruhm scheinen sie bereit, öffentlich über ihre Befindlichkeiten Auskunft zu geben. Ihre Geschichten sind immer traurig, immer voller Klischees und immer die gleichen: Ich bin arbeitslos, ich bin faul, ich bin treu, ich gehe fremd, ich war immer treu und ging einmal fremd, ich habe uneheliche Kinder, meine unehelichen Kinder hassen mich, ich kümmerte mich nie um meine Kinder, ich kümmerte mich zuviel um meine Kinder, ich habe schon mal meine Frau geschlagen, ich gab meinem Chef eins auf die Nase und bin deswegen heute arbeitslos, aber nicht faul, dafür treu und ohne eheliche Kinder, aber ja, ich habe schon mal kleine Kätzchen ertränkt, was ist schon dabei?

Menschen kommen ins Fernsehen, um darüber zu reden, warum sie miteinander nicht mehr reden, und sagen dann nichts und hören nicht zu. In den Studios halten sich überwiegend junge Leute auf oder direkt Beteiligte, die sich zu Wort melden: »Ich kenne den Johnny schon zwölf Jahre, er ist ein echter Säufer und eine faule Sau.« Johlen. Bei manchen Sendungen gibt es vor der Aufzeichnung warmen Sekt, um Hemmungen abzubauen. Dann erwidert Johnny etwas, wobei sich herausstellt, dass Johnny eigentlich Orkan heißt.

Fernsehen klärt alles

Möglicherweise macht das Fernsehen schon bald alle Psychologen, Psychiater, Pädagogen und Berater überflüssig. *Sonja, Andreas Türck, Vera am Mittag, Bärbel Schäfer* und *Arabella Kiesbauer* halten sich für sensible Mediatoren, die Konflikte lösen können.

Und Jürgen Fliege greift mal flugs die Rentner ab und wiederholt, um das Gespräch in Gang zu halten, einfach ihren letzten Satz: »Ich wiederhole mal Ihren letzten Satz«, sagt er dazu und wiederholt ihn.

Auch Richter werden seit *Ehen vor Gericht* in diesem Medium wieder zunehmend aktiver. Klagen im Fernsehen? Ein Fall für die bodenständige Richterin *Barbara Salesch*. Welcher Vermieter peinigt seine Mieter, welcher Mieter peinigt welchen Vermieter, und welcher Mieter macht anderen Mietern das Leben zur Hölle.

Und auf den geschminkten Gesichtern von Kläger und Beklagter steht immer wieder stolz in großen Lettern geschrieben: *Ich bin im Fernsehen.*

Der Radio-Moderator Tommy Wosch vom Sender Fritz versuchte mal für SAT.1 den Schlichter zwischen verfeindeten Nachbarn zu spielen, aber das war nur ein Tableau, um die Beteiligten in ihrer kleinlichen Lächerlichkeit vorzuführen.

Neben der Lust an der Selbstdarstellung wird auch immer mehr der Voyeurismus des Zuschauers bedient. Vorläufiger Höhepunkt: *Big Brother*. Daraus macht das Fernsehen Stars. Die *No Angels* wurden aus 5 000 Mädchen ausgewählt, die unbedingt im Rampenlicht stehen mochten. 2,3 Millionen Menschen sahen auf RTL 2 zu, wie 31 Mädels auf fünf Frauen zusammenschrumpften. Der Rest ist Geschichte: Der eigentlich amerikanische Song *Daylight In Your Eyes* schoss an die Spitze der Hitparaden. Der Song ist mittelmäßig, suggeriert aber den Zuschauern, selbst jederzeit ein Star werden zu können. Alle sind glücklich: der Zuschauer, der Sender, die Plattenfirma und die *No Angels,* die vermutlich vor Termindruck noch keine Gelegenheit hatten, in ihre Knebelverträge einen näheren Blick hineinzuwerfen.

Was Moderatoren wissen

Wissen und Information am Bildschirm erreichen heute ohnehin nicht mehr die Zuschauer, weil sich ihr Rezeptionsverhalten geändert hat. »Wir stellen keinen Handlungsbezug mehr her zwischen der Information im Fernsehen und dem, was wir selbst tun«, erklärt der Medienphilosoph Mike Sandbothe. »Wir sehen heute Kriege und Erdbeben im Fernsehen, essen dabei schön gemütlich zu Abend und fühlen uns wohl. Wir nehmen Informationen nicht mehr als Handlungsaufforderung wahr. Wir fragen nicht mehr, was passiert und wie wir helfen können. Wir werden nicht wach. Meine Grunddiagnose lautet, dass sich das Fernsehen vor allem im klassischen Informationsbereich der Nachrichten und Dokumentations- und Kultursendungen dem Primat des Amüsements verschrieben hat. Dass sich also auch informative Sendungen nur noch auf Grund der gezüchteten Rezeptionsgewohnheiten verkaufen, wenn sie im Modus der Unterhaltung gesendet werden. *Sabine Christiansen,* finde ich, ist ein ganz klarer Fall davon. Sie beherrscht die spezifische Kunst, die Inhalte immer wieder im Modus der Inhaltslosigkeit zu präsentieren. Inhalte, die pragmatisch auf Handlung zielen, müssen permanent wieder neutralisiert werden. Sabine Christiansen ist dazu prädestiniert, weil sie ja unübersehbar keinen intellektuellen Zugriff auf die Themen hat, die da besprochen werden. Sie ist die Inkarnation der modernen Moderatorin.«

Fernsehen ist die schnellste Form des Aufstiegs – Ein Gespräch mit Ulrich Norsch

Ulrich Norsch ist freier Fernsehjournalist bei der ARD

Kann Fernsehen noch bilden? Konnte es das überhaupt?

Norsch: Fernsehen hat nie ausführlich gebildet. Es war immer ein Ergänzungsmedium zu Zeitungen, Büchern, Zeitschriften und ist heute natürlich kein Bildungsmedium mehr. Selbst Arte, diese letzte Insel der Kultur, ist vielleicht Fernsehen für Gebildete, aber bildet nicht selbst, sondern unterhält intelligent. Neben dem Schulfernsehen gibt es sogar den seltenen Fall, dass ich plötzlich in einer Sendung informiert werde. Das war früher anders. Früher mag das Fernsehen noch gebildet haben und wurde auch als Erziehungsinstrument der Bevölkerung eingesetzt. Wenn wir Bildung auch als Erziehung und Disziplinierungsmaßnahme sehen, dann ist es doch ganz beachtlich, dass jeden Abend fünf Millionen Menschen die *Tagesschau* ansehen. Dadurch gibt das Fernsehen auch einen gewissen Lebensrhythmus vor.

Wie war denn Ihre Fernseh-Kinderzeit?

An meine Fernsehzeit als Kind habe ich eigentlich eine sehr positive Erinnerung. Als ich ein Kind war, hatte Fernsehen noch eine ganz andere Bedeutung. Da gab es wirklich noch Informationen über fremde Länder und fremde Welten. Politische Entwicklungen habe ich natürlich auch über das Fernsehen wahrgenommen, das für mich eine aufklärerische Funktion hatte. Davon ist heute nichts mehr übrig geblieben. Höchstens in Nischen.

Und heute? Was ist mit den Kindern von heute?

Meine Tochter ist sechs Jahre alt. Sie schaut nur *Die Sendung mit der Maus*. Sonst nichts. Wir betätigen den Fernseher erst dann, wenn sie schläft. So bleibt ihr der ganze Trash erspart. Kinder sollten sehr dosiert fernsehen, und Fernsehen sollte kein Ersatz sein. Es gibt tausend Dinge, die Kinder tun können und besser sind, als vor der Glotze zu hocken. Eltern nutzen die Kiste als Babysitter, weil sie keinen Nerv haben, sich mit ihren Kindern intensiv zu beschäftigen. Es ist zu anstrengend, es kostet sie zuviel Zeit und Energie.

Sie arbeiten doch fürs Fernsehen. Ist das nicht irgendwie eine Doppelmoral?

Nein. Stellen Sie sich vor, Sie sind Bäcker, haben auch den Beruf gelernt und haben immer ordentliche Brötchen gebacken. Und dann wird ihre Bäckerei aufgekauft, und sie wird ein Teil einer großen Kette. Nur weil sie dann für eine Kette arbeitet, muss das Brot ja nicht schlechter sein. Wirklichkeit und gesellschaftliche Verhältnisse haben sich geändert. Fernsehen ist heute Staatsfernsehen und Wirtschaftsfernsehen. Ob das jetzt privat oder öffentlich-rechtlich ist, nimmt sich nichts. Aber im Wesentlichen dient es dem Fernsehen dazu, Waren, Politik oder sich selbst zu verkaufen.

Warum wollen Menschen unbedingt im Fernsehen auftreten?

Das ist eigentlich eine sehr verständliche Neigung, weil alle Menschen eitel sind. An sich ist jeder eitel. Und es gibt kein anderes Medium, in dem wir uns in so kurzer Zeit bei so vielen Menschen bekannt machen können. Diese Bekanntheit wird dann mit Prominenz oder Berühmtheit gleichgesetzt, hat immer positive Folgen. Wer dort bekannt wird, bekommt Anerkennung, verdient manchmal auch viel Geld. In jedem Fall ist diese Person aufgestiegen. Fernsehen ist die schnellste Form des Aufstiegs. Mit relativ geringem Aufwand, wie wir es nicht nur bei Zlatko in *Big Brother* gesehen haben, sondern auch bei Jürgen aus der ersten Staffel. Jürgen macht heute in Köln bei C&A eine Präsentation. Bekannt wurde er mit nichts, nur qua Medium. Dass dies die Leute reizt, ist verständlich.

Wie ist das bei offiziellen Fernsehgästen im Morgenprogramm?

Das ist eine komplett andere Klientel. Die kommen ja

in eine Informationssendung, wo es darum geht, für die zu transportierenden Inhalte jemanden zu finden, der das am Besten kann. Wer immer dort auftritt, kann zwar auch berühmt werden, aber das ist ungleich anstrengender. Er muss sich präsentieren, einen Inhalt anbieten und etwas vermitteln und Zusammenhänge erklären können. Ansonsten sind die Leute also entweder nur Selbstdarsteller, das geht hin bis zur Sendung von Sabine Christiansen, wo nur noch Leute sitzen, die im Grunde nichts Neues mehr sagen. Der Zuschauer holt nur noch ab. Und er weiß schon vorher, was abgeholt werden kann. Aber das ist auch in Ordnung. Diese Gäste haben etwas geleistet, die sind zum Beispiel lange Bundestagsabgeordnete gewesen oder irgendwas. Mussten zwanzig Jahre irgendeiner Sache nachgehen. Die Leute aber, die aus dem Nichts kommen, werden verschwinden. So wie jetzt *Big Diet* verschwinden wird, so wird sich in zwei, drei Jahren niemand an diese Form von Fernsehen erinnern wollen. Das wird einfach verschwinden.

Was bleibt dann? Oder was kommt?

Alle Quizshows werden sterben, Reality TV auch weitgehend. Günther Jauch bleibt. Der ist sowieso ein Einzelphänomen.

77 Prozent geben an, gezielt fern zu sehen.

Wenn Leute befragt werden, was ihre Hobbys sind, dann antworten sie: Lesen, Musik hören, Joggen, Sport treiben, wandern. Sie werden heute das Wort Fernsehen in den Hobbys nicht mehr finden. Komischerweise kennen aber alle sämtliche Sendungen und ihre Darsteller. Ständig wird das Fernsehen öffentlich abgewertet, aber kräftig konsumiert. Das ist Selbstbetrug.

Ohne mich

Kinder verspüren dabei kein großes Bedürfnis, auch selbst aufzutreten. Selbstdarstellung außerhalb des Chat, also in einem Medium, das von allen gesehen werden kann, liegt ihnen fern – von den Horden kleiner Kinder mal abgesehen, die von ihren ehrgeizigen Eltern zur Kindertravestieshow *Miniplayback-Show* geschleppt werden.

So würden nach einer EARSandEYES-Umfrage fast zwei Drittel nicht bei *Big Brother* mitmachen.

Je älter die Kinder, desto weniger wollen sie.

Big Brother I

Würdest du bei Big Brother mitmachen?

Antwort	Total	12-13 Jahre	14-15 Jahre	16-17 Jahre
Nein	66%	55%	52%	73%
Ja	34%	45%	38%	27%

Eine **EARSandEYES**-Befragung von 500 Kindern und Jugendlichen zwischen 12 und 17 Jahren. Stand: Frühjahr 2001

Für über die Hälfte geht der Schutz ihrer Privatsphäre vor. Sie wollen sich weder beobachten lassen, noch ausziehen. 43 Prozent lehnen eine Teilnahme grundsätzlich ab. Die Sendung ist ihnen zu schwachsinnig oder einfach nur zu doof. Nur zwei Prozent befürchten, hinterher singen zu müssen. Ein Drittel glaubt, der Teilnahme daran persönlich nicht gewachsen zu sein. Das kann ihnen niemand verdenken, schließlich entfernt sich diese Show ganz weit von ihren Bedürfnissen nach Nähe und Liebe.

Big Brother II

Warum würdest du bei *Big Brother* nicht mitmachen?

Antwort	Total	12-13 Jahre	14-15 Jahre	16-17 Jahre
kein Schutz	54 %	53 %	54 %	54 %
kein Schutz der Privatsphäre	21 %	9 %	19 %	26 %

Big Brother II

Man wird die ganze Zeit beobachtet/ zu viele Kameras	19 %	31 %	21 %	13 %
Man wird der Nation zur Schau gestellt	13 %	9 %	13 %	13 %
Ausziehen vor der Kamera/zu pervers	5 %	7 %	5 %	4 %
zu wenig Intimsphäre	4 %	-	3 %	5 %
Meine Persönlichkeit wäre mir dafür zu schade	2 %	-	3 %	2 %
Das geht gegen die Menschenwürde	2 %	2 %	1 %	2 %
grundsätzliche Ablehnung	43 %	33 %	43 %	46 %
BB ist Schwachsinn, ist mir zu blöd	15 %	16 %	16 %	15 %
niveaulos/zu primitiv	8 %	4 %	6 %	11 %
Ich mag BB insgesamt nicht	8 %	7 %	8 %	9 %
zu kommerziell	5 %	2 %	6 %	6 %
keine Lust/ist nicht mein Ding	5 %	4 %	6 %	5 %
Die Sendung zeigt immer das Gleiche/auf Dauer zu langweilig	4 %	-	6 %	4 %
zu peinlich	2 %	2 %	1 %	2 %
zu unseriös/kindisch	1 %	-	1 %	1 %
geschmacklos	1 %	-	1 %	1 %
uninteressant	1 %	-	1 %	1 %
eigene Persönlichkeit nicht geeignet	28 %	20 %	30 %	27 %
Man ist eingesperrt/ wegen der Enge	10 %	7 %	12 %	9 %
Ich mag die Bewohner bei BB nicht/würde mit den Bewohnern nicht klarkommen	6 %	2 %	6 %	7 %
Ich brauche meine Freiheit, Freizeit, Abwechslung	5 %	4 %	4 %	7 %
Zeitaufwand/dauert zu lange	3 %	2 %	4 %	2 %

Big Brother II

Der Medienrummel würde mich stören	3 %	2 %	3 %	3 %
Trennung von der Familie und Freunden	3 %	-	3 %	2 %
wegen meines Charakters/schüchtern	2 %	2 %	1 %	2 %
Man muss danach singen	2 %	2 %	2 %	1 %
Ich brauche Musik	1 %	-	-	1 %
sonstige Nennungen	2 %	9 %	1 %	2 %
keine Angaben	1 %	1 %	2 %	1 %

Eine **EARSandEYES**-Befragung von 358 Kindern und Jugendlichen zwischen 12 und 17 Jahren. Stand: Frühjahr 2001

70 Prozent der Kinder zwischen 12 und 13 Jahren geben Spaß als Hauptgrund ihrer möglichen Teilnahme an. Nur zehn Prozent finden *Big Brother* toll, 37 Prozent glauben, dass ihr Auftritt eine wertvolle Erfahrung darstellen würde. Nur 29 Prozent geht es ums Geld und nur 28 Prozent um Ruhm. Kluge Marktforscher würden daraus die schlaue Nachricht basteln: 57 Prozent der Kinder ginge es nur um Geld und Ruhm.

Big Brother III

Warum würdest du bei *Big Brother* mitmachen?

Antworten	Total	12-13 Jahre	14-15 Jahre	16-17 Jahre
Spaß	63 %	70 %	63 %	60 %
allgemein Spaß	20 %	32 %	17 %	18 %
Leute kennenlernen/ Freunde finden	19 %	22 %	23 %	11 %
weil Big Brother einfach toll ist	10 %	14 %	9 %	10 %
mal was Neues/Anderes	9 %	8 %	10 %	8 %
just for fun. Um zu sehen, was passiert	6 %	5 %	7 %	6 %
aus Abenteuerlust	4 %	-	5 %	6 %
keine Arbeit/Schule	3 %	-	3 %	3 %

Big Brother III

weg von zu Hause	3 %	-	3 %	3 %
um es anders zu machen, als die Leute aus den vorangegangenen Staffeln	1 %	-	1 %	-
einen Traum erfüllen	1 %	-	1 %	-
einen Partner finden	1 %	-	1 %	-
Erfahrung	37 %	24 %	43 %	37 %
allgemeine Erfahrung	11 %	5 %	13 %	11 %
eigene Grenzen austesten/sich selbst besser kennen lernen	9 %	5 %	11 %	8 %
so lange mit fremden Leuten zusammen leben	9 %	-	11 %	11 %
sehen, wie es ist, ständig beobachtet zu werden	5 %	3 %	8 %	3 %
Konfrontation mit kritischen Situationen/ Herausforderung	5 %	5 %	5 %	6 %
um zu sehen, wie man bei den Zuschauern ankommt	3 %	3 %	3 %	2 %
eine Erfahrung fürs Leben	2 %	3 %	1 %	3 %
Geld	29 %	38 %	26 %	29 %
allgemein Geld	29 %	38 %	26 %	29 %
Ruhm	28 %	24 %	28 %	31 %
allgemein Ruhm	12 %	11 %	13 %	13 %
um ins Fernsehen zu kommen und berühmt zu werden	10 %	14 %	8 %	10 %
im Mittelpunkt der Öffentlichkeit stehen	8 %	5 %	11 %	5 %
um Karriere zu machen	5 %	5 %	3 %	6 %
sonstige Nennungen	6 %	5 %	6 %	6 %
keine Angabe/ weiß nicht	1 %	-	1 %	2 %

Eine **EARSandEYES**-Befragung von 187 Kindern und Jugendlichen zwischen 12 und 17 Jahren. Stand: Frühjahr 2001

INTERNET VERSUS MEDIA

Fernsehen, das Medium Nummer 1

Der Leipziger Medienpädagoge und Wissenschaftler Bernd Schorb stellte bei einer Tagung des ZDF eine Studie vor. Danach gaben nur neun Prozent der befragten Kinder den Computer als ihr bevorzugtes Medium an. Für über 37 Prozent steht das Fernsehen auf Platz eins. Das Magazin *Focus* hielt die bevorzugten Sendungen fest.

TV-Hits der Kids 2001

Kinder von drei bis 13 Jahren

Flubber	1,24 Millionen
Wetten, das ...?	1,23 Millionen
Anastasia	0,97 Millionen
Wer wird Millionär?	0,91 Millionen
Der rosarote Panther	0,89 Millionen
Goofy & Max	0,87 Millionen
Popeye	0,86 Millionen
Käpt'n Balu	0,86 Millionen
Gute Zeiten, schlechte Zeiten	0,77 Millionen

Quelle: media control

Haben die Kinder einen schlechten Geschmack oder laufen genau diese Sendungen eben, wenn sie noch wach sind ...?

Wie viel Fernsehen verträgt der Mensch?

Das Fernsehen spielt als Medienvermittler vermutlich die wichtigste Rolle. US-Amerikaner schauen im Durchschnitt täglich über vier Stunden fern, die Deutschen nur über drei Stunden.

Fernsehen weltweit

Wie viele Minuten pro Tag Menschen weltweit 1999 fern sahen

USA	259
Großbritannien	232
Italien	229
Griechenland	227
Spanien	220
Japan	215
Polen	214
Frankreich	199
Deutschland	198
Tschechien	197

Quelle: Television 2000

Die ARD fand heraus, dass die Deutschen täglich 8,5 Stunden mit Mediumkonsum verbringen. Auf Platz 1 Radio, auf Platz 2 Fernsehen. Dennoch sind die Tage des Fernsehens als Wissensvermittler vorbei. Zu viele andere Quellen haben sich inzwischen aufgetan. Dabei spielt das Internet als Konkurrenz noch keine so große Rolle wie die klassischen Medien, zum Beispiel Bücher. Das treibt den Amüsierzwang des Fernsehens eifrig voran. Dennoch nehmen wir pausenlos über das Fernsehen Informationen auf. Die meisten nutzlos. Wettervorhersage, Werbung und Klatsch.

Kaum zu fassen: Wenn Gerard Depardieu weiter so frisst, wird ihn seine Frau verlassen.

Nicht zu glauben: *Big Brother* Alex schläft mit einem Model in einer Schiffskabine.

Nicht auszudenken: Jenny Elvers sucht ihren Hund aus Lauterbach-Zeiten (Schlimmer Verdacht: Hat Heiner ihn einschläfern lassen?)

Und über all dem liegt das verkrampfte Lächeln Nina Ruges.

Früher saugten die Fernsehgenerationskinder begierig Informationen nur über das Fernsehen auf. Wir schnarchten bei Telekolleg, folgten aber fasziniert jeder Tiersendung, merkten uns die Quizantworten, wurden bei *Zugeschaut mitgebaut* von der Lust am Sägen und Leimen ergriffen und erfassten wichtige Dinge notfalls aus Spielfilmdialogen (»Arsen?« »Ja, das tödliche Gift.«).

Gute Wissenssendungen gibt es heute trotz der vielen Sender eigentlich nicht mehr. Aus Kostengründen werden die aus aller Welt und in aller Eile zusammengeschusterten Beiträge eingekauft und angepasst. Bei Kindern und Jugendlichen verfährt das Fernsehen ähnlich: Um 45 Minuten Zeichentrick-Filmchen zu rechtfertigen, liefern die Sender zehn Minuten lustloses Inhaltsgeplauder über Fingerskateboarding oder was eben zur Zeit angesagt sein mag. Das ist aber auch nicht wichtig, weil gleich darauf der nächste Trickfilm folgt. Fernsehen wird hauptsächlich von desillusionierten Erwachsenen gemacht. Harald Schmidt und Günther Jauch lassen jedenfalls nach eigenem Bekunden ihre Kinder nicht bedenkenlos alles sehen, was so in der Kiste flimmert. »Ich sage immer: Aufs Sofa setzen«, erklärt Günther Jauch gegenüber der *Bild*-Zeitung, »Pralinen essen und Fernsehen glotzen, das kann jeder. Fernsehen ist nichts für Kinder. Kinder sollen lesen und ihre eigenen Bilder entwickeln. Das Schlimmste für Kinder ist, wenn man sie unterfordert.«

Sind die Zuschauer doof?

Quoten sagen eigentlich nichts über Qualität aus. Seit jeher schauen die Deutschen im Fernsehen zu, auch wenn ihnen das Programm nicht zusagt, sich ihnen aber im Fernsehen keine Alternative erschließt. Schenken wir der Forsa-Studie »Fernsehen in Deutschland« Glauben, wissen die Deutschen schon sehr genau, was sie sehen wollen und was nicht …

Das Internet stellt die perfekte Verbindung zweier Welten dar: ein Zwitterwesen aus Buch und Fernsehen. Genau richtig für die Postmoderne. Schließlich gehören die meisten Internetnutzer der Fernsehgeneration an. Sie wuchsen mit

Interesse an Fernsehthemen

»Davon wollen wir mehr sehen«

Natur- und Tierdokumentationen	61 Prozent
Internationale Spielfilme	54 Prozent
Nachrichtenmagazine	44 Prozent
Deutsche Fernsehfilme	30 Prozent
Krimis	28 Prozent

Quelle: Forsa-Studie »Fernsehen in Deutschland« 2001

»Davon wollen wir weniger sehen«

Reality Shows	81 Prozent
Daily Soaps	75 Prozent
Talkshows	72 Prozent
Quizshows	47 Prozent
Comedy	44 Prozen

Quelle: Forsa-Studie »Fernsehen in Deutschland« 2001

audiovisuellen Informationen zu Hause auf, die seinerzeit den Eltern, bis auf die Wochenschauen, versagt geblieben waren.

Entsprechend empfanden die das tägliche Fernsehen als oberflächlich und Zeitverschwendung. ARD, ZDF und ein bis zwei dritte Programme wurden bald vom Kabelfernsehen abgelöst und von den bisherigen Zuschauern als echter Qualitätsverlust oder Kulturschock empfunden. Laut Forsa-Studie »Fernsehen in Deutschland« glauben 56 Prozent der Befragten, Fernsehen sei schlechter geworden. Nur 24 Prozent glauben, die Qualität sei unverändert und 15 Prozent meinen, die Qualität hätte zugenommen. Das sind fast ganz normale amerikanische Verhältnisse. Weil die US-Bürger schon länger mit der visuellen Informationsflut leben, hatten sie auch von Anfang an keine Berührungsängste dem Internet gegenüber.

Im Internet müssen Texte bitte immer schön kurz sein. Immer ein schönes Bilder dazu, hübsche Musik und lustige Geräusche. Die visuelle Ästhetik des Anklickens und das flash-animierte Heranzischen verschiedener Gegenstände ist immer öfter in Programmvorschauen des Fernsehens zu erkennen. Das moderne Fernsehen schmückt sich mit dem Internet, und das Internet wäre gerne, wenn es noch bessere Übertragungsraten gäbe, genau wie das Fernsehen. Die besten Ideen kopieren Beide immer wieder gegenseitig, um zu zeigen, wer auf diesem Planeten der bessere Wissensvermittler ist.

Immer weniger Fernsehen durch Internet?

Inwiefern das Internet tatsächlich den Fernsehkonsum beeinflusst, hat Forsa in der Studie »Fernsehen in Deutschland« im März 2001 unter 1003 Deutschen ab 14 Jahren erfragt. Auftraggeber war *TV Today*. Das Ergebnis ist höchst erstaunlich. Nur 17 Prozent geben an, durch das Internet weniger fernzusehen. 1 Prozent eher mehr.

Fernsehen/Internet

Hat sich Ihr TV-Konsum verändert, seit Sie einen Internet-Anschluss haben

Keinen Einfluss	80 Prozent
Weniger	17 Prozent
Mehr	1 Prozent
Weiß nicht	1 Prozent

Quelle: Forsa, zitiert nach *TV Today*

In der selben Umfrage halten nur drei Prozent das Internet für das glaubwürdigste Medium. Tageszeitungen und Zeitschriften liegen mit knapp 40 Prozent vorn, vom Fernsehen mit 34 Prozent dicht gefolgt.

Vertrauen in Medien

Zeitungen und Fernsehen machen schlau.
Wenn Sie über ein und dasselbe Ereignis informiert werden, welchem Medium glauben Sie am ehesten?

Tageszeitungen und Zeitschriften	40 Prozent
Fernsehen	30 Prozent
Radio	15 Prozent
Internet	3 Prozent
Weiß nicht	8 Prozent

Quelle: Forsa, zitiert nach *TV Today*

Immer mehr Wissen in immer kleinere Köpfe

Schon in den achtziger Jahren fragten sich Medienpädagogen, wie wir der gewaltigen Informationsflut Herr werden sollen – blieben aber eine Antwort schuldig.

Und heute?

Täglich hämmern Informationen jeglicher Art auf uns ein: Packungsaufschriften, Werbung auf T-Shirts, Schlagzeilen vor dem Zeitungsladen, Zeitungen, Fernsehen, Internet – mit dem Ergebnis: Noch nie wussten die Deutschen so wenig wie heute. Die aktuellen Themen unterliegen sehr schnellen Veränderungen. Um ein paar Beispiele zu nennen:

- Computer
- Internet
- Kommunikation
- Gentechnik
- Biotechnologie
- Economy

Niemand weiß mehr Genaues. Und wir können niemanden fragen. Weder Lebenspartner, Familie, Freunde noch Kameraden im Sportverein. Andernorts ist auch keiner schlauer: Lehrer, Sozialpädagogen, Vorgesetzte, Chefs, Politiker, Theologen, Kirchenmänner, Redakteure und Verleger. Während früher noch die Russen und die Stasi als Feindbild herhalten mussten, übernehmen heute Technologien wie zum Beispiel die Genforschung diese Rolle. Nachdem er sich selbst als publicitygeilen Wissenschaftler erschaffen hat, will nun Severino Antinori den Menschen klonen. Die Medien sind dankbar und lassen den Italiener munter in jedes Mikrofon plappern. Antinori kommt auf allen Sendern und alle Titelseiten. Seriöse Wissenschaftler müssen dazu Stellung beziehen.

»Weil sich die Leute nicht auskennen, glauben sie, die Genforscher hätten den ganzen Tag nichts Anderes zu tun, als den Menschen genetisch zu verändern«, sagt die Nobelpreisträgerin Christiane Nüsslein-Vollhard in einem Interview der *Frankfurter Rundschau.* »Wenn Dr. Severino Antinori den geklonten Menschen verspricht, ist das in der Tat furchtbar. Selbst bei Tieren ist die Erfolgsrate äußerst niedrig. 98 Prozent überleben nicht, die übrigen sind schwer missgebildet, wer kann das beim Menschen verantworten?«

Schön gesagt. Nur – das liest keiner.

Dass Klonen nun mal schlecht sein muss, dringt ja auch in den Unterhaltungsbereich. SAT.1-Spielfilme und amerikanisches Kino (*Sixth Day*) zeigen es. Wir haben eben keine Ahnung.

Was ist Klonen eigentlich genau? Entsteht dabei haargenau der gleiche Mensch? Ist die Medizin tatsächlich so weit? Was ist mit therapeutischem Klonen gemeint? Was sind Stammzellen? Was bedeutet eigentlich die Entschlüsselung des Genoms genau? Was hat Craig Venter damit zu tun? Was heißt UMTS ausgeschrieben? Wie funktioniert das Payback-System?

Wir kennen nur noch Stichwörter und bemühen uns mehr oder weniger, sie in den passenden Kontext einzuordnen. Denn täglich kommen Millionen weiterer Informationen hinzu, und bei näherer Betrachtung des Internets folgen immer mehr Informationen über das Medium selbst. Ein Ende ist nicht abzusehen. Bleibt nur eine Frage: Wenn Internet und Fernsehen uns darauf nicht vorbereiten können, wer dann?

KAPITEL 7

BLÖD WIE SCHULE

Was Schule mit der DDR gemeinsam hat,
warum Lehrer bei allen Deutschen unbeliebt sind,
was einen digitalen Hausmeister auszeichnet
und warum Internet und Lernsoftware
den Schülern das Lernen nicht ersparen

»Sie haben immer die Tendenz, addieren zu wollen. Aber man muss auch subtrahieren. Man muss nicht immer aufbauen, sondern auch zerlegen. So ist das Leben. So ist die Philosophie. So ist die Wissenschaft überhaupt. Das nennt man Fortschritt. Zivilisation.«

Professor zur Schülerin in Eugène Ionescos
Die Unterrichtsstunde

WIE DIE DEUTSCHEN DEN RESPEKT VOR DEM LEHRER VERLOREN

Einer ist immer der Dumme

Holger Griebe ist ein schrecklich netter Kerl. Er kommt aus Erfstadt im Rheinland und verdient sein Geld als Grundschullehrer in Weilerswist. Zusammen mit seiner Frau hat Griebe eine sechsjährige Tochter und dreijährige Zwillingsjungen. Bis zum November 2000 war Griebe nur seinen Schülern, einer Handvoll Eltern und seinen Kollegen bekannt. Dann blamierte sich der 35-Jährige unsterblich vor elf Millionen Zuschauern in Jauchs *Wer wird Millionär?* Wie viele andere Quizteilnehmer vor ihm auch, hangelte sich Griebe mit mehr Glück als Verstand durch die Sendung. Als er nicht wusste, woraus Oregano genau besteht, setzte er den Publikumsjoker. Und als er die Fachbezeichnung Otologe nicht der Berufsgruppe des Hals-Nasen-Ohrenarztes zuordnen konnte, rief er kurzerhand seinen Freund an, einen Hals-Nasen-Ohrenarzt. Schließlich verbrauchte der Grundschullehrer bei der 32000-Mark-Frage seinen letzten Trumpf, den 50:50-Joker. Die Frage dazu:

Wie heißt die Meeresbucht, wo die Ems in die Nordsee mündet?

A: Kieler Förde
B: Stettiner Haff
C: Dollart
D: Fehmarn-Sund

Murmelnd verlegte Griebe Stettin nach Ostdeutschland. Schließlich errät er doch noch die richtige Antwort. Dollart. Später gesteht er ein, Stettin mit Schwerin verwechselt zu haben. Am Ende gewinnt Griebe 125 000 Mark und eine kostenlose *Bild*-Schlagzeile mit seinem Konterfei. Titel: »Sind alle Lehrer so doof?«

»Tausende von Grundschullehrern haben sich für Sie geschämt«, wird Jauch zitiert. *Bild* warnt mit einer Vehemenz vor Griebe, als wäre er ein heimtückischer Sexualverbrecher: »Er unterrichtet unsere Kinder und bringt Nord- und Ostsee durcheinander.« Vorsorglich liefert das Boulevardblatt in der aktuellen Ausgabe einen Wissenstest, den Schüler ihren Lehrern vorlegen sollen.

Die große Debatte in der Öffentlichkeit bleibt allerdings aus. Zwar merken eine Handvoll Lehrer an, dass Griebe mit seiner Unkenntnis einen ganzen Berufsstand in Verruf bringt, aber nur einer spricht darüber in *Bild:* »Ein Lehrer sollte schon ein gewisses Maß an Allgemeinbildung haben«, sagt Dieter Schwenke, Direktor der Berliner Anna-Siemsen-Schule. »Besonders in den Bereichen Geschichte, Geographie und Politik.«

Und der Präsident des deutschen Lehrerverbandes, Franz Kraus, wehrt sich gegen den Vorwurf, bei den Lehrern sei der »Wissensnotstand« ausgebrochen: »Ich behaupte, dass unsere Lehrer besser ausgebildet und gebildeter sind als das ganze Heer der Abgeordneten und Politiker.«

Womit Kraus den Vorwurf nicht gerade entkräftet.

Auch Holger Griebe verteidigt sich: »Ich bin sicher, dass mein Allgemeinwissen überdurchschnittlich gut ist«, erklärt er später. »Den Schuh, dass ich doof bin, ziehe ich mir nicht an.«

Und wie nahmen das die Schüler auf?

Sie waren stolz auf Griebe. Schließlich gewann er 125 000 Mark.

So unterschiedlich ist die Wahrnehmung.

Die Lehrer in unseren Köpfen

Die Bilder sind fest in das allgemeine Bewusstsein einzementiert: Lehrer sind träge, verfügen über kein bisschen Humor und lachen höchstens, wenn sie etwas besser wissend anmerken. Die Angst vor den ebenso haushoch überlegenen wie rotzfrechen Schülern schlägt ihnen schwer aufs Gemüt. Und weil Schüler heute bis an die Zähne bewaffnet in der Schule erscheinen, wagen die Lehrer es nicht einmal mehr, mit dem kleinsten Stückchen Kreide zu werfen. Mit ihrer Vergütungsgruppe als Beamte bringen sie ihre Schäfchen ins Trockene und zahlen damit ihre Doppelhaushälfte ab, in der sie sich dann ohnehin kaum aufhalten, weil sie praktisch das ganze Jahr Ferien machen: Winterferien, Fasching, Ostern, Pfingsten, Sommerferien, Herbstferien, Winterferien. Die Malediven rufen oder Südafrika, Hawaii. Schon nach wenigen Dienstjahren gehen ihnen die Ferienorte aus.

Das Bild des Lehrers nährt sich hauptsächlich von mehr oder weniger berechtigten Vorurteilen. Darum war es für den ganzen Berufsstand bestimmt nicht sehr hilfreich, als Gerhard Schröder, damals noch Landesvater von Niedersachsen, die Lehrer als »faule Säcke« titulierte. Heute nennt er die Arbeitslosen so.

Längst ist es en vogue, schlecht über den Berufsstand des Paukers zu sprechen. Die Betroffenen ertragen das mit einem stoischen Gleichmut und scheinen dabei kühleres Blut als ein sizilianischer Auftragskiller zu bewahren.

Praktisch jeder in Deutschland hält sich für kompetent, ein pauschales Urteil über Lehrer abzugeben. Der Grund dafür liegt auf der Hand: Wir Deutschen haben jeglichen Respekt vor Lehrern verloren.

Ansehen? Welches Ansehen?

Niemand mag Lehrer. Sie sind die Prügelknaben, und es haftet ihnen ein ungewöhnlich schlechtes Image an. Laut Allensbach-Umfrage im *Focus* 15/2001 genießen Lehrer in der Gesellschaft das geringste Ansehen. Übrigens: gleich neben den Journalisten. 56 Prozent der Deutschen denken demnach sogar, dass das Ansehen des Lehrberufes zur Zeit seinen Tiefststand erreicht habe.

Die Zeiten, in denen der Lehrer im geflüstert-hochachtungsvollen Ton »Herr Studienrat« oder »Herr Oberstudienrat« genannt wurde, sind ein für alle Mal passé und obliegen nur noch dem Kintop. Allein dort scheint der Lehrer als Cha-

Ansehen der Berufe

Wie hoch ist das berufliche Ansehen der jeweiligen Berufsgruppe?

Arzt	75%
Pfarrer, Geistlicher	40%
Rechtsanwalt	37%
Hochschulprofessor	34%
Botschafter, Diplomat	31%
Unternehmer	28%
Apotheker	27%
Firmendirektor	26%
Atomphysiker	26%
Schriftsteller	25%
Ingenieur	24%
Grundschullehrer	22%
Journalist	14%
Studienrat	14%

Institut für Demoskopie Allensbach. Befragung von 2000 Deutschen

rakter gefragt. Sei es in der *Feuerzangenbowle,* in bigotten Peter-Alexander-Komödien *(Hurra, hurra, die Schule brennt),* in entsetzlich blöden und zahllosen Frivolfilmchen à la *Flotte Teens* und *Sex nach Noten* oder der arme Christian Quadflieg, der in einem *Tatort* seiner Schülerin Nastassja Kinski erliegt. Lehrer in diesen Filmen versprühen entweder unerträglich gute Laune oder sind kaum noch in der Lage, ihre sexuellen Begierden im Zaume zu halten. Auch Frank Ripploh steigerte Anfang der achtziger Jahre in der homosexuellen Tragikkomödie *Taxi zum Klo* nicht unbedingt die Sympathien für Lehrer, wenn er Klassenarbeiten grundsätzlich auf der Herrenklappe korrigierte. Von der Weichspüler-Serie *Unser Lehrer Doktor Specht* ganz zu schweigen.

Sogar Hollywood kommt ohne Lehrer kaum noch aus. Schon in den fünfziger Jahren langweilten uns die Amerikaner mit der unerträglich triefenden Sonntagnachmittags-

Schmonzette *Guten Morgen, Misses Fink,* in der eine alte Lehrerin (Jennifer Jones) auf die vergangenen Jahre mit einer Mischung aus Rührung und schlechter Maske auf die Schulkinder zurückblickt. Peter Weir zeigte in *Der Club der toten Dichter* Robin Williams als unerwünscht engagierten Lehrer und Jahre zuvor Rachel Roberts als hilflose Mrs. Appleyard in *Picknick am Valentinstag,* in der eine Gruppe von Schülerinnen am Ayers Rock spurlos verschwindet. Dann wurde es für amerikanische Verhältnisse sozialkritisch: ein bildschönes Ex-Model mit Kussmund und großen, blauen Augen mimt eine Ex-Soldatin mit Motorradjacke, die eine schwer erziehbare Klasse unterrichtet und zähmt. Michelle Pfeiffer feierte damit dennoch einen veritablen Erfolg, auch wenn dafür eher der Soundtrack als die pädagogische Leitlinie verantwortlich schien. Gesellschaftspolitisch geht es auch in *187* zu: Samuel L. Jackson spielt einen Lehrer, der nach einem Attentat durch einen Schüler durchdreht. Zuletzt zeigte Amerika Helen Mirren als nicht unter zu kriegende, bösartige Lehrerin in *Tötet Mrs. Tingle* (Original: *Teaching Mrs. Tingle*), und Robert Rodriguez' *The Faculty* präsentierte die Pädagogen als mordende Monster aus dem Weltall.

Die Wirklichkeit ist aber noch viel schlimmer.

Um Erinnerungen an unsere Lehrer wachzurufen, müssen wir nicht lange überlegen. In den seltensten Fällen sind sie schmeichelhaft. Möglicherweise haben wir es mit einem Hort von Irren zu tun gehabt.

Typologie der Pauker

Die Harmlosen

Eine 35-jährige Englischlehrerin aus Mannheim, die sich die Wangen stark rot und die Lider stark blau schminkte, holte ihre Gitarre heraus und piepste täglich *Puff The Magic Dragon.*

Ein Pauker aus Dortmund kramte stets vor Weihnachten seine alte Geige aus und spielte in den jämmerlichsten Tönen *Stille Nacht,* was zwar nicht zu Andacht und innerer Einkehr führte, aber eine gewisse Belustigung auslöste, die dem Musiker selbstverständlich verborgen blieb.

Die Eigenbrötler

Während der Klassenarbeiten nutzte ein Kölner Mathelehrer die freie Zeit zur ausgiebigen Körperreinigung. Er säuberte sich die Nägel, bohrte ungehemmt in der Nase oder versuchte mit der Zunge Essensreste aus den Zahnlücken zu entfernen. Manche lutschen bevorzugt an ihren Brillenbügeln. In Ermangelung eines eigenen Schreibgeräts leihen sie sich auch gerne den Bleistift eines Schülers aus und bohren sich damit im Ohr herum.

Eine Deutschlehrerin aus Bielefeld pflegte mit großer Regelmäßigkeit ihre Unterrichtsstunden zu »vergessen« und stand dann mit Kaffee und versonnenem Blick in der Pausenhalle. Gelegentlich fuhr sie auch zu ihrer Unterrichtszeit auf den Wochenmarkt.

Ein Geschichtslehrer liebte sein Rennrad. In den Vertretungsstunden schleppte er es in den vierten Stock. Auf dem Lehrerpult pries er dann die Vorzüge der einzelnen Komponenten (Gangschaltung, Kette, Tacho) an. Die Bremsen sollen so konsequent ihre Dienste geleistet haben, dass es den Fahrer über den Lenker schleuderte. Das glaubten die Schüler unbesehen.

Ein Berufsschullehrer aus Calw nahm Anhalter grundsätzlich nur dann mit, wenn sie ihm ein Schreiben unterzeichneten, das er in mehreren Kopien im Handschuhfach untergebracht hatte. Darin verpflichteten sie sich, im Falle eines Unfalls keinen Anspruch an ihn als Fahrer geltend zu machen.

Die Versehrten

Ein Bielefelder Informatiklehrer schien immer in Gedanken versunken zu sein und brachte das seltene Kunststück fertig, in einem fünf Meter breiten Flur gegen eine der am Rande stehenden Säulen zu laufen. Er musste ins Krankenhaus. Von der Vehemenz des Zusammenstoßes kündet bis heute der Blutfleck.

Herrn P. fehlte ein Finger.
Herrn K. die ganze Hand.
Wo sollte der Schüler auch hinsehen?

Der Musiklehrer an einem Gymnasium war über 70 Jahre alt. Er litt an einem Kehlkopfdurchschuss aus dem Krieg und war nahezu taub. Aus den Ohren traten ihm büschelweise die Haare.

Die etwas anderen Lehrer
Ein Pater aus dem Odenwald hatte einen viel sagenden Spitznamen: Jimmy, der Schlüsselbund-Schmeißer.

Ein Kunstlehrer aus Bayern erzählte am Liebsten von seinen Bikerfesten mit Sauforgien und Gurkenschießen.

Ein Realschuldirektor und Geschichtslehrer aus Mannheim kam gerne auf seine Kriegserlebnisse in der Sowjetunion zurück. Mit Schwamm und Klassenbuch stellte er immer wieder die Route der Panzerschlacht nach, wobei seinem Munde gedämpfte Schussgeräusche entfuhren.

Ein Religionslehrer aus Kronach teilte die Menschheit in Tiermensch, Engelmensch und Gottmensch ein. Er ließ seine Schüler nicht im Zweifel, zu welcher Kategorie er sie zählte.

Der beste Lateinlehrer einer Schule in Franken fiel in seiner Stadt dadurch unangenehm auf, dass er in Geschäften grundsätzlich nur Latein sprach, was sich nicht nur in einer Metzgerei als durchaus fruchtlos erwies.

Ein Mathelehrer im weißen Kittel zeigte auf dem Tisch, wie viele Liegestützen er konnte. Es waren 100.

Bevor ein Studienrat seinen Job als Französischlehrer antrat, hatte er sich für mehrere Jahre bei der französischen Fremdenlegion verpflichtet. Er trat entsprechend schneidig auf und sprach nicht nur im gebellten Kommandoton, sondern wollte die Schüler von seinem gestählten Körper überzeugen. Um sie zu beeindrucken, sprang er mindestens einmal im Monat aus dem Fenster des dritten Stocks. Jahre später fuhr er beim Skilaufen gegen einen Baum. Seitdem sitzt er im Rollstuhl.

Der Schüler ist schuld

All ihre Schüler sind heute selbst Eltern und vermitteln ihren Kindern nicht, es in der Schule mit Respektspersonen zu tun zu haben. Lehrer respektieren sich ja nicht einmal gegenseitig. Im Grabenkrieg des Lehrerzimmers sind sie sich zu alt, zu jung, zu rechts, zu links, zu dick, zu dünn, zu autoritär, zu reformistisch, zu forsch, zu lahm. Kurz: zwei Lehrer, drei Meinungen.

Die Lehrer mögen zwar mit der Erziehung und Wissenschaft eine Gewerkschaft haben, aber keine Lobby. Wenn sich heute tatsächlich mal jemand für sie einsetzt, will er ihnen Computer, Funkleitungen oder Netzwerksysteme andrehen. Zum Teil sind sie daran auch mit Schuld. Denn heute betreiben viele Pädagogen Nabelschau, fühlen sich zunehmend unverstanden, worüber sie bei jeder Gelegenheit sprechen, und haben ihrerseits den Respekt vor den Schülern verloren. Falls es so etwas überhaupt mal gab.

Lehrer beklagen sich zunehmend: Die Schüler hören nicht mehr zu, lesen nicht mehr, lernen nicht mehr, konzentrieren sich nicht mehr. Und an allem sind Fernsehen, Computer und Pokémon Schuld.

»Ich kenne genügend Fälle«, erzählt der Gymnasiallehrer Andreas Borrmann von der Herderschule in Rendsburg, »in denen Kollegen im Lehrerzimmer Schüler als dumm bezeichnen.«

Am Anfang ist für diese Lehrer Unterricht noch ein Machtkampf, aber bald schon ufern die Querelen aus, der Schüler wird zum Feind, die Schulstunde zum Stress – der Lehrer wird schließlich krank. Erst Rückenschmerzen, Herzrasen, Schlaflosigkeit, Ohrengeräusche, Schwindel, später auch Depression.

Focus (15/2001) zitiert einen vom Burnout-Syndrom geplagten Lehrer: »Wenn ich an die Schule denke, befallen mich Angst und Panik.«

Komisch, so erging es jahrelang Millionen von Schülern unter diesen Lehrern.

Früher war einiges anders. Noch unsere Eltern bläuten uns, allerdings vergeblich, das Obrigkeitsdenken ein. Damals besaßen Schulen, juristisch gesehen ähnlich wie Gefängnisse und Finanzämter, ein so genanntes besonderes Gewaltverhältnis. Seitdem Institutionen diesen Rechtsstatus eingebüßt haben, hagelt es allerorten herben Widerspruch. Die deutschen Eltern lassen sich eben nichts mehr gefallen. Gegen Schule und Lehrer gehen sie heute auf eigene Weise vor: Sie klagen.

»Oft sind es nur Lappalien«, erklärt Hans-Peter Sang, Erster Konrektor der Ferdinand-von-Miller-Realschule in Fürstenfeldbruck und Mitarbeiter des Ministerialbeauftragten von Oberbayern Süd. »Ich kann Ihnen von einem Fall eines Kollegen vom Gymnasium berichten. Da haben ein Schüler und seine Eltern gegen die Benotung einer Stehgreifaufgabe geklagt. Das sind bei uns schriftliche Abfragen von einer Viertelstunde, die nicht angesagt werden dürfen. Der Lehrer hat sie trotzdem angesagt, der Junge schrieb eine Sechs und sein Vater klagte. Der Schüler bekam Recht. Das ist doch widersinnig. Wenn er bei einer angekündigten Stehgreifaufgabe keine Ahnung hat, wird er doch bei einer nicht angesagten Stehgreifaufgabe noch weniger wissen. Manche Klagen sind sicherlich auch berechtigt, wenn die Aufsichtspflicht bei Studienfahrten gravierend verletzt wird und etwas passiert. Wenn Sie heute als Lehrer auf eine Studienfahrt gehen, dann stehen Sie eigentlich immer mit einem Bein im Gefängnis. Entweder Sie machen eine Fahrt, und Sie sagen sich, dass es den Schülern auch wirklich Spaß machen soll. Dann dürfen die abends auch mal in kleineren Gruppen weggehen. Rein rechtlich ist das nicht erlaubt. Eigentlich müssten wir immer im Pulk durch die Gegend latschen. Ich kenne einen Fall, wo wirklich was passiert ist, hier in den Bergen, da wurde bis ins Detail alles vor Gericht durchgezogen. Also wenn da wirklich was passiert, dann sieht ein Lehrer ganz schlecht aus.«

In den letzten Jahren gab es eine wahre Flut an Klagen. So bezahlte auf Grund eines Urteils die Stadt Köln einer Schülerin die Fahrtkosten in Höhe von 581 Mark. Der Grund: Für ein zehnjähriges Mädchen ist der Schulweg, der durch die Drogenszene führt, eine Zumutung. Weil in einer Schule mehr Jungen als Mädchen in den Klassenzimmern sitzen, wollte eine Schulleiterin Mädchen bevorzugt aufnehmen, um einen Gleichstand mit den Jungen zu erreichen. Deswegen wurden männliche Bewerber abgewiesen. Das Berliner Landgericht untersagte das Vorgehen der Schulleiterin.

Heute besitzen Eltern ein weitaus größeres Bewusstsein hinsichtlich ihrer Rechte als früher. Mittlerweile geben Schulen und Schulämter in strittigen Fragen rasch nach, wenn Eltern mit einer Klage drohen. »Dadurch, dass die Verwaltungsgerichte den Eltern zu neunzig Prozent Recht geben«, erklärt Sang, »kommen viele Beschwerden überhaupt nicht mehr vor Gericht. Das Ministerium gibt in Bayern die Anweisung, den Eltern lieber erst mal Recht zu geben. Nach dem Motto: Wir haben doch ohnehin keine Chance.«

Doch nicht immer erhalten die streitsüchtigen Schüler und ihre renitenten Eltern Recht, manchmal sprechen sich die Gerichte auch für die Schule oder den Lehrer aus. So scheiterte ein bayerischer Gymnasiast an der Fremdsprache Griechisch. Folge: Er wiederholte. Als er erneut durchfiel, musste er das Gymnasium verlassen. Zwei Jahre später legte er diese Prüfung ein weiteres Mal ab und bestand sie diesmal mit exzellenten Noten. Er klagte gegen die Zensuren seines alten Lehrers und verlor. Ausschließlich der Lehrer sei für die Benotung verantwortlich, sagt zumindest das Bundesverwaltungsgericht und hält die Benotung für einen »originärpädagogischen Aufgabenbereich«. Eine Schülerin konnte aufgrund einer verkehrt errechneten Durchschnittsnote ihr Studium erst später antreten. Sie klagte auf Schadenersatz und verlor: Ist eine Durchschnittsnote im Zeugnis falsch berechnet, muss der Schüler gegen diesen Missstand sofort und mit dem nötigen Ernst vorgehen. Reine »Unmutsäußerungen« bilden keine Grundlage, um zu einem späteren Zeitpunkt Schadenersatz vom Staat zu fordern, urteilte das Koblenzer Oberlandesgericht. Weil bei einem Klassenfest auch die Eltern stark eingebunden sind, hat der Lehrer nicht mehr alleine die umfassende Aufsichts- und Kontrollpflicht. Nur für Kinder in »unmittelbarer Obhut« eines Lehrers sei der Sachverhalt anders.

Auch müssen gewalttätige Schüler, die andere Schüler bedrohen, mit der Entlassung aus der Schule rechnen, so entschied das Oberverwaltungsgericht in Münster. Die Schule hatte einen Schüler gewarnt, nachdem er an der Bushaltestelle andere Kinder verdroschen und ausgeraubt hatte. Eines der Opfer lief zehn Kilometer weit nach Hause, weil es Angst hatte, mit seinem Angreifer in einem Bus zu sitzen. Nachdem die Schule die Drohung ausgesprochen hatte, klagten die Eltern.

Elke Picker, Vorsitzende des Elternbeirates in Baden-Württemberg und frühere Richterin, begrüßt diese Entwicklung nicht: »Nachdrücklich sehe ich darin eine Fehlentwicklung«, erklärt sie. »Eine Gesellschaft, die immer mehr Lebenssachverhalte stärker verrechtlicht, unterminiert die Grundlagen des Vertrauens zueinander, das gerade in der Schule grundsätzlich herrschen sollte. Wird das pädagogische Ermessen der Lehrer zu stark eingeschränkt, dann degradiert man auch ihre Aufgabe und entwickelt eine unangebrachte Ängstlichkeit.

Andererseits muss natürlich jede Willkür von Lehrern ausgeschlossen sein. Der Lehrer, der sich fehlverhält, muss selbstverständlich mit Sanktionen rechnen. Eine funktionierende Schulverwaltung und Dienstaufsicht ist dafür aber die Voraussetzung und grundsätzlich ausreichend. Ich befürworte daneben einen ehrenamtlichen Elternvertreter quasi als Ombudsmann oder Ombudsfrau, angesiedelt bei der Schulverwaltung, der den Elternpart stärkt und mithilft, Rechtsstreitigkeiten nach Möglichkeit frühzeitig zu vermeiden und Lösungen mit zu entwickeln. Die Signalwirkung für Kinder muss sein, dass man um Verständigung kämpft und nicht um das Rechthaben.«

Grundsätzlich wird das Engagement der Eltern in den Schulen begrüßt. Wenn es sich nicht um Klagen handelt.

»In Baden-Württemberg«, erklärt Peter Jaklin von der Landesbildstelle Baden, »werden die Eltern schon im Schulgesetz aufgefordert, sich am Schulleben zu beteiligen. Sie sind in verschiedene Organe, etwa die Schulkonferenz, maßgeblich eingebunden. Sie nehmen diese Rechte auch in vielen Fällen wahr. Darüber hinaus suchen sie, insbesondere in der Grundschule, das Einzelgespräch mit dem Klassenlehrer – auch ein Zeichen für die zunehmende Individualisierung. Wünschenswert wäre aber neben der Diskussion über Schulleistung auch eine bessere Absprache in pädagogischen Fragen und dass die Eltern ihre Zusammenarbeit mit der Schule auch in den Bereichen erhöhen, die dem allgemeinen Schulleben zugute kommen, was zwar schon stattfindet, aber wesentlich ausgebaut werden sollte.«

Mitbestimmung für Eltern. Der Staat kann nicht alles leisten – Ein Gespräch mit Elke Picker

Elke Picker ist im Landeselternbeirat von Baden-Württemberg

Wehren sich Lehrer gegen die elterliche Beteiligung?

Picker: Ja. Vielerorts beobachte ich Blockade durch Schulleitung und Lehrer statt aktive Unterstützung. Von einem Signal, dass Mitdenken, Mitdiskutieren und Mitentscheiden der Eltern erwünscht ist, ganz zu schweigen. Viele Lehrer sehen die Aufgabe von Eltern immer noch eingeschränkt etwa auf Kuchenbacken und die Mitorganisation von Schulfesten. Jede Anregung für den Unterricht wird sehr schnell als Einmischung in die ureigene Lehrerzuständigkeit bewertet und abgelehnt. Extreme Kritiksensibilität von Lehrern ist festzustellen und Beschränkung ihrer Sichtweise auf das Aufgabenfeld Schule.

Wie würden Sie die Zusammenarbeit beschreiben?

Von beiden Seiten, also Lehrern und Eltern, kommt zu wenig Toleranz und Akzeptanz, andererseits aber auch scheuen beide Seiten Konflikte. Gespräche von Lehrern und Eltern geraten sehr schnell in den Bereich wechselseitiger Rechtfertigungen und Schuldzuweisungen und erreichen selten das Stadium des Suchens nach besseren gemeinsamen Wegen. Die Kinder sind dabei immer die Verlierer – weil sie keine Erziehungspartnerschaft von Schule und Elternhaus erleben. Erst recht wenn Eltern sie gegen die »blöden« Lehrer unterstützen oder aber die Lehrer an »den unerzogenen Kindern« ihren Frust abarbeiten.

Welche Chance haben Lehrer heute noch?

Wichtig ist immer, dass die Lehrer im Grundsätzlichen an einem Strang ziehen sollten. Die Schulleitung ist besonders wichtig: »Der Fisch stinkt immer vom Kopf.« Die Schule und die Lehrer schulden den Eltern – und umgekehrt – grundsätzlich Wertschätzung. Dazu gehört auf der Seite der Lehrer auch, dass sie ihre Arbeit so vorstellen, dass die Lehrtätigkeit erkennbar wird und sie das Lehren nicht im Sinn des Runterspulens des Lehrplans, wie häufig am ersten Elternabend, darstellen. Gute Lehrer nehmen Kontakt mit Eltern auf, sobald sie Probleme sehen, und machen erkennbar, dass es ihnen um das Kind geht und nicht um die personifizierte Zahlenkette in ihrem Notenbuch. Da ich als Sonderschulvertreterin diesen Ansatz von Lehrerarbeit kenne und schätze, sehe ich die Defizite bei vielen Lehrern um so deutlicher.

Womit bringen Lehrer Sie auf die Palme?

Das ist schnell beantwortet: Zynismus gegenüber Kindern und fehlende Wertschätzung. Ein Lehrer, der sagt: »Mit euren blöden Englischarbeiten werde ich mir doch nicht die Ferien versauen«, bringt das zum Ausdruck. Auch ein Anbiedern von Lehrern halte ich für verfehlt, so etwas ist kein Ersatz für echte Autorität. Das Schlimmste ist aber ein Lehrer, der Kinder und Jugendliche nicht mehr mag, in seinem Beruf, weil er keine andere Möglichkeit hat, »gefangen« ist und die Kinder dieses Unglück ausbaden lässt.

Ist Schule überhaupt in der Lage, unsere Kinder angemessen auf das neue Zeitalter vorzubereiten?

Das differiert nach Schularten, nach Biographie der Kinder und Bereitschaft der Lehrer, den Kindern zukunftstaugliche Lernwege zu vermitteln. Letzteres heißt nicht in erster Linie Internetfähigkeit, sondern vielmehr Lernstrategien zur Recherche, zur gedanklichen Ordnung, zur Befähigung zum Bewerten und zur verständlichen Darstellung einzuüben. Weiterhin nicht nur zum passiven Hinnehmen der Welt zu befähigen, sondern zum Bezweifeln und zum Verbessern wollen. Das müssen alle Schulen in einer Demokratie als gesellschaftliche Aufgabe sehen. Organisatorisch muss die Schule gerade für Teilfamilien einen weiteren Zeitrahmen bieten, in dem manches, was das Elternhaus leistet, untergebracht werden kann.

Das Ende der Dinosaurier

Im Augenblick gehen in Deutschland rund 800 000 Lehrer ihrem Beruf nach. Bis zum Ende des Jahrzehnts wird die Hälfte ihren Ruhestand angetreten haben. Die Gewerkschaft Erziehung und Wissenschaft fordert die sofortige Einstellung von 50 000 neuen Lehrern.

Es gibt nur einen Nachtteil. Es will niemand mehr Lehrer werden. Der Berufswunsch Lehrer ist auch bei den Schüler verschwunden. Laut einer Allensbach-Umfrage, veröffentlicht in *Für Sie* vom 12. April 2001, wollen die meisten Mädchen Designerinnen werden.

Berufswünsche I

Berufswunsch bei Mädchen

Designerin	35%	
Ärztin		27%
Journalistin	25%	
Flugbegleiterin		22%
Architektin	15%	
Sozialarbeiterin		15%
Bürokauffrau	14%	
Bankkauffrau		13%
Lehrerin	13%	
Rechtsanwältin		12%

Berufswünsche II

Berufswunsch bei Jungen

Software-Entwickler	33%	
Informatiker		30%
EDV-Fachmann	24%	
KFZ-Mechaniker		23%
Ingenieur	21%	
Maschinenbaumechaniker	21%	
Polizist	13%	
Elektroinstallateur		13%
Journalist	12%	
Architekt		11%

Allensbach-Befragung von 1018 Schülern ab 14 Jahren an allgemeinbildenden Schulen. Mehrfachantwort möglich.

»Es wird fast kein Mann mehr Lehrer«, stellt Hans-Peter Sang fest. »Bis zum Februar war ich an einer Schule mit 56 Lehrern. Davon am Ende nur noch vier Männer. Der Prozentsatz der Frauen dürfte bei 80 Prozent liegen, und das ist bei sehr vielen Schulen so. Im Grund- und Hauptschulbereich liegt der Prozentsatz noch höher.« Hat sich wirklich etwas geändert?

Sarah besucht die Realschule. Sie befragte kürzlich ihre Mitschüler zum Thema Lehrer. Das aktuelle Ergebnis steht im Internet.

»25 Gründe, warum Lehrer unbeliebt sind
Sie sind zu alt
Sie machen Schüler immer vor der ganzen Klasse fertig
Sie haben immer schlechte Laune
Sportlehrer/lehrerinnen turnen nie etwas vor
Der Unterricht macht generell keinen Spaß
Alle Arbeiten werden zeitgleich geschrieben
Lassen sich nur dumme Strafarbeiten einfallen
Die Kreativität fehlt
Sitzen in der Klasse immer lustlos rum
Motivationslos
Sind immer spießig
Schlecht gekleidet
Keine Geduld
Die Arbeiten sind viel zu lang
Regen sich zu schnell auf
Zu konservativ
Haben ihre Lieblinge
Erklären teilweise die Aufgaben schlecht
Manche machen zu wenig Unterricht (reden zuviel)
Lassen sich dumme Spitznamen für Schüler einfallen
Ziehen ihren »Stoff« zu schnell durch
Setzen sich nicht für Schüler ein
Mangelnde Objektivität
Beleidigen die Schüler

Jeder hat selbst ein Bild. Was aufgefallen ist, dass alle Schüler die gleichen Argumente gebracht haben. Ciao Sarah«

Je mehr Computer in der Schule, desto größer die Probleme – Ein Gespräch mit Kurt Sibold

Kurt Sibold ist Vorsitzender der Geschäftsführung von Microsoft Deutschland

Haben es Lehrer heute schwer?

Sibold: Ja, Lehrer haben es in der gegebenen Situation sehr schwer. Sie müssen sich vorstellen, dass Lehrer gefordert sind, das ganze Internet- und PC-Umfeld zu lernen. Nur wenige Lehrer sind dazu in der Lage, und die Schüler sind da oftmals die Lehrer. Die Lehrer wurden über Jahre hinweg systematisch im Stich gelassen.

Von wem?

Von ihrem Arbeitgeber, von der Regierung, von den Kultusministerien der einzelnen Länder. Sie haben das Thema nicht richtig eingeschätzt. Die erste Welle hat mit »Schulen ans Netz« begonnen. Damals gab es nur ein Thema: Die Schulen müssen unbedingt PCs bekommen. Punkt. Aus. Das war's. Niemand machte sich Gedanken darüber, wie der sinnvolle Umgang mit dem PC aussieht. Ein Zugang zum Internet bedeutet nur Zugang zur Information, nicht Zugang zum Wissen. Aus Millionen von Informationen Wissen zu gestalten, ist eine sehr pädagogische Aufgabe. Stattdessen hat man die Industrie um Hilfe gebeten, ohne dabei das Ganze konsequent weiterzudenken. Der Lehrer erhielt eine Lieferung, und dann standen fünf PCs in der Schule.

Das ist ja heute nicht anders.

Stimmt. Die Probleme gehen erst los. Denn dann steht dort eine enorme technologische Möglichkeit zur Verfügung, die genutzt werden muss. Es ist ja nicht die Aufgabe der Schule, Kinder an den PC zu setzen, damit sie spielen. Vielmehr sollen Kinder den Computer als neues Lernmedium kennen lernen. Früher gab es die Schiefertafel, den Rechenschieber, das Buch. Da reiht sich der PC mühelos ein. Nur wurden die Lehrpläne geschrieben, als noch kein Mensch an den PC gedacht hat. Gut, man hat ein wenig angepasst. Aber dennoch, um es pointiert zu formulieren: je mehr PCs in der Schule, desto größer die Probleme für die Schule. Denn die Lehrpläne müssen sich stärker anpassen, und die Lehrer müssen damit umgehen können. Nur wer sich das Medium und den Lehrplan zu eigen macht, wird Schüler unterstützen, Information zu Wissen zu verarbeiten.

Der Lehrer ist meistens zu Hause auch besser ausgestattet als in der Schule.

Nicht jeder. Wenn Sie sich die Altersstruktur der Lehrer anschauen, wird das ganz deutlich. Wir haben viele Lehrer, die ohne rot zu werden sagen: Ich sitze das aus. Ich gehe in zwei Jahren. Da werde ich pensioniert. Ich tu mir das nicht mehr an.

Wann können wir mit einer Änderung rechnen?

Ich schätze, in drei bis vier Jahren.

Ist die Schule beim Thema Computer tatsächlich in der Verantwortung oder nicht doch eher die Eltern?

In der Schule soll niemand »PC« als Thema lernen. In der Schule soll der PC genutzt werden, um zu lernen. Der PC soll ein Lehrmedium sein. Das ist der Unterschied. Auch Schulklassen sehen sich ja nur ein Video an, wenn es adäquat passt.

Viele Eltern glauben allerdings, die Schule soll machen. Und die Schule denkt, das Kultusministerium soll es lösen, und alle zusammen erwarten von der Regierung einen ersten Schritt.

So war das ja auch jahrelang existent. Letztlich zeigte jeder auf den anderen und sagte: Du bist schuld, dass dies und das nicht funktioniert. Deswegen bin ich heilfroh, dass es die Initiative der »D21« gibt. Auch wenn sie noch nicht hundertprozentig fertig ist, hat sie an diesem Punkt eine Grenze gezogen. Da haben sich zwei Bereiche, Regierung und Industrie, zusammengetan.

Da gehören Lehrerfortbildungen dazu. Glauben Sie, die bringen tatsächlich was?

Das hoffe ich. Die Lehrerfortbildung muss auch angepasst werden. Sie ist momentan die größte Schwachstelle.

Viele Eltern und Lehrer glauben, dass sich durch den Computer die schulische Leistung verbessert.

Das ist eine Fehleinschätzung. Ich kenne das. Meine Kinder sind zwar jetzt schon größer, aber ich unterhalte mich viel mit Eltern, die Hilfe suchen. Es gibt sehr viele Fehleinschätzungen von Eltern. Die glauben, wenn ihr Kind einen PC und drei bis vier Lernsoftwaretitel hat, wird es der beste Schüler der Welt. Aber man kommt relativ schnell dahinter, dass die Schulen deswegen nicht besser werden, dass das Kind trotzdem lernschwach oder lernfaul ist.

Viele warten wie gesagt auf den Staat. Gibt es noch Engagement in der Schule?

Dieses Engagement gibt es. Aber nicht in den öffentlichen Schulen, sondern eher in der Waldorfschule. Einer meiner Söhne war dort, die sind allerdings der Technologie gegenüber nicht ganz so aufgeschlossen. Selbsthilfe ist eine tolle Geschichte. Wenn ich an diese Waldorf-Erfahrungen denke: Die Eltern waren eine Gemeinschaft. Die treffen sich nicht nur einmal im Halbjahr zum Elternabend, sondern die machen zusammen etwas, um ihren Kindern optimale Möglichkeiten zu geben. Das ist in den USA ähnlich, weil eben der Staat nicht alles macht.

Tagesthemen in die Schulen

Zuerst nahm der Computer in der Schule kaum Raum ein, heute raubt er ihr die Luft. Alles dreht sich nur noch um PC und Internet.

»Medienkompetenz ist nur eine Kompetenz von ganz vielen – keine ausschließliche«, erklärte Ulrich Wickert in *Forum Bildung* über Schule. »Man lernt nicht, wie man mit Geld umgeht, man lernt nicht, wie man sozial umgeht. Sachen, die meiner Meinung nach sehr wichtig sind.«

Im Vergleich zu anderen Ländern haben zum Beispiel deutsche Schüler von Wirtschaftsbegriffen keine Ahnung, wie eine Erhebung im *Focus* 38/2000 zeigt.

Wirtschaftsbegriffe

Schüler, die Fragen nach Wirtschaftsbegriffen korrekt beantworten

Land	mit Vorkenntnissen	ohne Vorkenntnisse
Großbritannien	74%	52%
Korea	53%	48%
USA	50%	40%
Deutschland	45%	43%
Österreich	44%	41%

Quelle: *Focus* 38/2000

Die Schüler brauchen ein Fach wie Tagesthemen, um nicht nur zu lernen, wie sie mit der Informationsflut fertig werden können, sondern auch wie sie diese Informationen für sich bewerten können.

Was hat es mit der Herausgabe der Stasi-Akten auf sich?
Was war die Deutsche Demokratische Republik?
Was ist der Neue Markt?
Wie funktionieren Aktien?
Was macht das Weltraumteleskop Hubble?

All die Fragen eben, um allgemein ein Bewusstsein zu entwickeln, um zu kritisieren und um zu verändern. Jens Reich zum Beispiel fordert Unterricht über Genforschung in der Schule.

Es besteht erheblicher Nachholbedarf – Ein Gespräch mit Jens Reich

Jens Reich ist Genforscher

Sie fordern: Genforschung gehört in die Schulen.

Reich: Die Genforschung betrifft die Existenz der jungen Generation sehr viel mehr als die Existenz der alten Generation. Wir erleben einschneidende Änderungen in der Medizin und in der Humanbiologie. Das Verständnis über den menschlichen Körper wird sich ändern. Was bedeutet die erst kürzlich medienwirksam verbreitete Entschlüsselung des Genoms hinsichtlich der Fortpflanzung? Was könnte alles möglich werden: Optimierung der zukünftigen Generation, Vermeidung von Erbdefekten, Optimierung des Äußeren oder Inneren, Konstitution von neuen Menschen. Möglicherweise werden Menschen nicht mehr gezeugt, sondern produziert. Ich bin davon überzeugt, dass die entsprechende Sachgrundlage in die Schulen gehört und jedem Menschen klar gemacht werden muss. Schon damit man nicht Wahn- und Angstvorstellungen nährt.

Woran machen Sie das fest? Waren Sie in vielen Schulen?

In sehr vielen. Ich bin aber nicht in allen Schulen gewesen, habe nicht alle Schulbücher gelesen, aber ich finde, dass da angesichts der rapiden Fortschritte in den letzten zehn oder zwanzig Jahren ein enormer Nachholbedarf besteht.

Was meinen Sie, warum das kein Thema in den Schulen ist?

Es ist nicht gerade ein einfaches Thema für Schulbuchautoren. Und die Schulbücher kommen ohnehin mit jahrelanger Verzögerung. Lehrer haben natürlich auch andere Möglichkeiten, sich Informationen zu beschaffen, aber das Wissen aus der eigenen Ausbildung liegt möglicherweise schon zwanzig oder dreißig Jahre zurück und ist nur schwer in einen Zusammenhang mit den aktuellen Entwicklungen zu bringen.

Meinen Sie nicht, dass sich da auch eine gewisse Scheu breit macht?

Sicher spielt da auch eine gewisse Scheu, sich diesen Themen zu nähern, eine Rolle. Nicht etwa aus Angst, nicht richtig sachkompetent zu sein, sondern natürlich auch aus einem Unbehagen diesen ganzen neuen Entwicklungen gegenüber. Es spielt sicher auch der Generationsgraben eine Rolle, vergleichbar mit der Entwicklung in der Computer- und Kommunikationstechnik. Da bestehen ja auch Schwierigkeiten, jene Dinge, die die jüngere Generation unbedingt braucht, die sie haben und wissen will, in der Schule darzustellen. Zum Teil haben die Lehrer Schwierigkeiten, zum Teil liegt es an der Qualität der Ausbildungsmaterialien, die nicht aktuell sind. Aber es liegt auch an einer Technikscheu, einer Technikfortschrittsscheu, für die ich Verständnis habe. Immer etwas Neues lernen, wenn wir kaum das Alte gelernt haben.

Und das fällt den Kindern leichter?

Ja. Das fällt Kindern und Jugendlichen leichter, weil für sie alles neu ist. Sie müssen nicht völlig umlernen. Gerade bei den Genen lernen wir eine Menge neuer Sachen, und eine Menge alter Sachen werden langsam an den Rand gedrängt. Das kann man manchmal bedauern. Gerade ein Biologielehrer, der zum Beispiel in der Bestimmung von Pflanzen und Tieren großartig ist. Aber der stirbt natürlich in Zukunft zugunsten eines Lehrers aus, der wiederum genau weiß, wie viel Gene an der Entwicklung des Menschen beteiligt sind. Wir werfen ja nicht alle alten Weisheiten und Wissenschaften über Bord, aber die neuen Entwicklungen müssen hinein.

Wie sehen Sie Deutschland im Vergleich mit anderen Ländern?

Die Bundesrepublik hatte in den späten sechziger und siebziger Jahren ein Neuerungs- und Fortschrittsdenken. Jetzt ist das alles so ein bisschen schläfrig geworden.

Aber es muss nicht so bleiben. Da könnte die Globalisierung, das Umgraben der gesamten ökonomischen Netzwerke, etwas in Gang setzen.

Diese ganze Genomforschung und diese Klongeschichte: Läuft das nur auf eines hinaus, auf diesen Wunsch des Menschen, unsterblich zu sein?

Es spielt jedenfalls eine große Rolle im Hinterkopf. Die Angst vor der Endlichkeit von Tod. Die Vision, das hinauszuschieben. Dann Jungbrunnen, all diese uralten Mythen, die da vorhanden sind, spielen eine Rolle. Dann sofort natürlich der Neid. Es ist sehr schwer zu ertragen, wenn der alte Mensch weiß, für ihn kommt das alles zu spät.

Wird der Mensch, der 300 Jahre alt wird, kommen?

Ich kann mir eine Gesellschaft, in der die Menschen 300 Jahre alt werden, nicht als besonders erfreulich vorstellen. Wer sich überlegt, wie das alles laufen würde, wird sehr skeptisch. Wenn ich alleine 200 Jahre alt würde, so können alle anderen um mich herum das nicht. Was ist das dann für ein Leben, wenn ich noch 200 Jahre da bin, und alle, mit denen ich in der Jugend zusammen war und im Erwachsenenalter zusammen war, sind weg. Und wie schwer ist es, Kontakt zu finden, wenn ich auch noch 100 Jahre älter als alle anderen bin. Wenn das alle werden, haben wir eine Gesellschaft, in der es keine Kinder mehr geben darf, in der es keine Neuerung mehr geben wird. Ich gebrauche immer das Bild: Die dreihundertste Oper von Mozart wird dieses Jahr aufgeführt. Ich weiß nicht, ob der Mensch Kreativität für 200 Jahre besitzt. Das halte ich für ein Grundlagenproblem der Anthropologie. Wir haben schon Schwierigkeiten mit Kreativität über das 40. Lebensjahr hinaus. Es sind nur Ausnahmemenschen, die das noch bringen. Aber wie soll eine Kreativität über 200 Jahre aussehen, wenn wir es nicht zur Wiederholung des immer Gleichen entwickeln. Irgendwann muss man dann den Schirlingsbecher verordnen.

LETZTER AUSGANG COMPUTER

Wie die Schule die DDR ablöste

Früher war die Welt noch in Ordnung. Im Westen Deutschlands zumindest. Sauberkeit ging hier immer über Freundlichkeit: Der Faltenwurf der *ADO-Gardine mit der Goldkante* fiel mit erstaunlicher Präzision, *Der General* verteilte Epauletten an fleißige Hausfrauen, *Meister Proper* brachte spiegelnden Glanz in die Küchenböden, und die selbstklebenden *Pril*-Blumen würden sich auch im nächsten Leben nicht mehr von den Kacheln lösen. Kurz: In den Wohnungen der Bundesrepublik schien alles tiptop. Selbst im Keller war Platz, und es herrschte Reinlichkeit. Zum Sperrmüll trugen die Deutschen höchstens mal ein leeres Farbeimerchen oder eine lädierte Holzkiste. Mehr hatten sie nicht. Der Grund: Vor 1989 betätigte sich die Deutsche Bundespost auch als aktiver Entsorger in Ungnade gefallener Gegenstände des privaten Haushalts. Wer zum Beispiel einen Plattenspieler mit gebrochenem Tonarm besaß, dazu möglichst einen Satz hoffnungslos zerkratzter Platten, eine funktionslose Küchenmaschine oder Klamotten, die jede Altkleidersammlung ohne zu zögern sofort den Flammen übergeben hätte, warf das Zeug nicht achtlos fort, sondern schnürte einfach ein Paket. Ein bisschen Obst, Konserven und Kaffee dazwischen und ab damit in den Osten! Das würde den Brüdern und Schwestern das Martyrium, in der Deutschen Demokratischen Republik zu leben, sicherlich erleichtern.

Die freuen sich! Da war sich der Westen ganz sicher und fegte zufrieden noch einmal den leeren Keller.

Heute gibt es die Schulen.

In den Schulen landen all die Rechner, die kein Mensch mehr haben will. Klobige Tischcomputer direkt aus der Computersteinzeit in nikotinverfärbten Gehäusen. Meist mit gelähmten Lüftungsventilatoren, 5¼-Zoll-Diskettenlaufwerk, inklusive Schieberegler für die lappigen Scheiben. Kleine, fiese

Bildschirme, die noch grüne Schrift auf schwarzem Hintergrund führen und aufgrund eines an Altersschwäche bedingten Defekts das Bild beständig alle 10 bis 15 Sekunden zucken lassen. Im Inneren der Rechner winzige Festplatten, deren Kapazität schon mit einem neuen Betriebssystem überfordert wäre. Darum meistens DOS oder Windows 3.1., auch als zeitlos schöne Zumutung bekannt. 286er, 386er, 486er und sehr sehr selten ein Pentium I. Drei von drei Druckern, denen beim Transport auch der eine oder andere Deckel abhanden gekommen ist, lehnen jegliche Funktion ab und verweisen auf ihre verstopften Düsen. Es handelt sich eben um all jene Geräte, die Versicherungen, Banken und Redaktionen sonst nach wenigen Jahren auf den Müll werfen.

Wer aber heute diese lahmen Gurken den Schulen überlässt, kann eben auch eine Pressemitteilung aussenden, die nur so vor gesellschaftlichem Pflicht- und Verantwortungsgefühl strotzt.

Neue Firmen, die sich auf die Form der Computerentrümpelung spezialisiert haben, verdienten sich eine goldene Nase, in dem sie die Dinger kostenlos einstrichen, retteten was zu retten war, und dann den ollen Plunder in hohen Stückzahlen an Schulen weiterverscherbelten.

Die freuen sich!

Heute ist die Schule die Schutthalde des digitalen Zeitalters, ein gigantischer Friedhof aussortierter Gerätschaften. Aus Angst, für technologiefeindlich gehalten zu werden, fehlt Lehrern und Rektoren der Mumm, den unbrauchbaren Krempel abzulehnen. Nur mal angenommen, diese Geräte funktionierten tatsächlich noch:

Welche Software läuft dann darauf?

Und woher bekommt die Schule veraltete Software?

Die Ratlosigkeit treibt ihre eigenen Blüten: In Frankfurt am Main gibt es, nach Bekunden junger Grundschullehrerinnen, einige Schulen, in denen die Schüler mit *Paint* eine Freistunde verbringen dürfen, dem Windows-Rechner mitgelieferten Malprogramm für anspruchlose Gemüter.

Die freuen sich!

Eine Zeitlang schienen durchaus auch die Multimedia-Verlage daran interessiert, Schulen für sich zu gewinnen, als ob die Reputation der Institution auf ihre CD-ROMs übertragbar wäre. Ist erst mal der Lehrer begeistert, so die damals landläufige Meinung, kauft vielleicht die ganze Schule die Produkte. Folglich hatten die Verlage zu Beginn der Multimedia-Entwicklung mit dem Gejammer Erbarmen und überließen Schulen und Bibliotheken kostenlos CD-ROMs. Doch je mehr die Verlage umsonst herausrückten, desto mehr Lehrer standen am nächsten Tag auf der Matte und hielten die Hand auf.

Heute wissen die Firmen, dass in den Schulen nichts zu holen ist, nicht einmal so lächerliche Dinge wie Akzeptanz oder Markenbildung. Im so genannten Nachmittagsmarkt wartet weitaus mehr Gewinn, und Eltern bezahlen die Produkte, ohne zu murren, weil sie sich davon bessere Noten für das Kind versprechen.

Immerhin: Der Münchener Verlag R. spendete 100 000 CD-ROMs an die Schulen. Bei näherer Betrachtung stellte sich dann heraus, dass es gar keine Software war, sondern veraltete Datenbanken, die schon neu ohne brauchbaren Nutzen gewesen waren – Ladenhüter. Das wäre so, als würde Ikea 100 000 Kataloge an die Schulen schicken und dann in einer Pressemitteilung von »100 000 Büchern« sprechen. Natürlich gibt es auch Verlage, die vollwertige Software spenden. Auch da sind die Motive meist eher vom praktischen Geschäftssinn getrieben.

»Nächste Woche kommt mit viel Werbung unsere neue Version von *** auf den Markt«, plaudert ein Geschäftsführer aus. »Aus den Läden kamen 70 000 Remittenden der alten Version in angestoßenen Packungen zurück, mit denen wir nichts mehr anfangen können. Die überlassen wir jetzt den Schulen. Das ist immer noch billiger, als unsere Scheiben entsorgen zu lassen. Denn streng genommen zählen die zu Sondermüll.«

Endlich mal jemand, der ehrlich über seine Produkte spricht.

Gerontologisches von der Front

Schule und Internet haben mehr gemeinsam als gedacht:

Beide sind unzähmbar, unsäglich lahm, nerven nach einer Weile und die Qualität der Inhalte gefällt uns nicht immer.

Das Internet ist cool, die Schule nicht.

Außerdem sagt niemand mehr über Schule etwas Gutes.

»Es gibt drei oder vier Themen, über die Menschen a priori ungern reden: den Tod, die Schule und die Mütter. Und in dieser Triade ist vielleicht die Schule noch das Unangenehmste«, vertraute der Philosoph Peter Sloterdijk im Juni 2001 der *Frankfurter Rundschau* an. Und weiter: »Wie viele Menschen, bin auch ich ein typisches Opfer der Schule, das permanent Menschen Fragen beantwortet, die noch nicht gestellt wurden. Diese Schule ist daher der Herd einer Langeweile, von der man sich nie erholt, weil man dort ständig Berufslangweilern begegnet. Und wenn man den Langweiler präzis definiert als denjenigen, der Fragen beantwortet, die nicht gestellt wurden, dann versteht man, warum die Intelligenz, die kindliche vor allem, verleimt und verklebt und beleidigt wird. Man kommt nie wieder im Leben – es sei denn durch irgendeine heilsame Katastrophe – an den Punkt, wo man denken kann, als hätte man nie einen Lehrer gehabt. Bei mir hat das eine Blockade im Bereich der Naturwissenschaften hervorgerufen. Wir hatten in den naturwissenschaftlichen Fächern lauter Superlangweiler und die haben bei mir die Liebe zur Physik und zur Mathematik nachhaltig zerstört.«

Nach Sloterdijk gibt es den berechtigten Wunsch nach Abschaffung der Schule. In den Augen der Kritiker liegt die Institution ohnehin schon seit Jahrzehnten auf dem Sterbebett und siecht dahin. Die Knochen schimmern durch die fahle Haut, die Augen glänzen leer. Die Schule windet sich, stöhnt, jammert und speit, aber sie will partout nicht abtreten. Denn Schule ist auch zäh. Vermutlich überlebt sie sogar ihre Gegner. Sicher, der Vorwurf, Schule sei verstaubt und starr, ist alles andere als neu.

Aber es gibt einen Unterschied in der Internet-Generation: Moralisch betrachtet gab erst der Computer dem Patienten Schule den Rest. Denn an der Seite eines Computers wirkt einfach alles rückständig. Die Deutschen messen heute Schule, die für ganz andere Werte steht, an einem schnelllebigen Medium in einer schnelllebigen Zeit und sprechen nun noch schlechter von Schule, als sie es ohnehin taten.

Obwohl sich die Bundesbürger selbst nur zögerlich den technischen Gegebenheiten anpassen, erwarten sie dennoch von Schule, dass sie brav das neue Stöckchen apportiert. Denn ohne Computer keine Zukunft, keine Ausbildung, kein Studienplatz.

Aber Schule ist kein gutes Hündchen. Und was die Schule auch macht: Sie kann in diesem ungleichen Wettbewerb nur verlieren. Und dabei sieht sie zum Erbarmen aus.

Computer machen eben alles und jeden alt. Oder anders gesagt:

Ein 50-jähriger Lehrer ist nicht alt, ein 50-jähriger Lehrer im Computer-Zeitalter schon. Der möge sich doch bitteschön ohne zu murren bald schon auf sein Altenteil begeben und sich einen plauschigen Platz hinter dem Ofen suchen.

Wie alt deutsche Lehrer sind

Unter 35 Jahre	11,6 %
35–39 Jahre	10 %
40–44 Jahre	14,7 %
45–49 Jahre	23,8 %
50–54 Jahre	19 %
55–59 Jahre	16,3 %
60–64 Jahre	4,4 %

Quelle: Statistisches Bundesamt. Stand 1999/2000

Demnach sind 63,5 Prozent der Lehrer über 45 Jahre alt. Nur 36,3 Prozent liegen darunter. Associated Press meldet, dass das augenblickliche Durchschnittsalter 47 Jahre beträgt. In einer Zeit des Jugendwahns und der Computerhysterie hat diese Truppe in der Öffentlichkeit nicht die geringste Chance.

Wir merken uns den Satz: Ein durch die Lupe betrachtetes Problem wird nicht automatisch größer.

Der McGyver-Effekt

Engagement lohnt sich nicht. Bislang gibt es keinen vernünftigen Grund, warum Lehrer in Sachen Computer in der Schule mehr Einsatz zeigen sollten. Sie wurden weder dafür ausgebildet, noch darauf vorbereitet. Dazu schlägt engagierten Lehrern von ihren Kollegen mehr oder weniger subtile Verachtung entgegen. Tatsächlich erfreuen sich engagierte Informatiklehrer ausschließlich bei Schülern großer Beliebtheit. Mehr ist nicht drin. Denn wer in der Schule so etwas Komplexes wie ein internes Schulnetzwerk aufbaut und für dessen reibungslose Funktion verantwortlich ist, erhält weder Dank noch Anerkennung. Für diese nicht sonderlich beneidenswerte Arbeit bekommt der Pädagoge nun mal keinen Pfennig mehr Gehalt, keine Gratifikation, sondern muss sich vielmehr anhören, dass die Lehrer in Deutschland die bestbezahlten in Europa sind.

Der engagierte Lehrer, der sich der Computerbelange der jeweiligen Bildungsinstitution annimmt, mutiert ganz selbstverständlich zum digitalen Hausmeister des 21. Jahrhunderts. Erst wenn der Computer nicht mehr druckt, ein Laufwerk über Nacht verschwindet oder das ganze System einfach zusammenbricht, schlagen die Kollegen ihm gegenüber einen jovialen Tonfall an, als müsste ihnen Serienheld *McGyver* mit einem Kleiderbügel und einem Streifen Tesafilm bewaffnet aus der Klemme helfen. Mittlerweile besitzt zwar die überwiegende Mehrheit der Lehrer einen eigenen PC zu Hause, eine Tatsache, die sie nicht immer kommunizieren; und in der Schule halten sie sich lieber fein raus. Der digitale Hausmeister wird es schon richten. Es wäre nicht weiter verwunderlich, wenn der eines Tages auch Kopierer und Kaffeemaschinen reparieren müsste. Löst er das Problem, spricht kein Mensch mehr darüber. Löst er es nicht, dann waren die im leisen Tonfall geäußerten Zweifel an seiner Qualifikation immer schon gerechtfertigt. In einem Lehrerzimmer gibt es im Besteckkasten keine Messer mehr.

Wer weiß mehr?

Die Schüler in Deutschland sind mit dem Fachwissen ihrer Lehrer über PC und Internet nicht zufrieden. 25 Prozent der Kinder und Jugendlichen zwischen 12 und 24 Jahren halten diesbezüglich das Wissen ihrer Lehrer für ausreichend.

Computerwissen bei Lehrern

Verfügen die zuständigen Lehrer für PC und Internet über genügend Fachwissen?

Antworten	Total	12–15 Jahre	16–19 Jahre	20–24 Jahre
Fachwissen ist ausreichend	25%	25%	25%	22%
Fachwissen reicht zum Teil aus	34%	33%	35%	30%
Fachwissen ist nicht ausreichend	31%	29%	33%	39%
Kann ich nicht beurteilen	10%	14%	7%	9%

Eine **EARSandEYES**-Befragung von 485 Kindern und Jugendlichen zwischen 12 und 24 Jahren. Stand: August 2000

Solche Zahlen nehmen die Deutschen schon seit längerer Zeit mit Schadenfreude zur Kenntnis. Zu Hause sieht es nicht wesentlich anders aus. Mütter erklären immer wieder voller Stolz: »Das mit dem Computer macht alles mein Sohn.«

Kinder und Jugendliche kennen keine Berührungsängste mit dem Medium. Sie probieren einfach aus, versuchen ganz pragmatisch, an ihr Ziel zu kommen. Das neue Rollenverhältnis gefällt uns: Wir sind die Doofen, die Kinder sind die Schlauen.

Wer seine Kinder früh genug auf das Computerzeitalter vorbereitet, hat technischen Support auf Lebenszeit. Und wer mit den komplexen Abläufen eines Computers klarkommt, schafft bekanntlich alles. Selbst die Steuererklärung. Die Kinder und Jugendlichen mailen, surfen, laden herunter, besorgen sich Informationen und Software über das Internet. Durch das neue Rollenverhältnis der Erwachsenen halten sich immer mehr Kinder automatisch für IT-Spezialisten. Teilweise mit katastrophalen Folgen. Ein Kölner Sozialarbeiter berichtet von einem Jugendlichen, der aufgrund mangelhafter Leistungen von der Schule fliegt. Er könne Computer, habe der Junge gesagt, und sei fest davon überzeugt, auch ohne Zeugnis in einer Computerfirma anzufangen. »Aber er kann ja gar nichts«, meint der Sozialarbeiter kopfschüttelnd. »Er spielt. Das ist alles.«

In der öffentlichen Meinung sind die Machtverhältnisse in der Schule ähnlich wie zu Hause: auf der einen Seite der von Kompetenzängsten zerfressene Lehrkörper, der nicht einmal eine Diskette formatieren kann. Auf der anderen Seite der haushoch überlegene Schüler, der schon mit einem USB-Kabel im Mund geboren wurden, sich bis zum BND hackt, seine eigene Firma gründet und dann mit 16 Jahren Multimillionär ist.

»Das stimmt doch alles nicht«, bestätigt Hans-Peter Sang. »Ich höre solche Geschichten immer wieder. Sicher, es mag diese Schüler zweifellos geben. Die Mehrzahl der Schüler, die ich erlebe, sind überhaupt nicht so. Im Großen und Ganzen haben die Schüler große Schwierigkeiten, mit gängigen Programmen wie Word oder Excel umzugehen, genau wie Lehrer eben auch. Der Schüler oder der Jugendliche ist nicht schlechthin der große Computerfreak, der irrsinnig viel weiß.«

Und was sagen die Jugendlichen dazu? Nichts. Diese Diskussion lässt Schüler und Jugendliche völlig kalt. Nur eine weitere Erwachsenendiskussion eben, bei der viele reden, bis die Köpfe heiß und die Ohren rot werden und jeder der Teilnehmer mit dem zufriedenen Gefühl nach Hause gehen kann, für sich Recht behalten zu haben. Bitte weiterspulen.

Natürlich nutzt die Jugend Computer und Internet mit größerer Selbstverständlichkeit als Erwachsene, aber wir machen daraus ein Brimborium. Sie nicht. Im Gegenteil: Jugendliche sehen die ganze Entwicklung sehr entspannt. Sie kennen keinen Vergleich.

Für diese Generation ist ein Lehrer, der mühelos mit den neuen Medien umgehen kann, nicht zwangsläufig der bessere Lehrer.

»Ich will ja nicht angeben«, meint Hans-Peter Sang, »aber ich habe nie Probleme mit Schülern gehabt. Auch nicht mit renitenten Klassen. Die Schüler akzeptieren beim Lehrer zwei Dinge: erstens eine hohe fachliche Kompetenz. Das heißt, wenn ein Schüler das Gefühl bekommt, dass der Lehrer vorne wirklich Ahnung von seinem Job hat und den Job auch gerne macht, dann bringt er dem Lehrer auch Respekt entgegen. Der zweite Punkt ist, dass der Schüler das Gefühl hat, gerecht behandelt zu werden.«

Wenn das Internet die Hausaufgaben macht

Wer zu spät bekommt, den bestraft der Lehrer. Früher stammelten wir wenig kunstvoll eine Ausrede vorm Herrn Studienrat (»Die Straßenbahn kam nicht«) und bekamen dabei auch noch einen hochroten Kopf. Auch das so genannte Spicken gehörte zu den täglichen Überlebensformen in der Schule. Kleine, mit Kugelschreiber vollgekritzelte Karo-Zettelchen, akribisch beschriebene Hand- und Körperflächen und auf den Toiletten versteckte Lösungswege gehörten sicherlich nicht zu den elegantesten Umsetzungen. Und irgendwie hatten die Lehrer es einigermaßen im Griff. Heute aber ist wieder alles anders. Schon seit geraumer Zeit kursieren im Internet fertige Hausaufgaben, die sich der Schüler mit einem einfachen Mausklick herunterlädt. Diese Seiten werden nicht nur von Schülern stark frequentiert, sondern vor allem von ihnen gepflegt und gestaltet. Lehrer fühlen sich zunächst dieser Entwicklung ohnmächtig ausgesetzt, die eigentlich mit dem Lexikon *Encarta* und der scheinbar beiläufigen Frage begann, ob die Hausaugaben auch »getippt« abgegeben werden dürfen. Der Lehrer merkte den Betrug erst dann, wenn auch andere Schüler den Artikel des Microsoft-Lexikons wörtlich und ohne die kleinste Veränderung übernommen haben. Im Internet ist die Fülle an Material schon erstaunlich. Fix und fertige Hausaufgaben gibt es zu allen Fächern: Deutsch, Englisch, Französisch, Latein, Griechisch, aber auch Mathematik, Biologie, Physik, Chemie, Erdkunde, Geschichte, Ethik und Politik. Im Fach Deutsch warten Informationen zu Alfred Anderschs *Sansibar* bis zu Stefan Zweigs *Schachnovelle*. Weiterhin bietet die Abteilung Deutsch auch Material zu Epochen, der Sprache, Theater und Film, Poesie oder Stilmittel. Spicktipps werben für professionelles Schummeln, warnen aber auch vor den Folgen, wenn der eine oder andere erwischt wird. Neben den Klassikern wie Handflächen beschreiben soll auch der Computer zur Hilfe herangezogen werden, um klitzekleine Folien auszudrucken. Auch Wasserflaschen sollen sich hervorragend für Formeln eignen. Ein Tipp lautet so:

»Man sollte sich von Timex die Datalink-Uhr kaufen (oder schenken lassen). Durch den Bildschirm kann man Daten auf die Uhr übertragen. Im To-Do Mode sind für jeden Tag 11 Zeichen möglich, und es passen viele Einträge in die Uhr. (…) Im Chemie-Test hat das wunderbar bei mir geklappt.«

Nur die Ausreden sind erstaunlich lahm. Für das Zuspätkommen im katholischen Religionsunterricht werden Marienerscheinungen herangezogen, auch Ufos und mangelnde Parkplätze müssen da herhalten. Bei völliger Abwesenheit allerdings schrecken die Schüler auch vor rhetorischer Dreistigkeit nicht zurück:

»Sehr geehrte Frau X, abwesenheitsbedingt habe ich heute

an Ihrem Unterricht nicht teilgenommen. Ich bitte Sie, mein Fehlen zu entschuldigen.«

Alles in allem sind diese Seiten im Netz einen Blick wert, auch wenn sie vor Rechtschreibfehlern nur so strotzen. Über die Hälfte der befragten Jugendlichen kennen die Mogelseiten im Netz. Über 42 Prozent interessieren sich für solche Seiten.

Lernhilfen im Internet I

Kennst du Lernhilfen im Internet?

	Total	12-15 Jahre	16-19 Jahre	20-24 Jahre
Antwort	547	124	230	193
Ja	53%	57%	60%	41%
Nein	47%	43%	40%	59%

Eine **EARSandEYES**-Befragung von Kindern und Jugendlichen zwischen 12 und 24 Jahren. Stand: August 2000

Lernhilfen im Internet II

Wie sehr interessierst du dich grundsätzlich für Lernhilfen im Internet?

	Total	12-15 Jahre	16-19 Jahre	20-24 Jahre
Antwort	499	161	245	93
1 = interessieren mich sehr	14 %	12 %	14 %	16 %
2	28 %	25 %	31 %	26 %
3	24 %	27 %	22 %	26 %
4	13 %	13 %	13 %	13 %
5	13 %	13 %	13 %	13 %
6 = interessieren mich überhaupt nicht	8 %	10 %	7 %	6 %

Eine **EARSandEYES**-Befragung von Kindern und Jugendlichen zwischen 12 und 24 Jahren. Stand: August 2000

Lernhilfen im Internet III

Welche Lernangebote kennst du?

	Total	12-15 Jahre	16-19 Jahre	20-24 Jahre
Anwort	499	161	245	93
www.hausaufgaben.de	71 %	70 %	74 %	62 %
www.referate.de	67 %	57 %	78 %	55 %
www.hausarbeiten.de	45 %	34 %	50 %	53 %
www.spicken.de	35 %	37 %	37 %	25 %
www.hausaufgaben-online.de	28 %	25 %	32 %	25 %
kenne andere Lernangebote	36 %	33 %	39 %	37 %
kenne keine Lernangebote	6 %	11 %	3 %	4 %

Eine **EARSandEYES**-Befragung von Kindern und Jugendlichen zwischen 12 und 24 Jahren. Stand: August 2000

»Es ist ja nicht so«, erklärt der Lehrer Andreas Borrmann, »dass heute mehr oder weniger geschummelt wird als früher. Fast alles im Internet ist schlechter als die Einträge im Konversationslexikon. Sobald der Lehrer mit seinen Schülern spricht, stellt sich heraus, ob sie gelernt haben oder nicht. Und für uns Lehrer gilt: Wir müssen uns diese Seiten ansehen und sie kennen. Nur wer diese Seiten nicht kennt, wird hektisch.«

Fort wie Fortbildung

Entsprechend reagiert die Lehrerschaft. Die einen stellen sich tot. Nach dem Motto: »Lass den Kelch dieser neuen Entwicklungen an uns vorüberziehen.« Diese Lehrer wissen Veränderungen überhaupt nicht zu schätzen und sehen sich auf unangenehme Weise mit ihren Berührungsängsten konfrontiert. Andererseits: Wer jahrelang Physik, Biologie und Geschichte ohne die Hilfe eines Computers unterrichtet hat, kann nur schwer verstehen, warum sich das jetzt in der Schulstunde ändern soll.

Es gibt aber noch subtilere Formen der Ablehnung: Andere Lehrer bemühen sich zumindest und wollten sich erst einmal ein eigenes Urteil bilden. Ihre Haltung drückt sich am Besten in dem Satz »Ich hätte mehr erwartet« aus. Je mehr sie sich von der Software versprechen, desto enttäuschter sind sie angesichts des gewöhnlichen Leistungsumfangs einer Software. CD-ROMs sind zu 80 Prozent für den täglichen Einsatz in der Schule gänzlich ungeeignet. Und von den 20 Prozent, die einsetzbar sind, taugt mindestens die Hälfte wiederum nichts. Es fehlt an Konzepten. Schließlich macht es keinen Sinn, wenn dreißig Schüler an dreißig Computern einem Spiel zum Thema Physik nachgehen. In der Regel sind die Enttäuschungen in den Lehrerfortbildungen sehr groß. Je unerfahrener die Pädagogen in multimedialen Belangen sind, desto eher wünschen sie sich in den Seminaren eine Liste mit geeigneter Software und einer Schritt-für-Schritt-Anleitung, wie sie eingesetzt werden soll. Nicht selten endet eine Fortbildung in tiefen Unmutsbezeugungen und unzufriedenen Gesichtern. Wie beim klassischen Unterricht eben. Nur die Wenigsten wollen die drei Botschaften, sich selbst auf den Weg zu machen, wahrhaben:

1. Es gibt keine Patentrezepte.
2. Es gibt keine Lernsoftware, die sich wie andere Medien einsetzen lässt. Sie bedarf eigener Konzepte.
3. Es gibt keine Medienkompetenz in Pillenform, sondern nur Erfahrung.

Für Referenten sind Lehrerfortbildungen eine große Herausforderung. Sie kommen sich wie ein junger Referendar vor, der zum ersten Mal alleine Unterricht in einer Rabaukenklasse macht, und das ist noch untertrieben. Denn viele Lehrer können sich weder konzentrieren, noch zuhören oder einfach nur den Mund halten. Sie sind stark individualisierte Einzelkämpfer und nehmen keine Rücksicht auf die Regeln in einer Gruppe mit 30 Lehrern und 30 verschiedenen Erwartungshaltungen. Stattdessen würgen sie den Seminarleiter vorzeitig ab, um an genau die Information zu kommen, die nur sie interessiert. Einen Schüler würde diese beherzte Art sofort den Kopf kosten. Werden die eigenen Erwartungen nicht erfüllt, kommt es zum Eklat. Pädagogen spritzen nach fünfzehn Minuten mitten im Seminar auf, verkünden lauthals »Das bringt mir nichts« und packen ihr Bündel.

»Ich habe jahrelang Lehrerfortbildungen gemacht«, sagt Hans-Peter Sang und stöhnt auf. »Ich mache sie immer noch. Es ist eine Katastrophe. Eine große Zahl meiner Kollegen weiß nicht mal, wie man eine Maus bedient. Das ist kein Witz. Ich sage, der Mauszeiger kommt auf dem Bildschirm auf die Stelle, die wir markieren wollen. Jetzt müssten sie nur noch auf eine Taste drücken. Und was machen die? Sie lassen die Maus los und hauen sie auf die Tasten drauf. Ich war anfangs echt schockiert. Ich fange heute immer noch bei Adam und Eva an. Der Wissensstand der überwiegenden Zahl der Lehrer ist, was Informatik betrifft, katastrophal.«

Was machen eigentlich die Medienpädagogen?

Besonders Medienpädagogen sind momentan gefragt. Heute gelten Stefan Aufenanger, Bernd Schorb und der kürzlich verstorbene Dieter Baacke als die prominentesten Vertreter der Medienpädagogik. Nur sind die kaum bekannt.

Bernd Schorb weiß, woran das liegt: »Die Medienpädagogen haben, wenn sie die Medien selber nehmen, einen ganz schlechten Ruf, weil sie als die Miesmacher gelten.«

Medienpädagogen sagen oft Negatives. Doch ihr Einfluss verbessert sich. »Das ZDF hat letztes Jahr mal eine Tagung mit Medienpädagogen gemacht, die sogar sehr viel Resonanz hatte. Zwanzig Jahre gab es so etwas nicht. Es gibt eine neue Entwicklung: Marketingforscher nennen sich gerne

Medienpädagogen – natürlich ohne kritisches Potenzial. Wir treten zu wenig medial in Erscheinung.« Medienpädagogik ist eine Pädagogik, die sich erst im Nachhinein gebildet hat.

»Erst waren die Probleme da, und dann gab es die Pädagogiken dazu«, meint Schorb. Kein Problem ohne Pädagogen. »Ja. Ich muss es zugeben. Es ist einfach so. Wie jedoch die Medienpädagogen-Richtungen mit den Problemen umgehen, ist sehr unterschiedlich. Manche lehnen die Medien als schädlich ab, manche versuchen sie in ihrer Ambivalenz kritisch zu sehen, und manche schwimmen auf dem Strom der Hoffnung in die neuen Medien mit. Moderne Medienpädagogen dieser Couleur gehen heutzutage ins Netz und kümmern sich um das Lernen im Internet. Ich löse die Schulen auf – so die Zielvorstellung –, ich bekomme mit Hilfe der Ministerpräsidenten auch noch das Geld dafür, und jeder Schüler wird medienkompetent als guter Medienmanager. Am Schwierigsten hat es die Medienpädagogik dann, wenn sie unabhängig als Pädagogik operiert, also in ihrem eigenen Sinn anleitet und führt. Ich bin der Auffassung, Pädagogik hat die Verpflichtung zu führen. Meine Erfahrungen sind in der Jugendarbeit, aber auch in der Arbeit mit Studenten und Studentinnen relativ gut. Denn die erwarten von mir, dass ich etwas weiß, dass ich eine Position habe. Wenn ich diese Position vertrete, kann ich mich mit ihnen auseinander setzen. Ich erwarte allerdings nicht unbedingt, dass sie sich dann zu meinen Gefolgsleuten entwickeln. Meine Position im Bereich der Medien habe ich, weil ich relativ viel Kenntnis von diesen Dingen besitze, allerdings keine Detailkenntnisse. Ich kann nicht programmieren, aber erkenne zusammenhängende Strukturen und Hintergründe, um die Medien in den Kontext der Geschichte dieser Gesellschaft zu stellen. Wenn das gelingt, hat Medienpädagogik durchaus ihre Berechtigung.« Nur wie können Medienpädagogen mit allen Neuerungen mithalten? »Für mich ist es relativ einfach«, erklärt Schorb. »Ich betrachte die Dinge aus der Sicht der Kinder und Jugendlichen, um herauszufinden, wo sie gerade stehen. Ich kann nicht mit ihnen Pokémon spielen. Ich tausche sie nicht, weiß höchstens, wie der bekannteste Pokémon heißt, aber ich beobachte, was die Kinder tun, denn das kann ich nachvollziehen. Ich bin aber auch nicht verpflichtet, Pokémon zu lieben, und habe, offen gesagt, keine sehr hohe Meinung davon. Aber auch ich habe in meiner Kindheit Bildchen gesammelt. Meine Aufgabe ist es zu wissen bzw. festzustellen, was hier passiert, dadurch dass ich mit Kindern darüber rede.« Er sieht seine Aufgabe mehr als Zuordnung. »Aber ich muss auch wissen, dass es in den Schulen in diesem Zusammenhang Diebstähle gibt, damit die Kinder Geld haben, um sich einen seltenen Pokémon zu kaufen, der im Tausch bis zu 40 oder 50 Mark Wert ist.«

Was der CD-ROM-Markt zu bieten hat

Wer als Baby sitzen kann, darf an den Computer. Zumindest in den USA. Denn dort wird schon seit längerer Zeit Software für Säuglinge angeboten. Die Spielzeugfirma Fisher-Price siedelt ihre CD-ROMs erst bei 1½ Jahren an. In Deutschland ist es besser, aber nicht viel. Bereits Zweijährige sollen sich an den *Teletubbies*-CD-ROMs und ihren sinnentleerten Spielereien delektieren. Ginge es nach den Herstellern, würden sie auch Programme für Embryos anbieten. 1995 schwappte mit *Just Grandma And Me,* längst ein Klassiker, der erste Kindersoftwaretitel auf CD-ROM aus Amerika zu uns herüber. Zum ersten Mal wurden von der Softwareindustrie Kinder unter sechs Jahren angesprochen. Damals verdienten sich nur zwei Genres dumm und dämlich: Anwendersoftware und Computerspiele. Kinder, die am Computer spielen, galten seinerzeit als problembeladene Sonderlinge, die jedes Ballerspiel sozialen Kontakten vorzogen und dabei immer einsamer wurden. Um sich deutlich von den Computergames abzuheben, wurde rasch ein Kunstwort gefunden: »Edutainment.« Education und Entertainment verschmolzen zu einem Begriff, der Eltern vor allem deutlich machte, dass ihre Kinder nicht *nur* spielten, sondern dabei auch noch etwas lernten. Anregende Bilder, Sounds und Filmelemente wechselten sich mit Mathematikaufgaben oder Englischvokabeln ab. Das traf besonders in Deutschland einen Nerv. Denn hier durfte noch vor wenigen Jahren der Nachwuchs nur an den Computer, wenn er nicht »spielte«, sondern etwas »Sinnvolles« machte. Und das hieß lernen. Denn während sich die CD-ROM und multimediale Möglichkeiten langsam zu ihrem weltweiten Siegeszug erhoben, produzierten die Schulbuchverlage fleißig Diskettenprogramme, die zum jeweiligen Schulbuch passten. Als Geschäftsidee nicht dumm. Nur konnten die Kids mit diesen hölzernen und teilweise auch sehr unerfreulichen Umgangsformen (»Zu diesem Namen existiert keine Fehlerquote«) nichts anfangen und warfen die Software nach einmaliger Benutzung in die Ecke.

Außer Cornelsen und Klett gibt es heute eigentlich kaum einen etablierten Buchverlag, der für sein Softwareangebot bekannt ist. Die Großen stürzten im Kindersoftware-Markt gnadenlos ab: Bertelsmann (Beebook), Holtzbrinck (Systhema), Burda (Navigo). Vielmehr eroberten pfiffige Quereinsteiger den Markt. Bekannte Verlage wie Tivola und Terzio zählen zu den Stars der ersten Stunde. Tivola legte von Anfang an, als eine Softwareinstallation noch eine Ganztagsbeschäftigung war, auf verständliche und Zeit sparende Standards Wert. So funktionierten diese Produkte auf Mac und PC und liefen meist dreisprachig ab. Das öffnete dem Berliner Verlag vor allem den Lizenzmarkt, der zusätzlich Geld einbrachte. Denn um 1995/96 herum musste ein Multimediaverlag schon froh sein, wenn er in Deutschland 3000 Exemplare von einem Titel verkaufte. 10 000 Stück hingegen galten als Riesenerfolg. Mit *TKKG* entdeckte Tivola, dass besonders Markennamen ziehen. Und die im Winter 2000 herausgekommene WDR-Adaption *CD-ROM mit der Maus* erreichte mühelos die 100 000er Marke. Ein gutes Gespür für bekannte Marken zeichnet auch den Münchner Terzio Verlag aus. *Löwenzahn* mit Peter Lustig kommt in seinen insgesamt fünf Folgen (und dank der Zweitverwertung in Discountmärkten) bei fast zwei Millionen umgesetzten Exemplaren an. Der Außerirdische *Addy* aus dem französischen Hause *Coktel* (heute *Vivendi,* vormals *Havas,* vormals *Cendant*) landete erstmals 1994 in den deutschen Kinderzimmern und verkaufte sich bis heute über eine Million Mal. *Addy* ist Deutschlands bekanntester Nachhilfelehrer. Der Markt ist längst profitabel, und Buch- und Schulbuchverlage, aber vor allem die Spielzeugindustrie (Lego, Mattel) schießen sich auf die Zielgruppe Kinder ein. Wer eine starke Marke hat, gewinnt. Das zeigen die Charts, von *Benjamin Blümchen* bis *Barbie*. Inzwischen kehren selbst eingefleischte Spieleschmieden wie Electronic Arts *(Black & White)* reumütig zum verpönten Kinderbereich zurück und messen nun »Kids- und Edutainmentprodukten besondere strategische Bedeutung« bei, wie Marketing Director Oliver Kaltner jüngst äußerte.

Einziges Manko: Kinder kaufen keine Kindersoftware. Dieser Markt ist und bleibt ein reiner Elternmarkt. Kein Kind der Welt würde an der Kasse sein gesamtes Quengelpotenzial einsetzen, um etwa einen Vokabeltrainer zu bekommen.

Kindersoftware ist ab einem gewissen Alter uncool. Daran sind aber die Hersteller selbst Schuld. Denn wer heute den Kindersoftwaremarkt näher betrachtet, dem fällt vor allem auf, dass es ein unglaublich großes Angebot für Kinder im Vorschul- und Grundschulalter gibt. Für Zehnjährige wird es schon dünner, für 12-Jährige fast aussichtslos. Wer sich mit 13 Jahren für den Computer interessiert, dem bleiben eben nur Spiele und Internet.

Was kann Lernsoftware?

Früher gab es einen Löffel Sanostol, heute muss ein Lernprogramm auf CD-ROM her. Der Begriff Lernsoftware ist zweifellos genial, weil er Eltern und Lehrern das Versprechen liefert, aus schlechten Schülern gute Schüler zu machen. Und Deutschlands Schüler haben es dringend nötig. Rund ein Drittel aller deutschen Schüler, so schätzt das Institut der deutschen Wirtschaft (IW) in einer Studie, erhält Nachhilfeunterricht. Das ergibt rund drei Millionen Schüler. Im Jahr geben Eltern in Deutschland laut IW 1,8 Milliarden Mark für Nachhilfe aus.

Ohne die Dreimarkfuffzich, die der Online-Nachhilfe-Markt bislang einnimmt. Und ohne Lernsoftware.

Seit Jahren rennen Eltern in die Buchhandlungen und suchen das passende Programm zum Schulbuch. Ein Anspruch, den weitgehend nur der Klett Verlag in Stuttgart einhält, wenn auch mit veralteter Software, die aber nach wie vor das Kerngeschäft der schwäbischen Multimediatruppe ausmacht. Bis heute ist Lernsoftware den Beweis schuldig geblieben, tatsächlich die Noten zu verbessern. Es gibt keine repräsentative Umfrage hierzu, die ernst genommen werden kann. Die Industrie scheint daran auch noch nicht so sehr interessiert zu sein.

Aber was nützt Lernsoftware tatsächlich? Ein Beispiel: In einer 30-köpfigen Schulklasse sitzen fünf Schüler, die sehr gut sind, und fünf sehr schlechte. Die Guten langweilt die Software, die schlechten haben möglicherweise eine Lernblockade, zum Beispiel in Mathe. Keine Software der Welt kann Blockaden auflösen. Ein Beispiel:

Der Schüler lernt mit *Mathebits,* einem Bruchrechnen-Programm aus dem Westermann Verlag. Kleine Wattebäuschchen mit Beinen, der zuständige Grafiker hatte sich wohl zum Zeitpunkt der Realisierung beide Arme gebrochen, sollen die Kinder zum Mitmachen animieren.

Der Schüler übt und verrechnet sich.

»NEIN!«, sagt das Programm. »Im Nenner steht, in wie viele Teile das Ganze unterteilt ist. Im Zähler steht die Anzahl der farbigen Teile.«

Hm. Noch ein Versuch.

»NEIN!«, sagt das Programm. »Im Nenner steht, in wie viele Teile das Ganze unterteilt ist. Im Zähler steht die Anzahl der farbigen Teile.«

Was bedeutet denn das genau? Der Schüler löst die Aufgabe wieder nicht richtig.

»NEIN!«, sagt das Programm. »Im Nenner steht, in wie viele Teile das Ganze unterteilt ist. Im Zähler steht die Anzahl der farbigen Teile.«

Erst beim dritten Mal meldet sich die Software: »Ich helfe dir jetzt.« Am Ende steht nur das richtige Ergebnis, aber nicht wie es zustande kommt.

Bleiben also 20 mittelmäßige Schüler, denen der Computer den Lernnachmittag zwischen Vokabelheft, Nachhilfelehrer und Abhören von Elternseite ergänzt. Um das Lernen selbst kommen die Kids – Software hin, Software her – nicht drumrum.

Die Erfahrung der Eltern zeigt, dass Lernsoftware rasch auf dem Friedhof der aussortierten Kuscheltiere landet. Doch hat sich das Rezeptionsverhalten in den letzten Jahren verändert. Reine Lernsoftware mit trockenen Paukeinlagen sind gar nicht mehr so verpönt. Das liegt unter anderem daran,

Nutzung von Lernsoftware

Benutzt du, um in der Schule besser zu werden, Lernsoftware?

Antwort	Total
Ja	47 %
Nein	53 %

Wann lernst du mit Lernsoftware?

Antwort	Total
Wenn es mir Spaß macht	61 %
Vor Klassenarbeiten und Tests	59 %
Parallel zum Unterrichtsstoff zu Hause	48 %
Bei schlechten Noten	38 %
Wenn meine Eltern es wollen	16 %
In der Schule	10 %

Eine **EARSandEYES**-Befragung von Kindern zwischen 9 und 17 Jahren.
Stand: September 2000

dass der Nachwuchs heute eine weitaus breitere Palette an Software kennt und nutzt. Viele Kinder haben längst den Nutzen erkannt, mit digitalen Trainern und ohne Spielereien zu üben.

Schlechte Zensuren zerstören die Zukunft des Kindes – Ein Gespräch mit Wolfgang Bergmann

Wolfgang Bergmann ist Kinderpsychologe

Wie kontrolliert Schule das Internet?

Bergmann: Die Frage ist überhaupt nicht zu beantworten. Die Potenziale in pädagogischen Horrorszenarien zu erkennen, ist schon deswegen schwierig, weil das geistige Handeln im Internet ein ganz anderes ist, als wir dies aus unserer Bildungsgeschichte kennen. Ich behaupte, dass in den digitalen Medien die Intellektualität von Kindern gefördert wird. Das kann man auf verschiedenen Ebenen darstellen, lern- und informationspsychologisch, aber auch tiefenpsychologisch. Es gibt aber auch eine andere Seite: Diese betrifft eine begrenzte Intellektualität. Der Computer fördert die soziale Intelligenz nicht, weil er einen egozentrierten Gebrauch erzwingt. Das Ego wird vielleicht durch die Eindrucksmächtigkeit von Bildern im Computerspiel überwältigt, es wird in sich instabil oder zurückgedrängt, aber dadurch erwächst keine vermehrte Sozialität, sondern nur eine Art Absehen vom realitätstüchtigen Ich und damit verbunden möglicherweise eine Idealisierung der Datenmenge und der Übertragungsapparate. Identifikation mit Technik – das ist nach psychoanalytischer Einsicht aber eine höchst einsame, eine narzisstische Angelegenheit.

Werden die Lehrer im Stich gelassen?

Ja. Heute kommen die Computer in die Schule ohne irgendeine begleitende bildungstheoretische Diskussion.

In den Kultusministerien wird nicht ein einziger Gedanke darauf verschwendet. Dort wird nicht bildungstheoretisch sondern planerisch gedacht. Man muss sehen, dass die Lehrer bei diesem Umbruch geistig im Stich gelassen werden. Nicht nur bei den neuen Medientechniken übrigens. Auch beim Thema Gewalt, Sozialität, Disziplin in der Schule. Einerseits dürfen sie nicht autoritär sein, andererseits sollen sie Erziehungsaufgaben oder disziplinarische Aufgaben wie selbstverständlich erfüllen. Eins geht aber nicht ohne das andere. Da hängen sie dann dazwischen. Sie haben aber auch nicht die Kraft, nein zu sagen, sondern neigen dazu, sich das ganze Dilemma als persönliche Schuld anzurechnen.

Ist die Schule am Ende?

Sicher, schon lange. Schule geht in vielen Bereichen überhaupt nicht mehr, das weiß auch jeder. Aber Schule ist wie der real existierende Sozialismus ein staatsmonopolistisches System. Da hängen viele Interessen und viele Trägheiten drin. Alle sind eingeschüchtert: Die Lehrer, die Eltern und die Kinder haben eine neue Form der Rebellion entdeckt. Sie werden undiszipliniert, unaufmerksam, unfähig, etwa schriftliche Zusammenhänge syntaktisch zu erfassen, geschweige sie zu reproduzieren. Sie sind natürlich trotzdem die Leidtragenden. Immerhin werden viele in ihrer intellektuellen Entwicklung behindert. Gut begründeter Unterricht findet nur sehr begrenzt statt.

Was ist Schule heute?

Die Zusammenrottung von zwanzig Individuen unter zwanzig Jahren in einem Klassenzimmer in Gemeinsamkeit mit einem weiteren Individuum über fünfzig Jahren und dem permanenten Austausch von Hilflosigkeiten auf beiden Seiten.

Dreißig Prozent aller Lehrer sind toll, das haben Sie mal gesagt.

Dreißig Prozent aller Lehrer sind engagiert, mutig und machen das Beste aus dem Dilemma. Das finde ich bewundernswert. Hilflos sind sie aber meist auch.

Was kann man denen denn raten?

Die Ehrlichkeit zu sagen, was möglich ist und was nicht. Außerdem sollte sich der Lehrer nicht mit seinem Dienstherren identifizieren, sondern ihn kritisieren. Drittens rate ich zu Autorität. Ich würde mir als Lehrer die meisten Dinge nicht gefallen lassen. In aller Regel sind die strengen Lehrer wirklich die beliebten, und das hat seinen guten Grund. Dann würde ich auf den Einsatz mieser Machtmittel verzichten. Ich würde zum Beispiel ein Kind nie mit »mangelhaft« bewerten. Das verbietet der einfachste Anstand.

Die Kinder wollen doch benotet werden.

Nein, Kinder wollen nicht benotet werden.

Jetzt erst?

Nein, immer schon. Kinder wollen nicht benotet werden, Kinder wollen gelobt werden.

Nun gibt es die Diskussion, wenn man neue Medien nicht kontrollieren kann, müssen wir sie eben verbieten.

Das kann Schule aber nicht. Niemand kann eine technologische Revolution verbieten. Die Schule würde das wahrscheinlich versuchen, und es würde ihr sogar gelingen, wenn sie tatsächlich die Bedeutung hätte, die sie sich selbst zumisst. Hat sie aber nicht. Das einzig realistische Machtmittel, das Schule heute hat, ist die Tatsache, dass schlechte Zensuren die Zukunft eines Kindes zerstören können. Ansonsten spielt sie für das intellektuelle Leben und die Lebenspläne eines Kindes kaum eine Rolle, für das intellektuelle Leben in der Gesellschaft eigentlich auch nicht. Damit wir uns richtig verstehen: Ich bedauere das. Aber es ist so.

Und wenn alle Notebooks haben, was ist dann?

Die technische Ausrüstung – zumindest die in der Fortbildung – ist meistens ganz gut. Die Lehrer müssten allerdings den Mut haben, auf solchen Seminaren klar zu sagen: Hört mal, was ihr uns da vormacht, das funktioniert nicht. Ich kann es mir in einer Klasse mit 25 Schülern nicht leisten, dass mir alle fünf Minuten die Verbindung zusammenbricht oder – eine Spezialität von AOL – der »Fehler 605« auftritt. Unter solchen Bedingungen ist kein Unterricht möglich. Also müssten Lehrer den Herstellern selbstbewusst sagen: Entweder ihr stellt uns perfekte Geräte zur Verfügung oder die Dinger bleiben draußen.

Es ist also nicht nur ein gesellschaftliches Problem, sondern auch die ganze Technik ist unfertig.

Die Schulen könnten da ja durchaus Einfluss nehmen, sie sind eigentlich ein Marktfaktor aller ersten Ranges, sowohl als Direktkunden wie, noch mehr, als Marketingfaktoren. Aber um Einfluss geltend zu machen, müssten sie eben selbstbewusst sein. Das ist man bekanntlich nur, wenn man weiß, was man will. Vergegenwärtigen wir uns mal die Entwicklung der Computerdiskussionen in den Schulen. Ich erinnere mich noch gut an die Diskussion Anfang der neunziger Jahre. Damals plädierte ich für die Herstellung eines informationellen Umfeldes im Unterricht. Als ich das auf einer Bildungsmesse vortrug, wäre ich beinahe von empörten Lehrern verprügelt worden. Dieselben Lehrer sind es heute, die einem diensteifrig entgegenkommen und bedauern, dass ihre Kollegen nicht mit dem Computer umgehen können. Als sei das ein charakterliches Defizit. Meine Antwort darauf ist: Ich kann mit den Dingern auch nicht umgehen. Das ist aber nicht mein Problem. Ich habe nie ein Auto reparieren können, bin aber trotzdem dreißig Jahre unfallfrei gefahren. In keiner anderen Technik lässt man sich das gefallen, dass man unendliche Vorbereitungen treffen muss und unverständliche Gebrauchsanweisungen zu Rate zieht, um überhaupt mal einen Startknopf zu betätigen.

Das andere und wichtigere ist der Zwiespalt der Mentalitäten oder Kulturen. Computer und Schule, das passt einfach nicht. Lehrer sind extrem beständige, sesshafte, ihren Nahraum kontrollierende und pingelig durchorganisierende Wesen. Die digitalen Techniken sind Fernräume, symbolische Ordnung mit Leichtigkeit und einem Hang ins Weite. Die Beiden kommen nie zusammen, allenfalls auf einer ganz vordergründigen instrumentalen Ebene. Man bräuchte einen tief greifenden Mentalitätswechsel der Lehrer, und der kann unter den gegenwärtigen Bedingungen der Lehrerbildung nicht erreicht werden. Insofern werden Schule und digitale Medien getrennte Bereiche bleiben. Das heißt ja nicht, dass die Schüler sich nicht qualifizieren. Es heißt nur, dass sie nicht in der Schule qualifiziert werden.

Können wir in Deutschland überhaupt noch mithalten?

Ich weiß nicht so ganz genau, wer dieses »wir« ist. Ich gehe davon aus, dass die Europäisierung, der Integrationsprozess kulturell und wirtschaftlich viel schneller verläuft, als wir heute voraussehen. Ich finde die Entwicklung einer europäischen Identität bedeutsam, auch, um sie deutlich von der japanischen und der amerikanischen zu unterscheiden. So doof ich manche deutschen Lehrer finde und so doof ich die deutschen Schulen finde, dürfen wir nicht übersehen, dass die reformpädagogischen Anstrengungen der siebziger und achtziger Jahre insgesamt eine Komplexität von Lernen hervorgerufen haben, die im digitalen Zeiten durchaus bedeutungsvoll werden könnte – man muss eben nur endlich Ernst damit machen.

Zaudern wir zuviel?

Na, so schlecht ist das ja nicht – erst Denken, dann Handeln!

WENN DIE WIRTSCHAFT ERKLÄRT, WIE SCHULE GEHT

Finger zeigen

Wenn es um Veränderungen in der Schule und um die Verantwortung für die Zukunft der Schule geht, fühlt sich niemand verantwortlich.

> Die Eltern sagen: Der Lehrer soll.
> Der Lehrer sagt: Der Schuldirektor soll.
> Der Schuldirektor sagt: Das Schulamt soll.
> Das Schulamt sagt: Das Oberschulamt soll.
> Das Oberschulamt sagt: Das Kultusministerium soll.
> Das Kultusministerium sagt: Das Bildungsministerium soll.
> Das Bildungsministerium sagt: Der Bundesbildungsminister soll.
> Der Bundesbildungsminister sagt: Die Eltern sollten wieder mehr Einsatz zeigen.

Als Bill Clinton in seiner Amtszeit die Schulen vernetzte, standen 250 000 freiwillige Helfer und zahlreiche sinnvolle Programme zur Verfügung. So wurden alte Computer in den Gefängnissen überholt und modernisiert, bevor sie in die Schulen kamen. Dort trafen sich die Eltern und berieten, ob denn der Zustand des Klassenzimmers überhaupt für eine Vernetzung geeignet sei. Schnell erklärten sie sich in Absprache mit dem erfreuten Lehrer bereit, bei der Gelegenheit das Zimmer neu zu streichen und neben den zu verlegenden Kabelschächten auch gleich die Böden zu erneuern. Die anfallenden Kosten trugen die Eltern gemeinsam. Einer der Väter arbeitete bei einem größeren Computerunternehmen, das die Verkabelung stellte, während der Vater in seiner Freizeit zusammen mit anderen Vätern die Kabel verlegte und den Netzanschluss konfigurierte. Na gut, nun ist Amerika kein

Vorbild. Schließlich gibt es aus dem Land der unbegrenzten Möglichkeiten auch die unmöglichsten Zustände: Schulen und Eltern, die mit ihren Schülern und Kindern nicht fertig werden, schicken sie in ein Drillcamp, wo sie Respekt und Unterordnung lernen, in dem sie Erde fressen oder Liegestützen über Exkrementen absolvieren.

Dennoch: Bei uns kämen Eltern niemals auf die Idee, Geld, Mühe und Arbeit in die Schule der eigenen Kindern zu stecken. Dabei wäre es dringend nötig, wie der Onlinedienst Schoolnet meldet:

»Kinder und Jugendliche werden nach Ansicht des Lehrerverbandes Bildung und Erziehung (VBE) vermehrt ›in völlig überalterten, sanierungsbedürftigen, gesundheitsschädlichen Einrichtungen‹ unterrichtet. Bei einer strengen Anwendung der bauaufsichtlichen Bestimmungen müsste mehr als die Hälfte aller Schulen geschlossen werden, erklärte der Verband in Dortmund. Insbesondere Naturwissenschafts- und Technikräume entsprächen den Sicherheitsanforderungen überhaupt nicht.«

So schwer ist es gar nicht, Väter zu mobilisieren. Denn Männer sind bekanntlich Wichtigtuer, die sich für unentbehrlich halten und bei Sommerschulfesten immer die Würstchen am Grill umdrehen. An jeder Schule gibt es mindestens einen Vater, der im Computerbereich arbeitet. Und mit Sicherheit ist auch mindestens ein Handwerker vorhanden.

»Wir müssen zurück zu einer Eigenverantwortlichkeit«, fordert Heinz Durner, der Vorsitzende des Philologenverbandes in Deutschland im *Forum Bildung*. »Wir haben unseren Kindern leider beigebracht, dass immer alles linear weitergeht und dass Verantwortung immer von oben übernommen wird.«

Das hat uns faul gemacht. Heute sitzen die Deutschen das Problem so lange aus, bis das Unglaubliche geschieht: Der Elefant Politik setzt sich in Bewegung.

Die geöffneten Töpfe

In Frankfurt am Main geht beim Thema Bildung schon bald gar nichts ohne Computer mehr. Unter der Überschrift »Alle Aktivitäten politischen Handelns sollen dem sozialen Ausgleich dienen« beschrieb die *Frankfurter Rundschau* am 18. Juni 2001, mit welchen Neuerungen die heimliche Hauptstadt Hessens zu rechnen habe: Im Vordergrund stand dabei die PC-Ausstattung der Schulen. Weil die neuen Medien in jedem Fach ihren Einsatz finden, wird einfach jeder Raum mit Kabeln und zwei Computern mit Internetanschluss ausgestattet. Darüber hinaus wird es der Aufbau eines »Supportsystems mit Helpdesk-Einrichtung« betrieben, damit sich nicht die Lehrer mit der Technik allein gelassen fühlen. Kindertagesstätten und Horte werden ebenfalls ins Netz eingebunden.

Gesamtkosten: 79,6 Millionen Mark. Ohne Personal- und Fortbildungskosten. Damit setzt das Land Hessen ganz klare Prioritäten. Bleibt nicht gerade viel Spielraum für andere Belange der Schule.

Zum Vergleich: Parallel dazu bietet Hessen einen so genannten »Innovationstopf« für Projekte aus den Bereichen Sprache oder Kultur. Die Schulen müssen sich um das Geld bewerben, eine Jury entscheidet letztlich, wohin die Zuschüsse fließen. Gesamthöhe: 100 000 Mark.

Mit der Vernetzung der Schulen alleine ist es nicht getan. Auch die Qualität der Lernsoftware soll sich verbessern.

Bundesbildungsministerin Edelgard Bulmahn investiert 400 Millionen Mark in die Produktion geeigneter Lernprogramme. »Wir wollen unseren Kindern und Jugendlichen mit dem Mausklick den Zugang zum Wissen der Welt ermöglichen«, erklärt die Bundesbildungsministerin. »Ich möchte, dass Lernen mit dem PC zum Normalfall im Unterricht wird – egal ob in Englisch, Mathematik, Biologie oder Geographie. Im nächsten Jahr werden alle Schulen mit Computern ausgestattet und ans Internet angeschlossen sein. Aber damit die Computer auch im Unterricht genutzt werden können, brauchen wir natürlich gute Lernsoftware. Das Förderprogramm ›Neue Medien in der Bildung‹ soll die Einführung von erstklassiger Lernsoftware in die Schulen und Hochschulen voranbringen. Für die Schule hat das mehrfachen Nutzen. Virtuelle Experimente und Simulationen machen den Unterricht anschaulicher und spannender.«

Zuständig für den 400-Millionen-Topf ist eine eingesetzte Expertenkommission. Bisherige Erfahrungen zeigen: Nichts ist einem Produkt abträglicher als eine Expertenkommission. Verschiedene CD-ROMs, bei denen gleich eine Horde von Medienpädagogen im Boot waren, erwiesen sich als Fiasko. Vielleicht hätte ja auch ein Medienpädagoge gereicht. Außerdem zählt es nicht zu den Aufgaben eines Medienpädagogen, neue Multimediakonzepte zu liefern. Schließlich schrieben vor dem Computer im Fernsehzeitalter auch keine Medienpädagogen Filmdrehbücher.

Es gibt aber noch mehr Geld: Ingesamt stellt die Bundesregierung bis zum Jahr 2004 insgesamt 1,4 Milliarden Mark für neue Medien im Bildungsbereich zur Verfügung. Das erklärte zumindest der Staatssekretär im Bundesministerium für Bildung und Forschung Wolf-Michael Catenhusen. Seiner Aussage nach sind 95 Prozent der Schulen ans Internet angeschlossen. Es gibt zwar keine genaue Zahl, aber die Tendenz nimmt zweifellos zu.

Schule und Internet I

Hast du die Möglichkeit, in der Schule einen Internetanschluss zu nutzen?

	Total	12-15 Jahre	16-19 Jahre	20-24 Jahre
Ja	76 %	72 %	80 %	65 %
Nein	24 %	28 %	20 %	35 %

Eine **EARSandEYES**-Befragung von 485 Kindern und Jugendlichen zwischen 12 und 24 Jahren. Stand: August 2000

Schule und Internet II

Was trifft auf deine Schule zu?

	Total	12-15 Jahre	16-19 Jahre	20-24 Jahre
Wir haben einen PC-Raum mit Internetanschluss, in dem sich allerdings mehrere Schüler einen PC-Arbeitsplatz teilen müssen	55 %	58 %	54 %	40 %
Wir haben einen PC-Raum mit Internetanschluss, in dem jedem Schüler ein PC-Arbeitsplatz zur Verfügung steht	38 %	36 %	39 %	47 %
Wir haben in jedem Klassenzimmer einen PC-Arbeitsplatz mit Internetanschluss	2 %	3 %	0 %	13 %
Wir haben in der Schule keinen Internetanschluss	0 %	0 %	0 %	0 %
Auf meine Schule trifft keiner der oben genannten Sätze zu	4 %	3 %	5 %	0 %

Eine **EARSandEYES**-Befragung von 370 Kindern und Jugendlichen zwischen 12 und 24 Jahren. Stand: August 2000

Gut, dass hier ein Kaffee steht

Der Lehrer hat begriffen: Er kommt am Computer nicht mehr vorbei. Aber die Initiativen fordern mehr Unterwürfigkeit. Der Computer soll ihm nicht nur Arbeit abnehmen, sondern auch noch Spaß machen. Nordrhein-Westfalen, bisher nicht durch Sinn für Humor bekannt, wirbt in einem Magazin für die Notwendigkeit der Computer im Lehrerzimmer. Der Anzeige dürften nicht einmal die Betroffenen etwas abgewinnen:

»Da hatte ich doch mal ein Arbeitsblatt zum Thema ... ah, hier! Bundeskanzler Kohl, Bildungsminister? Oje, das muss noch geändert werden. Wer ist noch mal Justizminister? Geschafft! Drucken, kopieren, und es ist sogar noch Zeit für 'nen Kaffee. Gut, dass hier ein Rechner steht.«

Ob das tatsächlich Lust auf den Computer macht? Professor Joseph Weizenbaum vom Massachusetts Institute of Technology kann der Idee, Schulen mit Computer auszustatten, überhaupt nichts abgewinnen: »Immer wieder werde ich gefragt, wieso ich gegen Computer in der Schule sei. Ich gebe Ihnen ein Beispiel: Lassen Sie uns den Begriff ›Computer‹ durch den Begriff ›Klavier‹ ersetzen. Demnach könnte ich am Ende gefragt werden, was ich gegen gute Musik hätte. Überhaupt nichts, natürlich. Ich glaube nur nicht, dass jeder Schüler in der Grundschule ein Klavier haben muss. Ich wünsche mir, dass jede Schule ein Musikzimmer hat und dass in diesem Musikzimmer mindestens ein schönes Klavier steht, das auch in guter Ordnung ist, und dass es Lehrer und Lehrerinnen gibt, die Kindern, die Interesse oder Talent haben, helfen. Ich habe also nichts gegen das Klavier. Genauso verhält es sich mit dem Computer. Wir müssen uns nur ernsthaft fragen, wer eigentlich ein Interesse daran hat, dass der Computer in die Schulen kommt. Die Industrie. Das ist ein sehr einträgliches Geschäft.«

Hilf, Industrie, hilf!

Allen voran hat sich die Deutsche Telekom bisher besonders hervorgetan. *Schulen ans Netz* ist heute jedem ein Begriff, die Ergebnisse weniger. Verteilt wurde nach Gutdünken. Manche Schulen wurden unterstützt, manche nicht, und bereits die Schule, die einen einzigen Computer mit Internetanschluss hatte, galt als saniert. Bei einem Rundgang durch eine Münchener Realschule zeigte ein Lehrer stolz den komplett eingerichteten Computerraum, der keine Wünsche offen ließ. »Wie hat Sie den *Schulen ans Netz* unterstützt?«, wollte eine

Journalistin wissen. Der Lehrer schloss einen Schrank auf und drückte der Frau eine Steckkarte in die Hand: »Diese ISDN-Karte kommt von *Schulen ans Netz*.«

Im Beisein des Kanzlers versprach Ron Sommer, »alle deutschen Schulen kostenlos ins Internet zu bringen. Für immer kostenlos.« Seit dem wurden 23 000 Schulen ans Netz angeschlossen. Die große Begeisterung bleibt allerdings aus. So berichtete Schoolnet Anfang 2000:

»Die Deutsche Telekom hat die Schulen erneut zur Teilnahme an ihrer Internetinitiative aufgerufen. Die Resonanz auf die Ende März versendeten Antragsunterlagen sei bisher geringer als erwartet, sagte ein Sprecher des Unternehmens am Dienstag in Bonn. In den vergangenen beiden Monaten seien bundesweit mehr als 6000 Schulen mit einem dauerhaft kostenfreien Internetanschluss ausgestattet worden. Damit sei mehr als ein Drittel der rund 16 000 eingegangenen Anträge abgearbeitet. Das Interesse sei besonders groß in Nordrhein-Westfalen und dem Saarland, wo fast jede zweite Schule die Unterlagen ausgefüllt und an die Telekom zurückgeschickt habe. Ziel der Mitte Februar gestarteten Aktion ›T@School‹ sei es, bis zum Jahr 2001 allen 44 000 staatlich anerkannten Schulen Deutschlands den Zugang zum Internet zu eröffnen. Daneben würden Computer bereitgestellt.«

Für die Telekom steht hinter dem Projekt T@School die »Wahrnehmung der gesellschaftlichen Verantwortung«, wie aus einem Thesenpapier hervorgeht. Sie möchte die »Informationsgesellschaft in Deutschland durch den Einsatz von leistungsstarken Produkten und Dienstleistungen der Deutschen Telekom AG«. Das ist doch eine klare Aussage.

Schulprojekte sind dabei in einer für Telekommunikationsbetriebe angespannten Zeit eine sehr gute Investition in die Zukunft. Zum einen kann sich die Telekom hervorragend positionieren, zum anderen bei der Jugend früh Markenbindung aufbauen. Sie lernen eine frische und effiziente Telekom kennen, die sich immer mehr mit Serviceleistungen nach US-amerikanischem Muster um den Kunden bemüht.

Das war nicht immer so.

Die Bundespost war der private Osten des Westens

Um an ein Telefon zu kommen, brauchten wir die Ausdauer eines Reinhold Messner und das Nervenkostüm eines Buddhisten, um gegen die Dickfelligkeit der Deutschen Post anzukommen. Vor der Einrichtung des T-Ladens gingen die Deutschen früher noch zur guten, alten Schalterhallenpost und holten einen extra langen Antrag ab, füllten ihn aus und warteten. Und warteten. Und warteten. Die Unfreundlichkeit der Mitarbeiter des Fernmeldeamtes war legendär.

Die Wochen vergingen, es kam kein Bescheid. Schließlich erreichte den Kunden irgendwann eine graugelbe Postkarte mit der Bitte, am Tag X zwischen 7.30 und 15.30 Uhr zu Hause zu sein. Unter der angegebenen Nummer war natürlich immer besetzt. Oder es ging niemand ran. Wenn die Post uns einen Termin zuwies, ließen wir alles stehen und liegen. Wir wollten schließlich ein Telefon, schon vergessen?

Was war denn die Alternative?
Ein fremdes Telefon anschließen? Verboten!
Ein zweites Telefon anschließen? Verboten!
Selbst anschließen? Verboten.
Die Verteilerdose anfassen? Bei Todesstrafe verboten!

Es wurde uns sogar vertraglich untersagt, bei einem aufkommenden Ruhebedürfnis den Stecker zu ziehen. Nur leise stellen war erlaubt. Wer keinen Fernmeldehandwerker in seinem Freundeskreis besaß, hatte verloren.

Neues Image

Doch bei Kindern und Jugendlichen von heute kommt ein völlig anderes Bild auf: Die Telekom hilft, liefert Qualität und Zuverlässigkeit. Wenn diese Schüler dann ein Handy benutzen oder später ihre erste eigene Bude beziehen, sollen sie sich vielleicht für das rosa T entscheiden. Die Telekom, so die öffentliche Meinung, bewegt etwas, Otello und Co. eben nicht. Ron Sommer nennt die Motive für das Online-Engagement in Schulen selbstbewusst »Marketing«.

»Was wollen Sie denn von einem Unternehmen mehr verlangen, als dass es zig Millionen in die Hand nimmt?« fragt Peter Glotz, ehemaliger Bundesgeschäftsführer der SPD und Direktor am Institut für Medien- und Kommunikationswissenschaften in Sankt Gallen. »Das Schulwesen ist ja eigentlich nicht der Job der Telekom. Das Unternehmen hat sich doch beispielhafter verhalten als viele andere Firmen und brachte auch einiges in Gang. Aber dass die natürlich nicht Milliarden auf den Tisch legen können, um das ganze deutsche Bildungswesen zu reformieren, das leuchtet ein. Die haben ja auch noch Shareholder, die ihnen auf die Finger klopfen würden. Ron Sommer hat sich sehr aus dem Fenster gelehnt, hat die Schulpläne kritisiert und alles Mögliche getan, was eigentlich ein deutscher Vorstandsvorsitzender nicht tut. Natürlich ist das alles nur ein Tropfen auf den heißen Stein, aber da sollten diejenigen, die wenigstens Tropfen produzieren, nicht dafür auch noch kritisiert werden.«

Sahen die Schulen 1996 Sponsoren noch kritisch, hat sich das heute komplett geändert. Sogar die einzelnen Bundesländer haben ihre Bestimmungen gelockert. Industrie und Staat wissen, dass es die Schule mit öffentlichen Mitteln alleine nicht schafft.

Heute gibt es mehr Bildungsinitiativen als Schüler. Step 21, D21 mit IBM und 400 andere Firmen, die Bildungsinitiative von Bertelsmann, die Bildungsinitiative Thüringen, die Bildungsinitiative für Lehrer und Lehrerinnen, die Bildungsinitiative Networking der Firma Cisco, die mobile Bildungsinitiative, die Bildungsinitiative des Mobiltelefonherstellers Ericsson …

Es gibt praktisch keine Firma, die hier nicht ihre Grenzen absteckt. IBM organisiert einmal im Jahr einen Pädagogiktag.

Auch der Chip-Hersteller Intel, der gerne seinen Konkurrenten AMD hinter sich lassen möchte, wirft sich schwer ins

Zeug und mischt in diversen Bildungsinitiativen mit. So bietet Intel schon seit längerer Zeit Multimedia-Fortbildungen für Lehrer an, zuletzt in Rheinland-Pfalz. In Fachkreisen »Intel-Maßnahme« genannt. Außerdem wirbt Intel für eigene Produkte, zum Beispiel ein kabelloses Computernetzwerk, bei dem Schulen 11 Prozent Rabatt erhalten. Auch Microsoft, Hewlett Packard, Novell, Adobe, Learnetix, Qnix, aber auch Exoten wie Pelikan Zubehör (machen nicht nur Füller, sondern auch Druckpatronen), Pixelnet (Fotobearbeitungsprogramme) und der Schokoriegel Mars.

Natürlich setzt die Computerbranche ihre größten Hoffnungen auf die Schule als kontinuierlichen Kunden und als Werbefläche für die eigene Marke. Denn eigentlich suchen alle Firmen verzweifelt nach neuen Märkten. Schließlich sind die Zeiten des Booms vorbei, die Zahlen im Computerbereich sind rückläufig. Dazu bläst noch an der Börse der Wind von hart Backbord. Die Zeitschrift *BIZZ* machte sich im April 2001 die Mühe, eine Top-Liste der Verluste zu präsentieren.

Die größten Kapitalkiller 2001

Unternehmen	Verlust in Milliarden Dollar	Verlust in Prozent
Microsoft	383,7	61,8%
Worldcom	112,5	73,7%
Yahoo	103,5	85,7%
Cisco Systems	100,7	26,1%
Dell Computer	85,6	64,8%
Intel	68,1	24,7%
Qualcomm	64,9	49,3%
CMGI	42,2	95,6%

Quelle: *BIZZ* 4/2001

Richard Roy (Microsoft) gibt im Netz Selbstauskunft

Richard Roy, der ehemalige Microsoft-Chef, über das Engagement des Software-Riesen

Stichwort Bildungsinitiativen. Microsoft hat in der Branche den Ruf eines stark Marketing-getriebenen Unternehmens. Sind da solche Initiativen nicht als Feigenblatt zu verstehen?

Roy: Keineswegs. Wir machen das natürlich nicht aus rein ethischen Gründen. Zwei Punkte will ich nennen: 1. Um das Wachstum im IT-Markt zu gewährleisten, muss das Wissen über digitale Technologien in der Gesellschaft verbreitet und der Umgang gefördert werden. 2. Wir übernehmen eine Verantwortung gegenüber der Gesellschaft und fördern vor allem Initiativen, die den Wirtschaftsstandort Deutschland stärken. Kurzum: Wir machen gute Geschäfte und wollen der Gesellschaft davon etwas zurückgeben.

In welchem finanziellen Umfang engagiert sich Microsoft bei diesen Bildungsinitiativen?

Wir geben zwischen 40 und 60 Millionen Mark pro Jahr dafür an Geld und Sachwerten (Wert von Software und Services) aus. Es gibt vermutlich nur wenige Unternehmen hierzulande, die sich mit solchen Summen engagieren.

Wo sehen Sie den konkreten Nutzen dieser Maßnahmen? Generell und für Microsoft?

Die Vorteile sind eigentlich nicht messbar. Klar, wenn wir Schulen Software zur Verfügung stellen, freuen die sich darüber, und wir gewinnen womöglich irgendwann mal neue Kunden. Wir unterstützen aber auch Eigeninitiativen wie die Münchner Cooperative Beschützende Arbeitsstätten (cba). Eltern haben dort mit vollem unternehmerischen Risiko eine Firma gegründet, in der Behinderte selbstständig arbeiten und mit gefragten Leistungen Geld verdienen können. Dazu gehört zum Beispiel das Restaurant Conviva in München-Laim, das gerade ins Finale bei der Münchner Gastro-Awards-Verleihung gekommen ist.

Angesichts des Kartellverfahrens werden Kritiker sagen: »Jetzt versuchen sie halt ihr Image aufzupolieren.«

Wir haben mit unseren Initiativen schon lange vorher angefangen. 1996 zum Beispiel mit »Schulen ans Netz«. Schon in den letzten Jahren haben wir das Engagement stark ausgeweitet, wir sind ja auch in Deutschland stark gewachsen.

Was antworten Sie auf das Argument: Mit diesen Initiativen will Microsoft doch nur die eigenen Standards, etwa das Windows-Betriebssystem, schon in den Schulen verbreiten!

Natürlich fördern wir auch in der Hoffnung, dass Schüler unsere Produkte schätzen lernen und später damit arbeiten wollen. Wir räumen deshalb den Schulen auch hohe Rabatte beim Softwarekauf ein. Wichtig ist aber auch, dass dem Nachwuchs die neuesten Technologien zur Verfügung stehen. Die beste Ausbildung in der IT muss auf jeden Fall die marktgängigen Standards einbeziehen. Wissen nur in Außenseiter-Technologien führt später schnell in die Arbeitslosigkeit.

Bei der Initiative D21 war Microsoft lange Zeit nicht dabei. Lag das an der Konkurrenz, weil dort IBM die Federführung hatte? Warum macht Microsoft jetzt doch mit?

Wir sind sechs Monate nach dem Start eingestiegen. Anfangs war D21 nicht als breite Initiative der deutschen Industrie angelegt – so zumindest unser Eindruck. Jetzt hat sich das geändert – und wir machen mit.

Was bringt Microsoft bei D21 konkret ein?

Zum einem machen wir in Gremien und Arbeitskreisen wie »Bildung und Qualifikation« oder »Vorreiterrolle des Staates« mit und stellen dazu Mitarbeiter ab. Zum anderen beliefern wir Schulen mit preisgünstiger Software.

Angesichts der Vielfalt an Microsoft-Initiativen und der hohen politischen Aufmerksamkeit bei D21: Sollte man nicht besser alle Initiativen unter dem Label D21 organisieren?

Einige unserer Initiativen bringen wir ein. Zum Beispiel die Zusammenarbeit mit dem Bundeselternrat. Andere führen wir in eigener Regie weiter. Etwa den Road Ahead Prize. Das ist ein etablierter und attraktiver Schülerwettbewerb, bei dem in diesem Jahr über 400 Schulen mitmachen.

Alle kümmern sich plötzlich um die Schulen. Wo liegen nach Ihrer Erfahrung dort die echten Engpässe in der IT-Ausbildung? Mit Software allein ist es doch nicht getan.

Nur zum Teil, das ist klar. Ich sehe drei Brennpunkte: die Ausstattung mit Hard- und Software und Räumlichkeiten, die Ausbildung der Lehrer und die Bereitstellung von Rat und Service. Mit unserer Initiative »Heute lernen, morgen lehren« organisieren wir Nachmittags- und Abendseminare für Lehrer zu Themen wie »Unterrichtsvorbereitung mit dem Internet«. Wir rechnen dieses Jahr mit 10 000 Teilnehmern. Wir stellen darüber hinaus Software und Finanzmittel zur Lehrerausbildung in Höhe von 15 Millionen Mark bereit. Das allein reicht aber nicht aus. In den Lehrplänen kommt die IT-Ausbildung noch zu kurz.

Taugt eigentlich das US-Vorbild, auf das manche gerne hinweisen? Es gibt dort zum Beispiel Internetzugang für alle Schüler.

In den USA ist man in der Ausstattung zwar etwas weiter, aber es sind keine Welten im Vergleich zu uns. Ein großes Plus ist in den USA das Engagement der Eltern. Im Übrigen gibt es in vielen Ländern interessante Projekte, von denen wir etwas lernen können. Bei uns wird bald die Frage der Lehrmittelfreiheit zum Thema, denn das neue Lehrmittel heißt Laptop. Der niedersächsische Ministerpräsident Gabriel hat sich in diesem Zusammenhang zum Ziel gesetzt, jeden Schüler damit auszustatten. Ich bin gespannt, wie andere Bundesländer darauf reagieren.

Sie unterstützen mit einem Ihrer Programme auch Hochbegabte. Wird da nicht eine ohnehin priviligierte Gruppe gefördert? Warum machen Sie so etwas?

Ich bin überzeugt, dass wir unsere geistige Elite fördern müssen. Oft landen hochbegabte Kinder in der Sonderschule, weil ihre Begabung nicht erkannt und gefördert wird. Wir unterstützen auch hier konkrete Projekte, Elterninitiativen, bei denen Kinder aus allen sozialen Schichten Weiterbildungsmöglichkeiten erhalten. Zur Elite auch noch die Bemerkung: Ich finde es peinlich, wenn deutsche Nobelpreisträger in Stockholm nicht aus Deutschland anreisen, weil sie in anderen Ländern bessere Arbeitsbedingungen vorfinden.

In der Forschung sind Sie, so der Eindruck, noch wenig engagiert. Ist die deutsche Forschungsszene überhaupt interessant für Microsoft? Wie sehen hier die Pläne aus?

Wir wollen uns an zwei bis drei führenden deutschen Unis in der Forschung engagieren. Seit wenigen Monaten gibt es eine Partnerschaft zwischen Microsoft Research und der Technischen Universität München. Microsoft Research im englischen Cambridge ist übrigens mit dem Anspruch angetreten, europäische Forschung zu betreiben. Unter den rund siebzig Forschern sind immerhin auch zwei Deutsche.

Geht es auch dreister?

Die Schule verlässt sich zunehmend auf Privat Sponsor Partnership. Die Zeiten, in denen Coca-Cola-Automaten und McDonalds-Imbiss in die Schulen einziehen, stehen unmittelbar bevor. Doch nicht immer führen Sponsorgespräche zu gewünschten Ergebnissen. Diese Erfahrung musste der Lehrer Rainer Schneehorst vom Gymnasium Corveystraße in Hamburg machen. Ihm flatterte das Angebot einer Internetfirma Genie ins Haus, in dem ihm und seinen Schülern ein kostenloser PC offeriert wurde. Nach ersten Telefonaten kam ein Fax. Über die orthografischen Besonderheiten konnte Schneehorst noch hinwegsehen, aber über den Inhalt nicht.

Hamburg, 27. 03. 2001
Betreff: Schulsponsoring-Aktion

Sehr geehrte Schuldirektion,

im Rahmen der Schulsponsoring-Aktion, bei der Sie durch die Firma Ernst-Promotions ein Multimedia PC komplett gesponsort bekommen, möchte wir Sie um folgende Mithilfe bitten:

1.) informieren Sie bitte heute, durch eine Lautsprecheransage zwischen der 2. Und 4. Stunde, Ihre Schüler/innen über die Sponsoring-Aktion die am Mittwoch den 28. 03. 2001 stattfinden wird.

2.) Jeder Schüler sollte darüber informiert werden, dass an diesem Mittwoch, durch Ihre Lehrkräfte eine e-mail Registrierung in den jeweiligen Klassen/Kursen durchgeführt wird.

3.) Des weiteren sollte den Schülern mitgeteilt werden, das es eine Registrierung bei www.genie.de kostenlos und unverbindlich ist.

4.) Keiner Ihrer Schüler ist verpflichtet sich eine e-mail Adresse registrieren zu lassen jedoch ist dies für den Schüler mit etlichen Vorteilen (s. Anhang) verknüpft und gilt als Voraussetzung für die Nutzung des Multimedia PC.

5.) Sollten einige Schüler Bedenken haben, können diese gerne am Nachmittag gemeinsam mit ihren Erziehungsberechtigten eine Entscheidung treffen.

6.) Die Daten Ihrer Schüler werden selbstverständlich nur für die Registrierung einer e-mail bei www.genie.de verwendet.

7.) Am Mittwoch den 28. 03. 2001 werden alle registrierten Schüler bzw. Listen nach Unterichtsschluss von einem unserer Mitarbeitern in Ihrem Sekretariat abgeholt.

8.) Bitte weisen Sie darauf hin das die Listen vollständig und leserlich ausgefüllt werden.

9.) Um einen Reibungslosen Ablauf der Aktion zu gewährleisten bitten wir um strikte Einhaltung der genannten Punkte (...)

Rainer Schneehorst schrieb zurück:

»Unter den genannten Bedingungen müssen wir auf Ihr freundliches Sponsoring-Angebot leider verzichten. Wie ich Ihrem Mitarbeiter bereits gestern mitgeteilt habe, ist die Herausgabe personenbezogener Daten unserer Schüler nur mit deren Einverständnis, bei der überwiegenden Zahl minderjähriger Schüler sogar nur mit dem Einverständnis der Erziehungsberechtigten möglich. Eine quasi amtliche ›Registrierung‹ der Schülerinnen und Schüler durch unsere Lehrkräfte kommt nicht in Frage.«

Die Antwort ließ nicht lange auf sich warten:

»Hallo Herr Schneehorst,
vielen Dank für Ihre Post. Gerne würde ich Ihnen lange antworten, das geht zeitlich leider nicht.

Aufgrund des Zeitdrucks und da wir begrenztes Personal haben ist die Aktion organisatorisch leider nicht optimal abgelaufen. Wir bitten dies soweit zu entschuldigen.

Wir hatten versucht für die Emailadress generation die optimale Lösung zu finden.

Vielen Dank trotzdem für Ihr Interesse, mit freundlichem Gruß«

Und was ist dann passiert?

Die Schule macht es wie die ganze Gesellschaft: Statt Probleme zu lösen, geht sie lieber einkaufen.

»Wir hantieren mit Lehrplänen aus den sechziger und siebziger Jahren«, sagt Heinz Durner in *Forum Bildung,* »und lassen die Schule mit den Weltbildvorstellungen des 19. Jahrhunderts ins 21. Jahrhundert.« Der Vorsitzende des Philologenverbandes geht sogar noch weiter: »Die Lehrpläne sind angehäuft mit Wissen, das keinen Nutzen für das 21. Jahrhundert mehr hat. Ich nenne Ihnen ein Beispiel: In der Elektrotechnik stehen in der 9. und 10. Klasse immer noch Serienschaltungen und Parallelschaltungen auf dem Lehrplan. Da frage ich mich: Warum eigentlich? Andere Bereiche der Elektrodynamik und Elektronik sind für die Zukunft wichtiger.«

Offensichtlich müssen die Reformen so lange warten, bis die Technik stimmt, die den Anforderungen des 21. Jahrhunderts genügen.

Nur: Wenn alle Schulen im Internet sind, alle Schulen ausreichend funktionstüchtige Computer besitzen, allen Schulen die Mittel für die entsprechende Software zur Verfügung steht und alle Lehrer bis zum Sanktnimmerleinstag fortgebildet werden – was ist dann?

Dann wird Schule endlich zeitgemäß sein, aber nicht modern.

Und wer unterrichtet in der Zwischenzeit die Kinder?

Nach der Schule kommt der Job. Tübingen allein ist zu wenig – Ein Gespräch mit Klaus Mangold

Klaus Mangold ist Vorsitzender des Vorstandes der DaimlerChrysler Services AG

Sie weisen immer wieder auf Israel als Vorbild einer neuen Unternehmergeneration hin.

Mangold: Israel ist für mich ein großartiges Beispiel für ein Land, das eine vorbildliche Zukunftsorientierung besitzt. Sie finden in Israel eine junge Unternehmergeneration, die einfach faszinierend ist. Das sind Menschen zwischen 25 und 30 Jahren, die teilweise in Unternehmen tätig sind, teilweise selbst eines gegründet haben. Diese jungen Leute haben eine Mentalität, eine Kombination von Begeisterung, Internationalität und Innovationsleidenschaft, die mich fasziniert. Die Frage, die ich mir dabei immer gestellt habe, ist: »Woher kommt das eigentlich?« Auf der Suche nach der Antwort habe ich festgestellt, dass Israel ganz generell Zukunftsthemen sehr gezielt fördert. Viel mehr als in Deutschland werden junge Menschen bereits in der Schule an unternehmerisches Denken und an neue Technologien herangeführt.

Wie sieht das in der Praxis aus?

Am Weizmann Institut prüfen alleine 160 Wissenschaftler, davon zahlreiche Pädagogen, den Lehrplan und die Schulbücher auf ihre Zukunftsorientierung. »Ist das Lehrmaterial technologiefreundlich? Ist es modern? Auf Massenmedien angelegt oder auf Internetapplikationen?« Wenn ich das mit Deutschland vergleiche, ist das Ergebnis erschreckend. Ich habe mir neulich aktuelle Schulbücher zeigen lassen, und zwar sowohl für die Hauptschule als auch für Gemeinschaftskunde in Gymnasien. Mein Eindruck: Wir sind ein Land von Bauern und Jägern, aber nicht eine Gesellschaft, die auf dem Sprung aus der Industriegesellschaft in die Dienstleistungsgesellschaft des 21. Jahrhunderts ist.

Bei uns gibt es Step21.

Ja, und Step21 ist eine überaus wichtige Initiative für den Schritt ins nächste Jahrtausend. Step 21 hat die Zielsetzung, jungen Menschen in der Schule Internet und moderne Medien näher zu bringen. Die Unternehmen, die Step21 fördern, wollen den Jugendlichen ein Forum für ungewöhnliche Ideen und Hilfestellung für ihre Projekte bieten. Denn das muss unser Ziel sein: jungen Menschen beizubringen, wie wichtig es ist, nicht nur über den regionalen und thematischen Tellerrand hinauszuschauen, sondern ihn ganz bewusst überwinden zu wollen.

Woran liegen die Vorbehalte der Deutschen gegenüber neuen Medien?

Ich sehe nicht, dass die Deutschen prinzipielle Vorbehalte gegen die neuen Medien haben. Im Gegenteil: Knapp 30 Prozent der Deutschen surften im Jahr 2000 im Internet, Tendenz steigend. In Frankreich, was eigentlich als viel innovativer gilt, haben nur 15 Prozent der Bevölkerung einen Netzzugang. Oder schauen Sie sich die Mobiltelefone an. Da sind wir in Europa viel weiter als zum Beispiel die USA. Wenn ich mir unsere Mitarbeiter anschaue, aber auch in meinem privaten Umfeld, bin ich, was das Interesse an neuen Medien und Technologien angeht, sehr zuversichtlich. Wir haben aber immer noch zu viele Hemmnisse bei der Umsetzung von Technologien in wirtschaftliche Erfolge. Hier sehe ich den größten Nachholbedarf.

Aber die Berührungsängste der Eltern, Pädagogen …

Die sind auch nicht so groß. Außerdem bin ich der Meinung, dass die jungen Leute in diesem Thema ihre Eltern regelrecht überrollen werden. Denn es interessiert sie schlichtweg nicht, ob ihre Eltern das Internet, die neuen Medien akzeptieren oder nicht. Wenn alle ihre Freunde Computerspiele haben, wollen sie sie auch. Was die Schulen angeht: Hier geht es heute nicht mehr so sehr um die technische Ausstattung. Viel entscheidender sind die pädagogischen Konzepte für den Unterricht mit den neuen Medien. Das Internet und seine Möglichkeiten sind kein Selbstzweck, sondern ein hochattraktives Instrument, das wir noch besser nutzen müssen.

Eltern verstehen sich ja heute gut mit ihren Kindern. Haben die Kinder verlernt, sich aufzulehnen?

Familienstrukturen und Berufswege haben sich in den letzten Jahrzehnten in Deutschland stark verändert. In immer mehr Familien arbeiten beide Eltern, so dass die Verbindung von Familie und Beruf zu einem immer wichtigeren Thema wird. Hier sind die Unternehmen sehr stark gefragt, neue Arbeitszeitmodelle zu entwickeln und anzubieten. Für uns als Dienstleistungsunternehmen ist dies schon seit längerem ein Thema, denn nicht nur die Mitarbeiterinnen und Mitarbeiter verlangen nach flexiblen Arbeitszeitmodellen, sondern auch unsere Kunden erwarten, dass wir unsere Dienstleistungen dann erbringen, wenn sie sie verlangen. Deshalb sind flexible Arbeitszeiten ein ganz wesentlicher Bestandteil unseres Dienstleistungstarifvertrages. Gleichzeitig hat sich damit aber natürlich auch das Familienleben gewandelt. Dabei ist Auflehnung gegen verkrustete Strukturen nicht mehr das beherrschende Thema, sondern vielmehr die Suche nach Orientierung in einer Welt, die immer komplexer und komplizierter zu werden scheint.

Ist das gut oder schlecht?

Es ist dann schlecht, wenn die Suche nach Orientierung nicht zu einer Stärkung des Selbstbewusstseins führt. Wer dauerhaft verwirrt ist, dem kann möglicherweise später der Biss im Leben fehlen. Wer aber lernt, mit der Komplexität der globalisierten Welt, die Überflutung an Informationen zu meistern, der geht gestärkt in seine Zukunft. Die große Anforderung besteht hier für die Eltern, die Orientierung bieten müssen und ihren Kindern die geeigneten Instrumente an die Hand geben müssen.

Glauben Sie, Jugendliche interessieren sich nicht mehr für Politik?

Heute entsteht leicht der Eindruck, die Jugendlichen interessierten sich nicht mehr für Politik. Schauen Sie sich beispielsweise die Love Parade an. Mit einer Masse von Ravern durch den Tiergarten zu ziehen scheint das einzige »politische« Statement vieler junger Menschen zu sein. Aber gleichzeitig gibt es eine wachsende Zahl von jungen Menschen, die sich wieder sehr ernsthaft mit gesellschaftlichen Fragen auseinander setzen. Nehmen Sie die sehr wichtige Diskussion über die Auswirkungen der Globalisierung. Wir dürfen uns von einigen hundert Chaoten nicht den Blick dafür verstellen lassen, dass sehr viele junge Menschen sehr intensiv über diese Themen nachdenken. Hier müssen wir den Dialog weiter intensivieren. Gleichzeitig lässt sich meines Erachtens nicht leugnen, dass es bei jungen Menschen aufgrund der sie umgebenden Komplexität auch oft zu einem Überdruss hinsichtlich der Politik gekommen ist.

Woran liegt das?

Die Kinder sind heute auf eine gewisse Art und Weise weniger neugierig. Für sie ist alles viel selbstverständlicher geworden. Oder anders gesagt: Neugierig zu sein haben die Kinder zwar nicht verlernt, aber der Anreiz muss – bedingt durch die Mehrzahl an Möglichkeiten, die sich der heutigen jüngeren Generation bieten – viel größer sein. Die Kinder gehen heute sicher auf viel größere Reisen, als wir das getan haben, aber ob sie dann auch mit größeren Erlebnissen zurückkommen? Dieser Verlust von echten Erlebnissen und eigenen Entdeckungen kommt zum Teil sicher auch aus den Medien, die virtuelle Erlebnisräume vermitteln. Viele Menschen – und nicht nur junge – fragen sich: »Warum soll ich nach Australien fahren, wenn ich alle Bilder schon gesehen habe und schon vorher weiß, wie es dort aussieht?«

Wie beim Internet?

Auch beim Internet erlebt man die Dinge nicht mehr selbst. Daher ist der kritische Umgang mit dem Medium um so wichtiger. Und der muss den jungen Menschen vermittelt werden. Da sind wir alle gefragt. Die Frage muss lauten: »Wie kann ich auf der einen Seite eine unglaublich breite Akzeptanz dieser modernen Medien schaffen, gleichzeitig aber den kritischen Geist nicht untergehen lassen?« Wenn ich junge Mitarbeiter suche, ist es mir besonders wichtig zu sehen, ob sie sich ihre Neugierde bewahrt haben.

Und? Haben sie die Neugierde bewahrt?

Das sieht man oft schon am Lebenslauf. Ein abschreckendes Beispiel geht so: in Tübingen geboren, in Tübingen Abitur gemacht, in Tübingen studiert und die ersten fünf Berufsjahre in Tübingen verbracht. Das sind nicht die Leute, die wir suchen. Wenn aber in dem Lebenslauf steht: »In meinen Semesterferien habe ich immer einen Monat gearbeitet und bin dann mit einem Teil des verdienten Geldes mit dem Rucksack durch Thailand gezogen oder durch Lateinamerika«, dann sind das schon eher die Leute, mit denen ich gern rede. Menschen, die mit ausgefahrenen Antennen durch das Leben gehen: Das sind die Menschen, die wir heute in der Wirtschaft brauchen. Woher kommt denn die Einstellung zum lebenslangen Lernen? Aus einer grundlegenden Neugierde an der Welt.

Was wäre denn hier Ihre positive Vision für Deutschland?

Wir müssen Grundlagen für die Jugendlichen schaffen, damit sie in einer globalen Welt zurechtkommen. Dazu gehört, dass sie die Dinge in Frage stellen, sich mit ihnen auseinander setzen. Das heißt auch, dass wir sie für Innovation und technische Entwicklungen vorbereiten müssen und ihnen eine »Zukunftsmentalität« vermitteln. Diese Zukunftsmentalität hat etwas mit Entdeckerfreude zu tun, ohne die es keine Zukunft gibt, denn die Zukunft will und muss entdeckt werden. Wer diese Entdeckerfreude hat, der will eine gute Ausbildung bekommen, der sieht die Chancen, die sich in neuen Berufen oder in der Selbstständigkeit ergeben. Wer einen Job mit 20 oder 25 Jahren übernimmt, muss wissen, dass er den mindestens zwei-, dreimal wechseln wird und dass er in seinem Arbeitsleben vielleicht auch mal ganz andere Dinge machen wird als die, die er zunächst gelernt hat. Der junge Mensch braucht eine interkulturelle Leidenschaft.

Was meinen Sie damit?

Aufgeschlossenheit gegenüber anderen Kulturen. Wir sagen dazu im Anforderungsprofil für Top-Führungskräfte »interkulturelle Kompetenz«. Auch der moderne Hauptschullehrer braucht heute interkulturelle Kompetenz. Sonst wird er mit den Herausforderungen, vor den ihn zehn türkische, italienische oder spanische Schüler einer Klasse stellen, nicht fertig. Ich wünsche mir, dass eine Generation von jungen Leuten heranwächst, die in dieser Welt mehr die Chancen sieht und an das Positive glaubt als an Ängste und Negatives. Interkulturelle Kompetenz ist Offenheit gegenüber Einflüssen von außen. Interkulturelle Kompetenz ist der Wille, sich mit Dingen zu beschäftigen, die mir etwas Neues abverlangen, im Dialog mit anderen gesellschaftlichen Gruppierungen. Ich muss so aufgeschlossen sein, dass ich in ausländischen Einflüssen nicht mehr die Gefahren sehe und alles mit negativen Attributen belege. Und ich muss natürlich auch bereit sein, mich vom Unternehmen ins Ausland schicken zu lassen und zu sagen: »Jawohl, ich gehe nach Rio und arbeite dort für drei bis fünf Jahre mit voller Leidenschaft. Ich kann jetzt zwar Englisch, aber wenn meine Firma oder mein Ministerium meint, ich müsste übermorgen nach Argentinien, dann setze ich mich hin und lerne Spanisch.«

Und was sehen Sie negativ?

Negativ empfände ich einen Rückschritt in Nationalismen, eine Selbstbeschaulichkeit nach der Devise: »Mir geht es gut, ich will nichts verändern.«

Was ist Ihr Wunsch an die junge Generation?

Ich wünsche mir, dass eine junge Generation entsteht, für die Europa immer mehr zur Selbstverständlichkeit wird. Die sagt: »Wir leben hervorragend mit einer doppelten Identität. Wir wissen, dass wir Deutsche sind, aber wir sind auch mit gleicher Leidenschaft Europäer.« Das sind junge Menschen, mit denen ich es mir vorstellen könnte, an der Zukunft zu bauen.

KAPITEL 9

LINKS GIBT ES NUR NOCH IM INTERNET

Wie die Parteien mit dem Internet die Politikverdrossenheit austreiben wollen, Sendezeiten unsere Kultur bereichern und wir dennoch der Gesellschaft der glücklichen Idioten noch nie so nah waren

»Es gab eine Zeit, da waren die Grünen eine Jugendbewegung. Nur, heute sind wir die Jugendbewegung.«

Guido Westerwelle, FDP

REGIEREN GEHT ÜBER STUDIEREN

Übung macht den Bürgermeister

Es war einmal ein neuer Bürgermeister, der hatte eine Idee. Um seine Neubauwohnungen los zu werden, verlangte er einfach keine Miete. Die Wohnungen besaßen Komfort, lagen ideal und ließen nichts zu wünschen übrig. Die neu errichteten Straßen führten schnell in die City, auch eine frisch eingerichtete Anbindung an den öffentlichen Personennahverkehr funkionierte reibungslos. Die Bürger, die in Scharen herbeizogen, störten nicht im mindesten die ständigen Baustellen. Überall wurden neue Wohnviertel, Parks und Museen aus dem Boden gestampft. Der Bürgermeister hob so ganz nebenbei die Steuern erheblich an, um seine Ausbaupläne zu finanzieren. Mehr Einwohner verbrauchten natürlich mehr Strom, bald schon reichte die Kapazität eines einzelnen Kraftwerks nicht mehr aus, um eine ausgewogene Versorgung zu gewährleisten. Kurzerhand errichtete der Bürgermeister zwei weitere Meiler und lieh sich das nötige Geld von einer Bank. Der Kredit war rasch abgezahlt, denn Nachbarorte und selbst entfernte Städte begannen Strom und Wasser aus der Erfolgsstadt zu beziehen. Doch es gab auch Probleme. Aus den Rohren des Pumpenhauses trat partout kein Wasser, obwohl die Planer es direkt am Ufer errichtet hatten. Und eines der neuen Kraftwerke fand keine Verbindung zu den gelegten Stromleitungen. Polizei und Feuerwehr streikten für mehr Lohn. Wieder stiegen die Steuern. Immer mehr Bürger verließen enttäuscht die Stadt, die inzwischen mehr Geld ausgab, als sie erwirtschaftete. Teilweise lag das am Missmanagement, teilweise war es einfach nur Pech. In der Amtszeit der Bürgermeisters zerstörten ausgerechnet während des Streiks verschiedene Brände wichtige Zentren, die Stadt wurde von mehreren Erdbeben erschüttert.

Der Stadtvater versuchte die Nerven zu behalten. Zwar stand ihm ein erfahrener Beraterstab zur Seite, aber die Zeitungen begannen bereits, ihn zu verhöhnen. Nachts saß er oft einsam in seinem Büro und wusste nicht weiter. Am nächsten Tag zerriss ein ohrenbetäubender Lärm die Stadt: Einer der neuen, nahe gelegenen Atommeiler war explodiert und verseuchte die ganze Stadt. An eine Wiederwahl war unter diesen Umständen nicht mehr zu denken. Folglich suchte sich der Bürgermeister die nächste Stadt. Denn im Computerspiel *Sim City 3000* gab es genügend Auswahl.

Simulationsspiele sind in ihren Handlungsabläufen mitunter sehr realistisch und erfordern ein so hohes Maß an Geschick und Voraussicht, dass sich die Deutschen angesichts der Staatsverschuldung, der Arbeitslosenquote und der Inflation mit Fug und Recht eine Frage stellen dürfen: Warum üben unsere Politiker und Politikerinnen nicht mit Simulationsspielen, bevor sie auf das gemeine Volk losgelassen werden?

Wählen ja, bloß wen?

Beinahe 16 Jahre lang ließ die SPD keinen Fehler aus. Es gab praktisch keinen Krach, der nicht in der großen Öffentlichkeit ausgetragen wurde. Schon 1980 stand die SPD nicht einmal geschlossen hinter Helmut Schmidt, der dann nur noch pro forma von CDU und FDP entmachtet wurde. Die unkontrollierte Streitlust der Sozialdemokraten brachte sie um jeden Bundestagswahlerfolg, denn selbst die kleinste Entscheidung zog sich endlos in die Länge. Nichts wäre schlimmer, als auf einem SPD-Schiff über Bord zu gehen. Während andere Parteien einen Rettungsring geworfen hätten oder einfach weitergefahren wären, würde die MS SPD erst einmal die Maschinen stoppen, sich die Pfeifchen stopfen und stundenlang ernsthaft debattieren: Ist der Mann wirklich in Not? Möchte er überhaupt gerettet werden? Sind seine »Hilfe«-Schreie als Aufforderung zu verstehen oder ist er sonst der deutschen Sprache nicht mächtig? Stellt seine Rettung nicht eine ganz klare Benachteiligung all derer dar, die über Bord gegangen sind, bei denen niemand zugegen war?

Das war einmal. Inzwischen lernte die SPD erheblich dazu und auferlegte sich eiserne Selbstdisziplin. Die Fetzen fliegen nur hinter verschlossenen Türen. Nach wenigen Jahren hat selbst die SPD den bitteren Beigeschmack der Machtübernahme vergessen: Schließlich hatten die Bürger nicht Gerhard Schröder gewählt, sondern Helmut Kohl abgewählt.

Schröders Politik der neuen Mitte, mit dem Vorbild Tony Blair, besitzt einen Nachteil, der nur Ur-Sozialdemokraten auffällt: Die SPD verlässt im zunehmenden Maße ihre linke Position. Wohin soll denn der Linke von heute gehen? Seit dem Zusammenbruch der kommunistischen Systeme des Ostblocks sind Linke heimatlos. Und nichts ist peinlicher als ein Sozialdemokrat, der Kuba besucht.

Seitdem sich die CDU in der Opposition befindet, steckt sie in ihrer tiefsten Krise. Sie ist so am Boden zerstört, dass auf Dauer nur von ihr eine Erneuerung kommen kann. Zeit genug hätte sie ja jetzt dazu. In den Jahren seiner Kanzlerschaft verabsäumte es Helmut Kohl, innerparteilichen Nachwuchs aufzubauen, der selbstständig agiert. Ganz nach dem Motto: »Suchen Sie einen Mann, der jünger ist als ich und den Laden genauso gut leiten könnte. Und dann schmeißen Sie ihn raus.«

Dabei ist der Umgang mit Wolfgang Schäuble, von Parteispendenaffäre bis Bürgermeisterkandidatur, hervorzuheben und an Schäbigkeit kaum zu überbieten. Möglicherweise warfen auf dem Berliner Alexanderplatz nicht Chaoten und »Gesindel« mit Eiern während einer CDU-Wahlveranstaltung im Frühjahr 2001, sondern enttäuschte CDU-Wähler. Der desolate Zustand erinnert jedenfalls fatal an die achtziger und neunziger Jahre, als es bei der SPD drunter und drüber ging. Am Schlimmsten aber trifft die Volkspartei Schröders Politik der neuen Mitte, die im zunehmenden Maße Themen besetzt, die sich die CDU für den Wahlkampf aufgehoben hatte. Auf einen groben Blick sind CDU und SPD von ihren politischen Inhalten her kaum noch zu unterscheiden. Kein Wunder, dass der Berliner Hauptsitz der CDU aufgrund des schiffsförmigen Baus auch gerne *Titanic* genannt wird.

Bündnis 90/Die Grünen stellten unbestritten mal eine Jugendpartei, möglicherweise sogar eine Jugendbewegung dar. Nun sind die Berufsjugendlichen selbst älter geworden und haben in den Jahren der von ihnen mitgestalteten Länderpolitik immer mehr an Kanten verloren. Früher waren die Grünen wenigstens noch optisch leicht zu erkennen: Norwegerpullis, lange Haare, mit Stricknadeln und Babys auf den Parteitagen. Turnschuhe und Aufkleber, Demonstrationen und Fahrräder.

Heute verwandeln Joschka Fischer, Rezzo Schlauch und Jürgen Trittin den Bundestag in ein Pret-à-porter und machen selbst Guido Westerwelle Konkurrenz. Unübersehbar gefallen sie sich in ihrer Premiere-Rolle als Regierungsverantwortliche und wirken selbstgefällig. Sie selbst nennen es souverän. Die Diäten haben sie müde gemacht, heute sind die Grünen die größten Spießer und regen sich höchstens mal beim Italiener auf, wenn der Pinot Grigio nicht kalt genug ist. Es ist eben so eine Sache mit der Macht.

Auch ihre politischen Ziele setzen sie nur schwer um, bekommen vom Koalitionspartner meist die undankbarsten Aufgaben zugeschanzt, und der lang propagierte Ausstieg aus der Atomkraft wird, wenn überhaupt, erst im nächsten Leben vollzogen. Wie auch bei der CDU gibt es bei den Grünen keinen namhaften Nachwuchs. Sie biedern sich an. Die wirtschaftspolitische Sprecherin der Bündnis 90/Die Grünen Margareta Wolf gab im Jahr 2000 eine Erklärung mit dem Titel »Bündnis 90/Die Grünen sind die Partei für das Internet« ab und setzte sich für eine Flatrate ein. Die Feindbilder sind nach wie vor klar: früher Wackersdorf, heute Telekom. Vielleicht sind heute die Alternativen nicht mehr zu erkennen, weil sie der Partei ausgegangen sind.

Guido Westerwelle ist ein schwerer Spagat gelungen. Unter seiner Führung wechselte die FDP das Image der Partei der Besserverdienenden gegen die Partei der Besserbekleideten aus. Früher standen die Freien Demokraten mit einem klaren »Jein« für eine ganz offene Richtungslosigkeit, die sich immer wieder als Zünglein an der Waage ganz gut machte.

Heute will die FDP nur noch eins: wieder an die Macht. Entsprechend lassen sie alle Optionen offen und verzichten konsequent auf ein Programm. Absurderweise haben sie nun zum ersten Mal eine reelle Chance, über elf Prozent zu kommen. Dabei dienen jetzt die Grünen als Feindbild. »Ich glaube, dass die Grünen eine Geisteshaltung sind, die sich vollkommen überlebt hat, die in der Moderne nicht angekommen ist. Deswegen will ich sie aus der Verantwortung drängen«, vertraute Guido Westerwelle der *Berliner Zeitung* vom 16./17. Dezember 2000 an.

Westerwelle sagt: »Die meisten grünen Politiker gehen zum Lachen doch in den Keller.«

Westerwelle sagt: »Grün wird grau.«

Westerwelle sagt: »Es gab eine Zeit, da waren die Grünen eine Jugendbewegung. Nur, heute sind wir die Jugendbewegung.«

Möglich macht es unter anderem Jürgen Möllemann, der aus beinahe jedem Flugzeug springt. Nur sein Enthusiasmus ist noch größer als sein Fallschirm. Möllemann ließ sich auch kurz in der Nähe des *Big-Brother*-Containers blicken. Westerwelle ging einen Schritt weiter und direkt hinein. Er brachte Geschenke, sprach kurz über Politik und versuchte mit eingefrorenem Lächeln über den bekifften Zustand der Truppe hinwegzusehen. »Mensch, ihr interessiert euch ja richtig für Politik«, rief er. Kein Wunder, die *Big-Brother*-Kandidaten wurden ja auch wöchentlich abgewählt.

Früh engagierte sich die FDP im Internet. Nachdem sie ja eine Landtagswahl nach der anderen verlor, wäre sie beinahe die erste Partei geworden, die es nur noch virtuell gegeben hätte. Ein Novum? Jein.

Bleibt nur noch die PDS. Die SED-Nachfolgepartei macht es den Altlinken besonders schwer: Als Heimat kommt sie nicht so recht in Frage. Schließlich gab es früher keinen süßeren Zustand, als links zu sein und im Westen zu leben. Die PDS unterscheidet sich nicht von anderen Parteien: Sie ist machthungrig. Ganz gleich, welche Altlasten sie mit sich schleppt. Immerhin hat sie die prominentesten Wahlhelfer:

SPD, Grüne, CDU und FDP. Wenn die PDS im Osten Deutschlands eine Wahl nach der anderen gewinnt, hat das eigentlich eine ganz einfache Ursache: Die Westparteien verstehen die Ossis nicht. Schlimmer noch: Sie wollen sie gar nicht verstehen. Der Osten sollte gefälligst dankbar für die Wunder aus der Westentasche sein: D-Mark, Freiheit, Soli und Volkswagen. Doch der Osten macht eine Zäsur durch. Neben der hohen Arbeitslosigkeit und dem aufkeimenden Rechtsradikalismus kämpfen die neuen Bundesländer vor allen um ihre Identität. Wenn der Westen die Deutsche Demokratische Republik auf Unrechtsstaat und Mauermörder reduziert, diskreditiert er im Nachhinein das Leben aller Ostdeutschen. Die PDS wird zunehmend von jungen Leuten gewählt. Warum? Sie genießt, ob zu recht oder nicht, den Status einer Protestpartei, kennt die Sorgen und Nöte der Ostdeutschen und spricht auch ihre Sprache. Nachdem der alte Bär DDR erlegt ist, wollen sich alle Westparteien mit dem Fuß auf dem Fell ablichten lassen. Doch Vorsicht: Je mehr der Westen über die PDS schimpft, desto bockiger wird der Osten. Dazu braucht es auch keinen Gregor Gysi. Politisch gesehen hat die PDS sehr viel Spielraum und schließt dankbar die linke Lücke, die die SPD auf dem Weg zur neuen Mitte gelassen hat. Vielleicht druckt die PDS bald schon Fähnchen. Aufschrift: Danke auch, SPD.

Aber ist das Links?

Rettet die Wahlen

Im Allgemeinen geht hierzulande die Wahlbeteiligung zurück. Bis auf die Grünen kämpfen sogar alle Parteien mit zunehmendem Mitgliederschwund. Fast jedes vierte Parteimitglied ist ihnen abhanden gekommen. Offensichtlich hat die persönliche Mitgliedschaft in einer Partei an Stellenwert in der Gesellschaft ebenso verloren wie das Ansehen der Politiker.

Mitgliederschwund bei den Parteien

Partei	Mitglieder 1990	Mitglieder 2000	Schwund/Zunahme in Prozent
SPD	937967	734667	-21,7%
PDS	280882	88594	-68,5%
FDP	115904	62721	-64,9%
CDU	655575	616722	-6,3%
CSU	186198	178347	-4,2%
Grüne	41316	49488	+20%

Quelle: Telepolis 25.05.2001

Politik als Showgeschäft

Populär zu sein und Popularität zu wahren sind zweierlei Dinge. Diese schmerzliche Erfahrung musste auch Johannes Rau machen.

Während sich »Papa« Rau noch als Landesvater von Nordrhein-Westfalen größter Beliebtheit erfreute, wird er als Bundespräsident in Deutschland kaum wahrgenommen. Dabei muss Rau in Sachen Intelligenz und Integrität den Vergleich mit seinen Vorgängern Richard von Weizsäcker und Roman Herzog nicht scheuen. Aber er passt nicht in die Zeit. Seine Werte wie Menschlichkeit und Glauben kommen eben im Fernsehen und Mediengelärme nur schwer rüber. Und wenn Johannes Rau spricht, klingt das immer pastoral. Mögen die Deutschen auch Moral mehr denn je nötig haben, zeigt sich das Volk zur Zeit doch wenig empfänglich für Selbstbesinnung. Wer Wähler mobilisieren will, muss eben mehr bieten: triefendes Pathos, grelle Inszenierungen, kurz: Show.

Zu den Meistern seines Faches zählt der ehemalige US-Präsident Bill Clinton. Wie kein Zweiter beherrscht er die Kunst des Händedrucks. Während seine Hand zur Begrüßung zupackt, berührt die andere den Ellenbogen des Begrüßten. So etwas schafft Vertrauen. Clinton weint auf Knopfdruck, zeigt Zerknirschung, macht mit Blicken Mut, den richtigen Witz oder bläst munter ins Saxophon. Ginge die Welt von heute auf morgen unter, wäre Clinton der richtige Mann für eine Fernsehansprache. Der ehemalige US-Präsident hat ohnehin einen regelrechten Filmtick. Er lud Regisseure wie Steven Spielberg und Roland Emmerich ins Weiße Haus ein und ließ sogar seinen letzten Arbeitstag im Amt von Wes Craven (*Scream*) festhalten. Außerdem wirkte Clinton in *Ausnahmezustand* und *Contact* mit. Jüngste Gerüchte besagen sogar, er würde im nächsten *James Bond* den amerikanischen Präsidenten geben.

Film und Fernsehen machen populär. Das weiß auch Gerhard Schröder. Noch als Kanzlerkandidat trat er in *Gute Zeiten, Schlechte Zeiten* auf. Schröder weiß genau, wie er die Medien bedienen muss. Kürzlich besichtigte selbst Angela Merkel das Studio von *Gute Zeiten, Schlechte Zeiten,* plauschte angeregt mit den Darstellern, poussierte für ein Foto und bemerkte: »Schlechte Zeiten, Gute Zeiten – das wäre eigentlich besser.«

Auch die Showszene lässt sich immer wieder gerne für die Politik einspannen. Marius Müller Westernhagen pflegt seine Freundschaft mit den Schröders, und Verona Feldbusch zieht es selbst in die Politik. »Man hat oft zu mir gesagt, ich wäre eine Kindfrau«, erzählt Feldbusch in der *Bunten*. »Das mag ja sein, und deshalb möchte ich etwas für Kinder tun. Da kommt mir der Gedanke, in die Politik zu gehen, gerade recht.«

Vertreterinnen der CDU, SPD, FDP und Grüne reagierten erfreut, die PDS lud Feldbusch zu einem Schnupperkurs als PDS-Vorsitzende ein. Das Sommerloch der Presse färbte sich spinatgrün: »Politik mit dem Blubb« titelte *Die Welt* am 15. Juli 2001 und präsentierte eine Fotomontage mit einer um zehn Jahre gealterten Feldbusch im grauen Kostüm und mit Halbrandbrille. Vielleicht wird Verona Feldbusch der nächste Ronald Reagan.

Stell dir vor, es wäre Internetwahl, und keiner geht hin

Al Gore ist wie eine perfekte Hausfrau: Er gilt als intelligent, integer und macht die eigentliche Arbeit, ohne zu murren, während der Präsident die Lorbeeren einstreicht. Lange Zeit, zumindest bis zu seiner Niederlage, war Gore den deutschen Politikern ein großes Vorbild. Niemand hat in den USA den Erfolg des Computers als Medium so stark vorangetrieben wie er. Darum wollen nun alle deutschen Parteien die Macht des Computers für sich nutzen. Anders als bei Lehrern wirken Computer auf Politiker geradezu verjüngend. In der *Frankfurter Rundschau* prangte ein Bild von Wolfgang Schäuble an einem penibel aufgeräumten Computertisch sitzend. Und Niombo Lomba von den Grünen gestand in *Online Today* im Dezember 2000, dass sie den PowerMac G4 gerne den Machern von www.jugend-line.de schenken würde. Der ewige Hamburger Bürgermeisterkandidat Ole von Beust bereitete seinen Wahlkampf für die Medienstadt gezielt im Internet vor. Würde sich sein Online-Auftritt für die Wahl bewähren, soll auch die Bundestagswahl 2002 starke virtuelle Züge erhalten. Wenn die CDU-Webseite allerdings weiter so lahm ist, könnte die Wahl vorbei sein, bevor die Seite gänzlich geladen wurde. Schon zu Spendenaffärezeiten war die CDU-Seite zeitweise nicht auffindbar. Hohn und Spott muss auch die SPD über ihre Internetaktivitäten ertragen. Hacker machten sich kürzlich über die Webseite des Innenministers Otto Schily her, um auf eine *Hamlet*-Aufführung von Christoph Schlingensief hinzuweisen. Generalsekretär Franz Müntefering stellt sich in regelmäßigen Abständen im »General-Chat« den Fragen der Wähler, Rudolf Scharping ebenso.

Der Chat mit Scharping belustigte die *Süddeutsche Zeitung:* »Auch im Internet gewinnt Rudolf Scharping kein Tempo«, hieß es. Scharping diktierte, Sekretärin Doreen Rothe tippte. Die *SZ:* »Frau Rothe kann gar nicht so langsam tippen, wie der Minister redet. Und er kann nicht so schnell antworten, wie die Chatter fragen.«

Als der deutsche IBM-Chef Erwin Staudt den Ministern anbot, unter seiner Anleitung den Internetführerschein zu machen, reagierte die Regierung pikiert. Selbst wenn Bundeskanzler Schröder seinen Computer als »Anlage« bezeichnet, möchte niemand für rückständig gehalten werden. Der Grund dafür ist klar: Die Jugend soll mobilisiert werden. Früher propagierte die SPD deshalb immer wieder gern, das Alter eines Wahlberechtigten auf 16 Jahre herunterzusetzen. Das war ebenso progressiv wie erfolglos. Die neue Strategie der Verjüngung und Erneuerung heißt Internetwahl. Die erste soll bereits im Jahr 2006 stattfinden. Laut Grundgesetz muss die Wahl aber frei, allgemein und unmittelbar sein. Das ist im Augenblick mit dem Internet nur schwer umzusetzen. Dieter Otten, Begründer von i-vote und Professor für Soziologie an der Uni Osnabrück begrüßt die neue Wahlform: »Internet-Wahlen sind möglich«, sagte er gegenüber dem Magazin *Focus* (Heft 4/2001). »Die Finnen haben längst ihre Signatur im Ausweis, und ihre Bank bietet sie ihnen demnächst auch an! Die Auszählung der Wahlen wären innerhalb einer Stunde erledigt. Das wäre es schon. Wahldebakel wie in Florida blieben uns erspart.«

Früher machte der Wähler sein Kreuz, heute bekommt er eine digitale Signatur. IBM-Chef Erwin Staudt ist auf jeden Fall dafür: »Der Wahlkampf sollte im Internet stattfinden«, erklärt er im *Lufthansa Magazin*. »Um mehr Menschen an die Demokratie heranzuführen, ist das Internet das probate Mittel, weil es den direkten Kontakt zwischen Kandidaten und Wählern möglich macht. Damit können sich an Diskussionen auch die Menschen beteiligen, die sich normalerweise nicht in die Öffentlichkeit stellen.«

Der Wähler aber erkennt die Mogelpackung. Denn das Internet stellt überhaupt kein probates Mittel gegen die Politikverdrossenheit dar. Dazu müssten sich erst einmal neue Inhalte finden. Nach einer Internetwahl gäbe es gleich mehrere Verlierer. Die unterlegenen Parteien und die Deutschen, die sich weder Computer noch Internet leisten können.

Die Verlierer der Vernetzung – Ein Gespräch mit Peter Glotz

Professor Peter Glotz ist Direktor des Instituts für Medien- und Kommunikationswissenschaften (MCM) in Sankt Gallen

Sind die Deutschen überhaupt auf den Wandel durch die neuen Medien vorbereitet?

Glotz: Das ist sicher unterschiedlich. Es gibt eine ganze Reihe von Leuten, die sich darauf systematisch vorbereiten in der Industrie, in der Wissenschaft, insbesondere in den ökonomischen Wissenschaften. Es gibt natürlich auch viele Menschen, die darüber nur schwafeln, und andere, die davon noch gar nichts wissen. Charakteristisch ist für mich eine Kluft. Auf der einen Seite gibt es Leute, die tun so, als seien wir schon mitten im digitalen Zeitalter und die Welt habe sich schon total verändert. Auf der anderen Seite gibt es eben solche, die keine Ahnung haben. Wir sind am Beginn, so meine These, einer neuen Phase der Marktwirtschaft, aber der Reifegrad tritt irgendwann zwischen 2009 und 2015 ein und nicht übermorgen.

War die Kluft schon vorher da, oder wird sie durch die neuen Medien eher verstärkt?

Ich glaube, eher verstärkt. Die Kluft gab es natürlich auch schon in der Goethezeit und zwar viel radikaler als heute, weil damals die meisten Bauern noch Analphabeten waren. Goethe, Schiller, Humboldt, Wieland verkehrten miteinander über kleine Zeitschriften. Diese Klüfte sind nichts Neues, es gibt sie immer, wenn eine neue Phase beginnt. In den ersten hundert Jahren nach der Gutenbergschen Erfindung der beweglichen Lettern, in den ersten Jahrzehnten nach der Erfindung audiovisueller Systeme, Kino, Fernsehen und jetzt in den ersten Jahren nach der Erfindung des Internets – die Entwicklung ist ja viel schneller geworden. Aber in solchen Medienwenden, wie ich das nenne, vertiefen sich solche Klüfte und verschütten sich später wieder.

Wir haben ja einen neuen Armutsbegriff. Sind wir in Deutschland schon arm, wenn wir kein Handy haben?

Ich würde das nicht übertreiben. Wenn man kein Handy hat, ist das Leben unbequemer, aber man steht nicht nackt auf der Straße. Es kommt auf die Situation an. Sie können natürlich heute viele Berufe ohne mediale Computerkompetenz gar nicht mehr ausführen. Zwar können Sie noch Vorstandsvorsitzender eines großen Unternehmens sein oder Bundeskanzler, aber wenn Sie Versicherungsvertreter oder bei der Lufthansa irgendwo am Boden tätig sind, müssen Sie mit dem Ding umgehen können.

Ich wollte auf etwas Anderes hinaus. Einige Kinder und Jugendliche erzählten uns, dass sie sich arm fühlen, wenn sie kein Handy haben.

Gut, das verstehe ich. Die fühlen sich auch arm, wenn sie kein Pokémon und keinen Tamagotchi haben. Das ist ja nun keine objektive Analyse, sondern das zeigt die Wünsche, die Kinder haben, die ich im Übrigen ganz verständlich finde und über die ich kulturkritisch gar nicht klage. Es ist natürlich nicht objektive Armut, wenn einer kein Handy hat, obwohl ich vermute, dass es im Jahre 2010 mehr Handys geben wird als Bevölkerung, weil viele Familien 3, 4 oder 5 haben.

Bringen Laptops die Schulen weiter?

Wenn jeder Schüler einen Laptop hätte und gleichzeitig die Schulen darauf eingerichtet wären, dass die Lehrer fortgebildet würden, dann wäre das schon ein Fortschritt. Noch macht das alles nicht so recht Sinn. Denn wenn alle Schulen angeschlossen sind, gibt es einen Internetanschluss, den aber niemand so richtig benutzen darf, weil keiner weiß, wer letztlich die Kosten des Surfens trägt. Im Übrigen: Die Computerräume werden meist von zwei Physiklehrern verwaltet. Das ist die reale Situation in der normalen Schule, und da ändert sich dann in der Tat nichts. Ich glaube, der größte Lehrmeister ist der digitale Kapitalismus, die Veränderung der Berufsstrukturen, der

Anforderungen im Beruf zwingen viele Leute, sich mit diesen Geräten und dieser neuen Wirklichkeit auseinander zu setzen, wobei das eben immer jüngere Menschen und berufstätige Menschen trifft. Sie haben natürlich ganze Rentnerkolonien, die gar nicht mehr daran denken, sich damit zu beschäftigen und das allerdings auch nicht müssen. Zur Not gibt es immer noch eine Bankfiliale, wo man seine Geldgeschäfte per Hand machen kann, wenn man für Homebanking nicht geschult ist.

Sie haben neulich in einer Talkshow gesagt: Selbst die Banken denken daran, massenhaft ihre Leute zu entlassen.

Vor allem die Banken. Die Deutsche Bank hat gerade ein Rekordergebnis verkündet, Verdoppelung des Gewinnes und setzt gleichzeitig 2600 Leute auf die Straße. Das ist nur der Anfang, andere Banken ziehen nach. Es wird dann unbequemer sein, Bankgeschäfte mit der Hand zu tätigen, aber es wird immer noch möglich sein. Pro Stadt werden die schon noch eine Filiale übrig lassen müssen.

Worauf läuft der Begriff des digitalen Kapitalismus hinaus?

Ich definiere ihn immer mit vier Begriffen. Sie lauten: Beschleunigung, Dematerialisierung, Dezentralisierung und Globalisierung. Das bedeutet eine veränderte Form der Marktwirtschaft, in der durch die Einflüsse der Netzwerke, des Electronic Commerce, die Transaktionskosten sinken und eine internationale Preistransparenz entsteht. Produkte, die man das erste Mal produziert, sind relativ teuer. Kopien aber sind fast umsonst. Dadurch ändert sich das ganze Wirtschaften, und das wiederum hat tief gehende Auswirkungen auf die Menschen. Es wird mehr Selbstständige geben. Es wird größere Chancen für Markteintritte kleinerer Unternehmen geben. Es wird eine Ausdünnung der Mitte geben, das heißt, die mittleren Manager, die bisher Kontrolle ausgeübt haben, werden nicht mehr notwendig und werden freigesetzt. Es wird mehr Leasing geben. Die Wirtschaftsstrukturen – mehr Telearbeit – werden sich verändern. Die Geschwindigkeit wird sich gewaltig erhöhen, und es wird auch eine größere Ungleichheit geben. Das alles wird sich auf die Struktur der Gesellschaft auswirken, und meine These ist, dass ein $^{2}/_{3}$-Block, der da mitspielt, gegen einen $^{1}/_{3}$-Block stehen wird.

Sprechen Sie von 25 Millionen Arbeitslosen?

Ich rechne etwa mit 15 bis 20 Prozent Arbeitslosen in vielen Gesellschaften. Dann noch mal 15 Prozent Leute, die Downshifting betreiben, die also bewusst diese Beschleunigung nicht mitmachen wollen und sich da herausnehmen. Ich sage nicht, 33 Prozent Arbeitslose. Aber 16 Prozent haben wir in Deutschland jetzt schon, wenn Sie nicht diese ganzen Schwindeleien in Ostdeutschland mit ABM-Projekten mitmachen, sondern real schauen, wer wirklich bezahlte Arbeit hat. Dann haben Sie 16 Prozent Arbeitslose in Deutschland.

Wie sollen wir das verkraften?

Das frage ich mich auch.

Das wäre ja eine politische Atombombe.

Das behaupte ich ja auch. Die derzeitige Regierung profitiert von dem Konjunkturzyklus. Sie haben sicher auch ein paar sinnvolle Maßnahmen, zum Beispiel mit der Steuerreform, ergriffen. Derzeit nimmt die Arbeitslosigkeit ein bisschen ab, und deswegen ist das Thema nicht so richtig auf der Tagesordnung. Wie entscheidend es aber ist, zeigt sich am gefeuerten Wirtschaftsminister von Sachsen-Anhalt, Gabriel, der einmal einfach so die Wahrheit rausgelassen hat. Das hat ihn sofort den Kopf gekostet. Daran kann man sehen, was wirklich gespielt wird. Ich glaube keine Sekunde daran, dass die strukturelle Arbeitslosigkeit, die Langzeitarbeitslosigkeit, durch die jetzige Politik verändert wird. Ich glaube nicht einmal daran, dass die Politik sehr viele Mittel überhaupt in der Hand hat, selbst wenn sie alle Hebel in Bewegung setzen würde.

Sind denn die Betroffenen nicht unzufrieden?

Das sehe ich eigentlich eher nicht. Das hängt einmal

mit dem relativ »komfortablen« Leben, den doch absichernden Regelungen zusammen, die wir in den meisten europäischen Ländern haben: Mindestlohn, Sozialhilfe, Arbeitslosenhilfe und Arbeitslosengeld. Arbeitslosigkeit macht nicht aktiv, sondern entfremdet und macht die Menschen hilflos. Man kann nicht ausschließen, dass rechtspopulistische Parteien aus diesem Potenzial schöpfen.

Hätte ein Politiker wie Haider in Deutschland eine Chance?

Ja, absolut. In der Tat haben wir in Deutschland nur Glück, dass wir keinen Haider haben, also keinen wirksamen rechtspopulistischen Führer. Wenn wir den hätten, dann hätten die Rechten schon 13 Prozent.

Was halten Sie von den ganzen Bildungsinitiativen?

D21 wird von einem IBM-Manager geleitet und der Bundeskanzler macht mit. Das ist eine ganz nette Aktivität, die man auch sehr befürworten muss, die aber nicht sehr viel bewirkt. Eine wirklich entschiedene Bildungspolitik, die sich auf die neue Situation einstellt, die gibt es bisher nicht, und das ist natürlich überaus bedauerlich.

Aber es geht in der Schule doch nichts so recht voran.

Ich habe auch das Gefühl, dass nicht viel vorangeht, was aber auch an letzter Stelle an den Kompetenzregelungen in Deutschland liegt. Frau Bulmahn hängt ja in einer Position, wo sie die Realität in den Schulen überhaupt nicht beeinflussen kann. Das ist nicht ihre Schuld. Das hängt mit der Kompetenzregelung in Deutschland zusammen. Da sind wir in einer Situation, wo in der Tat nur eine von oben gesteuerte, gewaltige Initiative, eine sehr gezielte Initiative etwas bewirken könnte. Es gibt durchaus guten Willen, da gibt es ja auch eine Initiative der Bundesregierung, die das Wirtschaftsministerium vorangetrieben hat, die auch irgendwann beschlossen worden ist. Es gibt ein Patchwork kleiner Maßnahmen, aber eine wirklich systematische Einstellung auf die neue Situation des digitalen Kapitalismus gibt es noch nicht.

Woran liegt das?

Es ist unbequem, die Wahrheit zu sagen. Ich habe ja relativ deutlich ausgesprochen, dass diese Informationstechnik, diese neue Entwicklung Arbeitsplätze eher kosten wird in den europäischen Gesellschaften, als dass neue geschaffen werden. Wenn der Bundeskanzler das zugäbe, dann wären seine Äußerungen, dass er die Arbeitslosigkeit erheblich reduzieren kann, natürlich obsolet. Es ist einfach bequemer, das Gegenteil zu behaupten. Das gibt so eine ... ich will nicht sagen, Verschwörung, aber so eine Einstellung: Um Gottes Willen nicht die Wahrheit sagen, nicht Tacheles reden. Mit einer solchen Politik kommen sie natürlich an die Realität gar nicht heran.

Haben Sie denn den Eindruck, dass die Jugend heute sich überhaupt noch für Politik interessiert, oder sind wir auf dem Weg von der Wir-Gesellschaft zur Ich-Gesellschaft?

Ich glaube, dass das vielfältige Gründe hat, die man ganz schwer in so einem Gespräch analysieren kann. Es liegt sicher an den Defiziten der Parteien. Nehmen Sie mal die SPD und ihre Jugendorganisationen, in der du nur was werden kannst, wenn du Unsinn behauptest. Diesen Unsinn musst du allerdings sofort weglegen, wenn du eine verantwortliche Position bekommst. Das erzieht direkt zum Zynismus. In den Jugendorganisationen wird man nur was, wenn man irgendwelchen sozialistischen Quatsch erzählt, aber man wird im Stadtrat von Dortmund nichts, wenn man sozialistischen Quatsch erzählt und auch nicht im Bundestag. So ist das Leben. Ich glaube, in anderen Parteien ist es im Prinzip nicht viel besser. Dazu kommt: Der Gesamtapparat ist schwerfällig. Ich meine, wenn Sie sich für Politik wirklich interessieren, müssen Sie einen großen Teil der Energie ihres Lebens da investieren und immer in das Nebenzimmer der Gaststätte »Zum grünen Baum« gehen. Das wollen natürlich viele Leute nicht mehr. Nun bemüht sich ja die SPD zum Beispiel durchaus, Netzwerkpartei zu werden und das Internet einzusetzen. Nur sind es Schwalben, die noch keinen Sommer machen. Wie gesagt, das bezieht sich nicht nur auf die SPD. Ich habe immer den Standardsatz: »Wenn einer gut, jung und links ist, geht er zu Greenpeace und nicht zur SPD. Und wenn einer gut, jung und rechts ist, geht er zu BMW und nicht zur CSU.« Das ist die Lage, die man realisieren muss. Dazu kommen aber sicher auch noch gesamtgesellschaftliche Trends: Individualisierung, Privatisierung. Das Gefühl, dass man mit Politik auch gar nichts bewirken kann. Das führt dazu, dass in der SPD die Zahl der über 80-Jährigen größer ist als die Zahl der unter 25-Jährigen. Das ist natürlich ein Alarmzeichen.

Die FDP hält sich für eine Jugendbewegung.

Ob die FDP das ist, daran habe ich meine großen Zweifel. Das ist Propaganda. Aber dass es die Grünen nicht mehr sind, ist leider eine richtige Feststellung. Die Grünen sind ein ganz bestimmter Generationsausschnitt, die die Achtundsechziger und noch ein paar Spontis der nachfolgenden Generation erfassen, und in der jetzt jungen Generation in der Tat auch schon als Opas gelten. Diese Partei entwickelt sich zu einer Art ökologischer FDP. Das mag notwendig sein, ist aber nicht meine Richtung.

Wer sind heute die Verlierer in dieser Gesellschaft?

Ich nenne das immer »die Vernetzungsverlierer«. Diese Vernetzungsverlierer werden einerseits Leute sein mit schlechten Bildungsmöglichkeiten und auch geringerer Intelligenz. Beides gibt es ja, also Leute, die in den Jobs, die gefordert sind, diesen symbolanalytischen Jobs, einfach keine Arbeitsplätze finden, weil sie dazu nicht qualifiziert sind. Das ist eine Gruppe, die ganz ohne Zweifel eine Rolle spielen wird. Da ist zweitens eine ganz bestimmte Gruppe älterer Leute, die sich auf die neuen Entwicklungen nicht mehr richtig einstellen können und einstellen wollen. Und es ist drittens eine Gruppe von

Menschen, die eben Downshifting betreiben und die den Druck, den diese Lebensweise auslöst, für unmenschlich halten, für unangenehm halten, die dann sagen, wir können unsere Kinder nicht vernünftig erziehen, und die sich dann herausziehen. Diese dritte Gruppe fällt nicht einfach ins Elend oder ins Nichts. Es wird ja viele Berufe im Bereich der persönlichen Dienstleistungen geben, die dringend notwendig sind. Die werden dann schlecht bezahlt. Du kannst dich als Kinderfrau in eine Mittelschichtfamilie verpflichten, du kannst Kindergärtnerin werden, du kannst einer Fülle von Möglichkeiten nachgehen – und das kann man auch mit 30 Stunden in der Woche betreiben. Und wenn man bescheiden ist, kann man davon auch leben. Ich warne auch davor, sich über diese Leute lustig zu machen. Es ist ihre Lebensentscheidung, etwa zu sagen: Ich gehe auf eine Zweidrittelstelle als Lehrer zurück, dann kann diese Familie leben. Sie kann sich keine zwei Autos, keine drei Handys und keine zwei Urlaubsreisen im Jahr leisten, aber sie ist auch ohne all dies glücklich. Und wenn einer sich entscheidet, das zu tun, bin ich dagegen, dass man sich über ihn lustig macht.

Ist denn unser Staat stark genug, diese Leute aufzufangen?

Das ist in der Tat eine Grundfrage. Ich bin sehr dafür, dass wir das Modell der sozialen Marktwirtschaft erhalten. Dazu muss zum Beispiel das ganze Thema »Grundeinkommen« neu thematisiert werden. Sie müssen auch Leuten, die keine Jobs finden, über die Runden helfen. Und zwar oberhalb des Niveaus der Sozialhilfe. Darauf ist unsere Politik überhaupt noch nicht eingestellt, weil unsere Politik ja sagt: Wenn Schröder lange genug Kanzler bleibt, werden wir die Dauerarbeitslosigkeit und die hohe Arbeitslosigkeit wieder wegbringen. Frau Merkel und Herr Merz werden das auch für sich behaupten. Und solange Politiker so etwas behaupten, werden sie nicht auf eine Grundsicherung gehen.

Ein Staat speckt ab

Die Internetwahl ist nur eine von vielen Bemühungen des Staates, seine Aktivitäten für das Internet zu bündeln. Auf der letzten Cebit eröffnete Otto Schily www.bund.de und lieferte das Versprechen, bis zum Jahr 2005 mehr als 1 200 Dienstleistungen des Staates über das Internet anzubieten. E-Government lautet das Stichwort und klingt vielversprechend. Die neuen Medien sollen die Verwaltung der Städte und Gemeinden verschlanken. Der Bürger steht dann nicht mehr in den Behörden Schlange. Die *Financial Times Deutschland* befragte 100 deutsche Behörden:

Beamte und Behörden im Netz

Beamte im Netz	
eigene E-Mail	69%
Bereich mit eigener E-Mail	21%
Behörde hat E-Mail-Adresse	8%
kein E-Mail-System	2%

Behörden im Netz	
Zugriff	51%
Mehrheit hat Zugriff	26%
alle Mitarbeiter haben Zugriff	21%
kein Internetzugang	2%

Quelle: *Financial Times Deutschland* vom 3. Juli 2000

Der Traum ist noch weit. Experten rechnen mit mindestens zehn Jahren. Denn es gibt erhebliche Probleme: Der Unterschied zwischen einem Behördengang und einem Ausfüllen eines Formulars online dürfte nur unwesentlich Zeit sparen. Dazu kommt, dass die Städte und Kommunen nicht zwangsläufig miteinander vernetzt sind. Teilweise benutzen die Behörden unterschiedliche Software. Weil nicht jede Seite einem Angriff von Seiten eines Hackers gefeit ist, melden auch Datenschützer Bedenken an.

Alles für die Jugend

Die Schüler saßen auf der Zuschauerbank des Deutschen Bundestags. So wird also Politik gemacht. Reinhard Klimmt hielt eine Rede und berührte mit den Fingerspitzen die Kanten seines Manuskripts. Zur Erinnerung: Klimmt war Ministerpräsident des Saarlandes. Aber nicht sehr lange (1998 – 1999). Dann wurde er Bundesminister für Verkehr, Bau- und Wohnungswesen. Aber nicht sehr lange (1999 – 2000). Als Verkehrsminister sprach er an diesem Tag über die Weltkonferenz »Urban 21«, die sich mit der sozialen, kulturellen, wirtschaftlichen, ökologischen und städtebaulichen

Jugend und Politik I

Wie sehr interessierst du dich für Politik?

	Total	12-13 Jahre	14-15 Jahre	16-17 Jahre
Antwort	533	81	226	226
1= interessiert mich sehr	12%	9%	10%	15%
2	23%	11%	24%	26%
3	27%	23%	28%	26%
4	17%	23%	18%	15%
5	13%	17%	12%	12%
6= interessiert mich überhaupt nicht	8%	16%	8%	6%
Mittelwert	3.2	3.8	3.2	3.0

Mittelwerte (Skala von 1= »interessiert mich sehr« bis 6= »interessiert mich überhaupt nicht«)

Eine **EARSandEYES**-Befragung von Kindern zwischen 12 und 17 Jahren. Stand: August 2000

Entwicklung der Städte auseinander setzt und dabei Bürgernähe in den Mittelpunkt stellt.

Klimmt ist kein mitreißender Redner. Auf den Parlamentsbänken hörte kaum jemand zu. Die Abgeordneten gingen ihre Unterlagen durch, lasen Zeitung oder hielten ein Schwätzchen. Auf der Suche nach einem geeigneten Motiv stieß ein Fotograf auf die Klasse auf der Zuschauerbank: Ein Schüler mit grauem Sweatshirt und roten Ohren starrte missmutig vor sich hin, sein Kamerad im grün-orange gestreiften Hemd lehnte sich an ihn und schlief. Auch den Jungen nebenan hatte es mit weit offenem Mund hingerafft. Zwei weitere Jugendliche schlummerten ebenfalls.

Jugend und Politik II

Welchen Politiker/welche Politikerin kennst du?

	Total	12-13 Jahre	14-15 Jahre	16-17 Jahre
Antwort	533	81	226	226
Gerhard Schröder	99 %	96 %	99 %	99 %
Helmut Kohl	98 %	98 %	99 %	98 %
Joschka Fischer	97 %	94 %	97 %	97 %
Angela Merkel	96 %	94 %	97 %	96 %
Rudolf Scharping	94 %	90 %	93 %	96 %
Wolfgang Schäuble	92 %	85 %	92 %	95 %
Guido Westerwelle	92 %	83 %	93 %	93 %
Edmund Stoiber	81 %	63 %	81 %	88 %
Gregor Gysi	70 %	41 %	69 %	81 %
Cem Özdemir	24 %	9 %	22 %	31 %
Edelgard Bulmahn	12 %	4 %	10 %	18 %
Petra Pau	6 %	2 %	6 %	8 %
Keine/n von diesen	0 %	1 %	0 %	-

Eine **EARSandEYES**-Befragung von Kindern zwischen 12 und 17 Jahren.
Stand: August 2000

Jugend und Politik III

Anziehungskraft der Parteien

CDU/CSU	21,7 %
SPD	21,2 %
Bündnis 90/Die Grünen	11,1 %
PDS	2,9 %
FDP	2,0 %
Republikaner	1,8 %
Andere	3,5 %
Keine	35,9 %

Shell Studie 2000 – Umfrage unter 4 500 Jugendlichen. Stand: Mitte 1999

Der Fotograf vertickte das Bild über dpa. Am nächsten Tag prangte es in der *BILD,* der *Berliner Zeitung,* der Londoner *Times* und vielen anderen internationalen Blättern. Tenor: Deutsche Jugendliche interessieren sich überhaupt nicht für Politik.

Dabei ist das Ganze ein Missverständnis. Reinhard Klimmt ist ausnahmsweise nicht die Ursache für diese bleierne Müdigkeit. Die Berufsschulklasse aus Niedersachsen hatte die Nacht zuvor schwer durchgemacht. »Wie sich das auf Klassenfahrten gehört«, erinnert sich der damals 18-jährige Florian Pohl, ein angehender Landwirt, im *SZ-Magazin.* »Mir tut unser Nickerchen im Nachhinein Leid, weil da ein völlig schiefes Bild entstanden ist, so nach dem Motto: ›Unsere Jugend und Politik, gähn …‹ Dabei sind wir politisch sehr interessiert und diskutieren im Unterricht gerade heftigst über die Ökosteuer.«

Durch die ständige Medienpräsenz der Politiker, die sich auch über die Nachrichten hinaus profilieren, erfreuen sich die deutschen Politiker größer Bekanntheit.

Extreme politische Standpunkte wie Links oder Rechts treffen bei der Jugend keinen Nerv. Das erklärt zumindest das Institut der deutschen Wirtschaft in Köln. Demnach füh-

Jugend und Politik IV

Fühlst du dich von Politikern vertreten?

Kann mich nicht beschweren	41 %
Politiker kümmern sich um bestimmte Bevölkerungsgruppen	24 %
Politiker sprechen über Themen, bei denen Kinder nicht mitreden können	23 %
Es gibt kaum junge Politiker	15 %
Politiker kennen die Probleme der Jugendlichen nicht	12 %

Eine **EARSandEYES**-Befragung von 300 Kindern und Jugendlichen zwischen 12 und 24 Jahren, Stand: Juli 2001

len sich knapp 5 Prozent der Jugendlichen zwischen 15 und 24 Jahren von deren politischen Inhalten angesprochen. Über ein Drittel würde sich für keine Partei entscheiden. Der Rest wählt CDU und SPD.

In einer weiteren Umfrage unter 14- bis 18-jährigen Jugendlichen fand das IW heraus, dass die Jugend auch nicht »apolitisch, wie es auf den ersten Blick erscheinen mag«, ist. Nach wie vor ziehen Themen wie Ökologie und soziales Engagement besondere Aufmerksamkeit auf sich. Greenpeace und WWF genießen bei jedem Zweiten Vertrauen, die Arbeit von Amnesty International halten 40 Prozent für wichtig.

Sendezeiten für das Internet

Die Stadt Mölln eröffnete den ersten Internetkindergarten. Das klingt ja ganz fortschrittlich, aber was können denn Kinder in diesem Alter im Internet machen? Wie sollen sie eine Suchmaschine bedienen und sich Informationen verfügbar machen? Selbst wenn die Erzieherinnen die Begriffe eingeben, wird das Internet, das ohne Altersbeschränkungen auskommt, Kindergartenkindern nicht gerecht. Die wichtigste Voraussetzung ist die Fähigkeit des Lesens und Schreibens.

Ältere Kinder und Jugendliche haben nur einen sehr reduzierten Zugang zum Netz. Während US-Amerikanern, Kanadiern, Briten und Australiern die ganze Netzwelt offen steht, kämpfen deutsche Kinder erst einmal mit der Sprachbarriere.

Das deutsche Angebot ist überwiegend langweilig und schnell erschöpft. Für Eltern und Pädagogen teilt es sich in zwei Gruppen: die Guten und die Bösen. Zu den Guten zählen die immer gleichen üblichen Verdächtigen: *Sendung mit der Maus, Blinde Kuh, Kindernetz* des Südwestrundfunks. Zwar gelten diese Seiten nicht als sonderlich innovativ, werden aber von Erwachsenen geschätzt. Denn die wünschen sich ein sauberes, reines und sicheres Internet. Das gibt es aber nicht. Immer wieder versprechen die Anbieter eine ganz spezielle Schutz- und Filtersoftware, können das aber nicht halten. Drei Methoden von Filtern sind bekannt:

1. Die Positivliste
Hier schreiben Eltern die Seiten hinein, die ihre Kinder finden sollen. Alle anderen werden unzugänglich. Nun sind aber Eltern keine Spezialisten und kennen sich mit Webseiten, die Kinder interessieren, nicht aus. Einem Realitätstest hält dieser Filter also nicht stand.

2. Die Negativliste
Es ist unmöglich, alle schlimmen Webseiten zu kennen. Selbst wenn das die Hersteller versprechen. Es kommen ja außerdem ständig neue hinzu.

3. Scan- und Content-Rating
Hier sperren Eltern Begriffe, zu denen die Kinder nichts finden sollen. Pikanter Nebeneffekt: Ein tief gläubiger, anständiger Mensch, der seinem Kind den Zugang zum Internet bieten möchte, muss all die bösen Worte, die der Nachwuchs

nicht finden soll, erst einmal selbst eingeben. Das verdirbt unter Umständen den eigenen Charakter.

Zudem bleiben, wenn etwa der Begriff *Sex* gesperrt wird, auch sinnvolle Seiten wie das Angebot von Pro Familia unauffindbar.

»Alles in allem«, meint Patrick Brauch von der Zeitschrift *c't,* »lässt sich sagen, dass keine Filtersoftware das Problem befriedigend löst. Keinesfalls kann man sich als Elternteil auf die Sicherheit einer Filtersoftware verlassen: Von der Effektivität des Filterns einmal abgesehen, lassen sich alle Programme auch irgendwie aushebeln.«

Kurz: Eltern wissen nicht, wie sie eine Filtersoftware installieren, und Kinder wissen, wie sie sie umgehen. Der beste Schutz ist Vertrauen. Es ist besser, mit den Kindern zu reden und sie auf die möglichen Gefahren der virtuellen Welt hinzuweisen. Das machen wir schließlich auch in der Realität. Kinder sollen nicht zu Fremden ins Auto steigen, sich nicht ansprechen lassen und keine Bonbons von Fremden annehmen.

Der Jugendschutz weiß beim Thema Internet nicht so recht weiter. Peter Gerstenberger von der Unabhängigen Selbstkontrolle (USK) in Berlin sieht keine Eingreifmöglichkeiten. »Online-Shops und Spieleabrufe in weltoffenen digitalen Netzen passen nicht zur nationalen ›Jugendfreigabe‹ der Titel eines Mediums«, erklärt Gerstenberger, »auch nicht zur gesetzlichen Regulierung von altersgerechten Zugängen – etwa in der Tradition von Kinofilm und Video. Weil dieses Konzept einen ganz anderen ›öffentlichen Raum‹ voraussetzte. Jugendschutz des vergangenen Jahrhunderts war eine Art Pförtner, er hat Zugänge bewacht. Er hatte Macht über Orte wie eine Kinokasse oder einen Laden oder Aufführungs- und Sendezeit. Der alte Kaiser Jugendschutz ist aber heute nackt. Und Kinder der neuen Mediengeneration wissen das am Allerbesten. Bei Computerspielen kann in der vernetzten Welt kein nationaler Jugendschutz per Gesetz über die Orte und die Zeiten ›altersgerechter Abgabe‹ oder

›Zugänge‹ verfügen. Das Web ist orts- und zeitunabhängig. Die fünfzig Jahre alte Freigabepraxis für den traditionellen öffentlichen Raum wird weder den neuen Medien noch der neuen Mediengeneration gerecht. Alle Filme sind in Deutschland seit über fünfzig Jahren für die öffentliche Aufführung vor Kindern und Jugendlichen verboten, solange sie nicht ›freigegeben‹ sind. Dieses ›Verbot mit Erlaubnisvorbehalt‹ kann man allenfalls für das Kino auch zukünftig gelten lassen. Nur im privaten Raum taugt das Prinzip nicht, wenn Filme über digitale Netze auf Servern in der ganzen Welt abrufbar sind. Das war bei Computerspielen von Anfang an möglich. Nun hat der Download auch den Film heimgeholt. ›Freigaben‹ bestätigen im Denken des 20. Jahrhunderts: Der Staat wird es medial schon richten. Selbstregulation ist aber bei Nutzern, Handel und Branche jetzt die einzige Chance aller Beteiligten.«

Trotzdem glaubt die Politik, sie könne das Internet wie das Fernsehangebot regulieren. Der absurdeste Vorschlag kam bisher vom Bundesministerium für Familie, Senioren, Frauen und Jugend. Denn dort wird über eine »Sendezeitbegrenzung« nachgedacht. Auch wenn niemand weiß, wie sich das umsetzen lassen soll. So würden erst am späten Abend oder in der Nacht jugendgefährdende Seiten zur Verfügung stehen. Alle Anbieter in Deutschland müssten, wenn diese bisher nur als Diskussionspapier existierende Idee Gesetz würde, zu bestimmten Zeiten gewisse Zugänge zu anderen Seiten sperren.

Mit Tralala zum Wahlerfolg – Ein Gespräch mit Norbert Blüm

Hat die Jugend heute noch ein politisches Bewusstsein?

Blüm: Ja, allerdings ein anderes als die Jugend von gestern. Wenn ich das Gestern etwas weiträumiger betrachte, dann standen die Jugendlichen früher viel stärker unter Existenzbedrohung. Die Kindheit in der Kriegsgeneration war eine gänzlich andere als heute. Kinder in Afrika sind auch andere Kinder als die Kinder in Bottrop oder Berlin. An den zwei Beispielen kann man schon einen Unterschied deutlich machen. Die Kinder in Afrika sind sehr viel mehr in das Leben integriert, sie teilen die Ängste und Sorgen ihrer Eltern. Deutsche Kinder sind weniger ins Leben integriert. Es gibt ja keine nächtlichen Besuche mehr im Luftschutzkeller. Und wie bei ihren Eltern sind nicht die alten Überlebenstugenden gefragt, sondern Abwechslung und Unterhaltung. Das verändert auch politisches Bewusstsein.

Haben Sie ein Beispiel?

Nehmen wir den Elementarbegriff »Solidarität«. Solidarität unter der Bedingung von Not entspringt der Klugheit des Überlebenwollens. Unsere Gesellschaft, die nicht von Armut – denn die gibt es ja leider auch noch – dominiert wird, sondern mehr von Überfluss, hat es mit elementarer Solidarität schwer. Die Sehnsucht nach Abwechslung wächst. Das überträgt sich auch in der Politik. Es gibt kaum ein Problem, das längere Aufmerksamkeit erzeugen kann, die mehr als ein paar Tage überlebt. BSE wird in vier Wochen von einem anderen Thema abgelöst. Ein vagabundierender Einfallsreichtum, stark virtuell, verdrängt Treue, die eine Form der Beständigkeit ist und die auf Solidarität angewiesen ist.

Verändert sich dadurch auch Jugend?

Zwangsläufig. Früher wurden die Leute durch Ideologien gefährdet – das waren Welterklärungen. Heute wird die Welt überhaupt nicht mehr erklärt, weil wir in Zeiten mit einem Überangebot an Eindrücken, Alternativen und Optionen leben. Deshalb ist das Spiel der Kinder ein anderes als früher, die müssen viel weniger hinzudenken. Sie kriegen alles frei Haus geliefert, und ihre Sehnsüchte sind auch andere als die Sehnsüchte früherer Kinder. Die Sehnsüchte der Kinder früher gründeten sich in den Märchen vom Sterntaler oder von Hänsel und Gretel. Ich weiß nicht, wie das Märchen für die Internet-Generation aussieht, das ist wahrscheinlich noch nicht geschrieben. Uns fehlen gemeinsame Erzählungen wie beispielsweise der biblische Erzählschatz.

Klingt desillusioniert.

Das ist nicht desillusioniert. Ich habe das noch gar nicht moralisiert. Dass die Politik unter Realitätsverlust leidet, ist für eine Demokratie allerdings lebensgefährlich. Es könnten – um es gleich praktisch zu machen – Wahlkämpfe stattfinden, wo überhaupt nicht mehr von der Sache geredet wird, die sich stattdessen in Marketingwettkämpfen erschöpfen. Welcher Präsidentschaftskandidat küsst inniger? Das könnten die Fragen sein, die die Leute interessieren. Und das macht eine Politik »leichter«. Man muss nur die richtige Aufmerksamkeit erzeugen. Die eigentlichen Problemlösungen werden dann ganz woanders abgehandelt.

Vielleicht an der Börse.

Wenn die Politik die Anstrengung ist, Probleme zu lösen, jedenfalls in der Demokratie, dann ist die Dominanz des Marketing eine Entpolitisierung. Was ist die gute Gesellschaft? Was ist das gelungene Leben? Was ist Glück? Diese Fragen sind im Exil. Ich muss allerdings zur Vorsicht warnen, dass die Politik Glück definiert. Das bedeutet allerdings nicht, dass wir auf die Frage verzichten. In welcher Gesellschaft wollen wir leben? Was für eine Gesellschaft ist eine gute Gesellschaft? Es könnte sein, dass uns die Frage abhanden gekommen ist. Dass es nur um ein Management von Tagesfragen geht.

Und das war früher anders?

Die alten Utopien waren ja eine große Versuchung, beispielsweise eine Lebenslüge wie die klassenlose Gesellschaft. Aber immerhin gingen sie der Frage nach, wie soll eigentlich eine gute Gesellschaft aussehen? Die Totalentwürfe sind auch alle gescheitert. Aber daraus zu schließen, dass es überhaupt keine Entwürfe mehr gibt und wir nur noch von der Hand in den Mund leben, dass könnte natürlich als Gegenutopie die Gesellschaft glücklicher Idioten provozieren. In der Gesellschaft glücklicher Idioten genügt Unterhaltung durch Abwechslung. Wir könnten auch eine entsprechende Kinderdressur einführen.

Glück – geht es denn nur darum?

Wenn beispielsweise Zufriedenheit und Wohlbefinden schon die Definition des gelungenen Lebens sind, dann kann ich nur sagen: Macht es doch! Notfalls noch mit Genmanipulation. Wir können eine Gesellschaft herstellen, in der jeder Zweifel beseitigt wird. Es ist politisch auch machbar, dass Not beseitigt wird. Wir müssen dann halt nur verzichten auf Freiheit. Ich halte die Gesellschaft glücklicher Idioten zum ersten Mal in der Menschheitsgeschichte für machbar. Was für eine stabile Gesellschaft: keine Abstiegsängste, keine Aufstiegssehnsüchte. Den Rest macht Psychopharmaka. Und dazu brauchen wir eine perfekt verwaltete und perfekt unterhaltende Welt.

Sie sagen das immer noch, ohne zu werten?

Ich sagte, wir müssen uns entscheiden, und das geht nicht ohne Werturteile. Meine Weltpräferenz ist nicht eine stillgelegte Zufriedenheit. Aber wenn einer sagt, diese Zufriedenheit ist wichtiger als Freiheit, dann sage ich: Macht es doch! Ich finde es beängstigend, aber man muss es doch mal ganz nüchtern und kalt beschreiben: Wohlstand, Wohlbefinden, Zufriedenheit. Wenn das die neue Trinität einer Gesellschaft ist, die wir wollen, dann halte ich das prinzipiell für machbar. Ich glaube, dass Hunger in der Welt kein prinzipiell unüberwindbares Problem ist. Nur: Eine solch glückliche Welt, die braucht eine harte Hand, welche die Überraschung von Freiheit ausschließt. Wer allerdings – wie ich – meint, der Mensch wäre von Natur aus zur Freiheit befähigt und verurteilt, muss bereit sein, auch das Unglück nicht total aus dem Leben zu eliminieren.

Kann man das denn lernen, Freiheit zu ertragen?

Dieser Konflikt zwischen Freiheit und Glück, das ist der Gegenstand großer Literatur. Dostojewskis Gespräch des Großinquisitors mit dem wiedergekehrten Herrn ist ein unheimlicher Dialog. Im Grunde ist es ein Monolog, bestehend aus Vorwürfen des Großinquisitors an Jesus: Warum hast du nicht Steine in Brot verwandelt, dann wären doch alle gläubig geworden? Warum willst du Zustimmung aus freiem Willen? Warum hast du nicht Wunder bewirkt? Alle wären dir nachgelaufen. Die freie Entscheidung ist doch nur etwas für die Starken. Deine Religion ist was für die Starken. Für die Zehntausende, die stark frei sind, ist deine Botschaft. Was machst du mit den Millionen, die nur Brot haben wollen? Wir geben denen das Brot. Das heißt: Wir geben ihnen das Brot, das sie selber backen, und wir bieten ihnen Tänze, Unterhaltung. Der Großinquisitor ist kein Menschenverachter. Er hält sich für einen großen Liebhaber der Menschen. Er verachtet die Freiheit. Der Großinquisitor muss heute nicht mehr mit Hexenprozessen und Inquisition arbeiten. Sein Handwerk heißt Manipulation. Das ist der Modernitätsgewinn.

Wie meinen Sie das?

Nun ja, eine schmerzfreie Uniformierung herstellen. Damals waren Feuer und Zangen notwendig. Es war schon sehr mühsam. Jetzt geht es schmerzfrei. Siehe Genmanpulation.

Glauben Sie denn, dass Politik noch Jugend versteht?

Ein Fünfjähriger muss nicht Politik verstehen. Ich bin nicht dafür, jetzt alles zu politisieren, selbst die Kindheit da zu überfüttern. Es geht eigentlich viel mehr um Tugenden, die Politik braucht.

Für diese Marketinggesellschaft brauchen wir eine Tugend, uneingeschränkte Verwendungsfähigkeit. Für eine freie und solidarische Gesellschaft brauchen wir Selbst- und Mitverantwortung.

Ist das politische Bewusstsein, wie wir das in den siebziger und achtziger Jahren kannten, verschwunden?

Das kommt auf die Definition an, was Politik ist. Wenn die jungen Liberalen beispielsweise sagen, jeder sorgt für sich selber, ist das auch Politik. Aber nicht meine. Schule muss nicht nur Wissen vermitteln, sondern erziehen.

Also doch mehr Erziehen zur Tugend?

Das Wort ist etwas abgegriffen, Sie können auch ein noch ältere und fast romantische Worte nehmen: Selbstständigkeit, Liebe, Mitgefühl, und das ist offensichtlich ja wieder was Anderes als Marketing. Das ist beispielsweise die Paradoxie, die dem Hedonismus nie einleuchten wird, dass man durch Teilung gewinnt. Es ist paradox, dass wir durch Liebe nicht etwas hergeben und dabei nicht schwächer werden. Das wird der Hedonismus nie kapieren. Für ihn gilt die Nutzenmaximierung: »Mehr«. »Mehr-Haben« ist aber nicht »Mehr-Sein«.

Haben Sie ein Beispiel?

Man könnte beispielsweise etwas Idiotisches behaupten: Karl liebt Maria 2,3-mal mehr als Elisabeth. Das war die Reduzierung der Liebe auf quantitative Relationen.

Doch, Sie moralisieren, Herr Blüm.

Ich will nur die Leute auf die Konsequenzen ihrer Prämissen hinweisen. Wir müssen uns entscheiden. Wir müssen nur wissen, was wir sollen und wollen. Auch das Internet ist im Spiel. Das Internet ist ein Instrument. Man könnte es für unterschiedliche Ziele nutzen. Wir suchen hier und dort, wir zappen uns durch die Welt. Nur punktuell, aber nirgendwo bleiben. Flexibilität, die ja ein offensichtliches Leitbild ist, kennt keine Verwandtschaft, hat auch keine Nachbarn. Das ist einer, der immer nur punktuell anklickt. Das könnte ein neuer Wunsch sein: nirgendwo festlegen.

Immer mehr Information verwalten, statt aufnehmen?

Das ist ja auch eine Maximierung der Option. Option geht nur mit Obligation, sonst wäre in der Tat der Idiot der freieste Mensch. Der kennt keine Geschichte, keine Tugenden. Der Idiot lebt aus dem Augenblick, und das Internet könnte zum Symbol dieser Welt werden. Ich klicke mich durch alles Interessante. Du musst dir ja auch nichts mehr merken. Du brauchst kein Gedächtnis mehr. Du musst auch kein Gedicht mehr lernen.

Sehen Sie nur Nachteile durch das Internet?

Nein, ich habe jetzt nur diese eine Seite des Internets als Idiotentraining beleuchtet. Die andere Seite: Das Internet entlastet unseren Kopf von der Lagerhaltung des Wissens und schaltet so neue Spielräume für Kreativität. Das Internet ist die Weiterentwicklung des Werkzeugs zum Denkzeug. Wie jedes Instrument kann es für gute und für schlechte Zwecke genutzt werden. Das Internet erspart uns nicht Werturteile.

Ich habe früher noch stundenlang im Seminar gesessen und Kärtchen ausgefüllt. Das ist nicht mehr nötig. Das ist schon eine Entlastung. Aber ein kluger Internet-Wisser muss eine Prioritätenliste haben. Der muss wissen, was er wissen will. Was wichtig ist und was wichtiger ist. Er muss erst auswählen können, sonst versinkt er im Wissensmüll.

Wer soll ihm das beibringen?

Das wäre eine Erziehungssache. Die freie Zeit, die ich gewonnen hätte, weil ich nichts mehr abschreiben muss, könnte ich für Sinnvolleres nutzen. Wenn es auf der einen Seite immer schneller wird, dann hat diese Beschleunigung nur einen Sinn, dass ich an anderer Stelle langsamer werden kann. Wenn die Beschleunigung mir neue freie Räume schafft, dann ist das Internet ein Gewinn. Insofern ist es ein ausgesprochen zweischneidiges Instrument. Es kann uns ent- und belasten.

Die Amerikaner haben uns ja etwas voraus. Sind die USA ein Vorbild für uns?

Der amerikanische Lebensstil ist nicht in allem mein Vorbild. Wir ahmen ihn sehr nach: Die totale Mobilmachung der Welt ist nicht mein Programm. Die Inder holen wir uns für die Computer, die Polen fürs Spargelstechen. Nur ganz so harmlos, wie diese Mobilmachung uns vorgestellt wird, ist sie ja gar nicht. Es wird die Mehrheit gar nicht mobil machen können. Die Behinderten, Alten, Kranken, die werden wir hier nicht rein lassen. Wir holen. Wir sahnen nur die Qualifizierten und diejenigen ab, die Arbeiten übernehmen, für die deutsche Arbeitslose zu gut sind. Wir sind stolz auf diese Flexibilität. Nicht ahnend, dass die größere Mehrheit der Menschen gar keine Chance für Flexibilität hat. Also ist diese flexible Welt nur eine ganz dünne Schicht. Das Fettauge auf der Suppe. Diese amerikanischen Mobilitätsweltmeister leben in einer Gesellschaft, in der auch viele an dieser Art von Leben gar nicht teilnehmen. Wenn wir mal alle Gefängnisinsassen in Amerika zusammenzählen und die als »arbeitslos« erklären, ist deren Arbeitslosenrate fast so hoch wie bei uns.

Aber in den amerikanischen Gefängnissen werden immerhin die Computer repariert.

Ich bin ja auch nicht für »zurück auf die Bäume«. Ich glaube auch, dass uns die Technik als Instrument das Leben erleichtern kann. Doch der Computer ist kein Selbstzweck. San Francisco und Boston sind nicht Amerika, und auch dieses so flotte Amerika hat große soziale Probleme, die nehmen sogar zu. Leider sind die trotz Wirtschaftsboom in Amerika nicht kleiner, sondern größer geworden. Denn der Abstand zwischen Reich und Arm hat sich in Amerika trotz Boom – von uns bewundert – vergrößert. Fünfzig Prozent der Sozialhilfeempfänger haben einen Job. Also ist das ein Job, mit dem die nicht leben können. In diesem Fall kann ich mir von Amerika keine Scheibe abschneiden. Überhaupt nicht. Ich vermute, dass das ein Zwischenmodell ist. Was dann darauf folgt, weiß ich nicht.

Momentan geht es ja den Internetfirmen sehr schlecht.

Es wurden Milliarden vernichtet. Über Nacht. Ein Spiel, bei dem die Wertschöpfung überhaupt keine Rolle mehr gespielt hat. Das Internet hat ganze Firmen gebaut, die waren nur im Internet vorhanden. Die hatten noch keine müde Mark produziert, nur eine gute PR und gute Internetvermarktung. Die haben abgesahnt. Allerdings viele, die im neuen Börsenrausch mitgesurft haben, sind jetzt verkatert. Über Nacht. So schnell hätte ich das auch nicht gedacht. Ich dachte, das Spiel hält so zehn Jahre. Aber es ging viel schneller. Die vielen Börsengurus, die ihre Botschaften weltweit über die Datenautobahn katapultierten, die hätten ein Fahrrad nehmen können und hätten ebenso ihr Ziel verfehlt. Schnelligkeit ist nicht alles. Man kann auch schnell in der Sackgasse landen.

Es gibt ja einen neuen Armutsbegriff. Unsere Kinder kommen sich arm vor, wenn sie keinen Computer haben.

Manche Kinder empfinden das als schweres Defizit.

Der Begriff Armut ist überhaupt relativ. Was die UN für Armut erklärt, ist durch ein Einkommen von einem Dollar pro Tag definiert. Aber es gibt Leute, die mit einem Dollar pro Tag reicher sind als in einem amerikanischen Slum mit fünf Dollar am Tag. Es kann schon sein, dass sich die am Amazonas in Ruhe gelassenen Indios reicher fühlen als die in Manhattan vergammelten Sozialhilfeempfänger. Könnte sein. Insofern ist dieser rein monetäre Begriff von Armut ein Irrtum. Es sind nicht alle arm, die wenig Geld haben. Das sind unsere Definitionen. Bei Hunger hört allerdings die definitorische Spitzfindigkeit auf. Aber es gibt ein paar Grundbegriffe, die sind über kulturelle, religiöse oder sonstige Unterschiede völlig erhaben. Hunger ist in Delhi genauso schlimm wie in Grönland.

Wie wird das in jeder Schule, jede Klasse, wenn jeder Schüler einen Laptop bekommt?

Ich glaube, dass zu einer gewissen Beherrschung der modernen Welt auch bestimmte Kulturtechniken, eben auch Internet, dazu gehört. So viel Wissen, wie in dem

Leben eines Kindes gebraucht wird, wirst du in der Schule nicht unterbringen. Vielleicht wird es doch wichtiger, auf Elementarkenntnisse Rücksicht zu nehmen. Neugierig zu bleiben. Ich wundere mich über die Naivität der Pädagogen, die sagen: »Wenn in jeder Schule, an jeder Schulbank ein Internetarbeitsplatz entsteht, dann sind die Kinder für das moderne Leben gerüstet.« Früher hieß es, je mehr Studenten, um so besser ist ein Bildungssystem. Das ist allerdings auch inzwischen überholt. Jetzt heißt die Maxime, je mehr Computer. Das sind solche untauglichen Versuche wie »Bildungsstand« an Studentenzahlen zu messen.

Mit einem Unterschied. Früher hat man gesagt, wir brauchen einen Rechenschieber, und es funktionierte.

Und was nützt es, wenn wir mit der »Maus« umgehen, aber nicht miteinander reden können? Ein Gespräch ist immer mehr als Austausch von Fakten. Auch wenn wir möglicherweise das Internet perfekt bedienen lernen, ist die Seele noch nicht gespeist. Es könnte sein, dass die Gewalt auch ein Ersatz für nicht befriedigte Bedürfnisse ist. Nämlich der emotionalen.

Das kann doch Schule gar nicht leisten.

Aber sie muss es leisten. Auch in der mobil gemachten Welt muss die Fähigkeit zur Gemeinschaft und die Fähigkeit zur Beständigkeit konserviert werden. Es brechen zum Beispiel immer mehr ihr Universitätsstudium ab, ihre Lehren ab, andere ihre Ehen ab. Es wird immer mehr abgebrochen. Das ist mit ungeheuren Verlusten verbunden. Die sprachliche Befähigung, die besteht eben aus mehr als diesem »ja/nein« der digitalen Welt. So schwarzweiß, wie diese digitale Welt ist, ist der Mensch nicht. Ich stelle mich dieser Internetaufrüstung der Schulen nicht in den Weg, aber ich halte ihre Übertreibung eher für kontraproduktiv. Das Internet ist keine maßgebende Autorität.

Meinen Sie?

Die Eltern haben Angst vor ihrer eigenen Autorität. Diese große Hoffnung auf diese antiautoritäre Erziehung ist ja verklungen. Die Welt will dennoch nicht erwachsen werden. Bloß keine Chance verstreichen lassen, sich nicht festzulegen. Erwachsen werden heißt, Träume zu verabschieden. Realitätsanerkennung. Aber Realitäten sind nicht mehr gewünscht. Wir können nicht alle Möglichkeiten, die es auf der Welt gibt, verwirklichen. Wir müssen einen Ausschnitt nehmen und uns damit begnügen. Dazu wiederum müssen wir auf andere Dinge verzichten. Du kannst nicht Paganini und Einstein gleichzeitig sein. Und wenn die Eltern sich nicht festlegen wollen, haben sie es auch nicht gern, wenn ihre Kinder festgelegt werden.

Kinder brauchen also Reglementierungen?

Festlegungen. Es könnte ja eine ganz neue Marktlücke entstehen. Zum Beispiel eine Nachfrage nach Vorbildern. Möglicherweise haben die in zwanzig Jahren wieder Chancen. Könnte sein. Und möglicherweise hat ein Reisebüro nicht nur mit Internet, sondern mit einer Beratung von Angesicht zu Angesicht plötzlich wieder Chancen. Es könnte sein, dass es nach dem großen globalen Ausbruch wieder einen Rückzug in die Regionen gibt. Das fängt ja schon an. Und es könnte sein, dass der Unternehmer, der es als erster spitz hat, sogar Gewinner ist.

Wie können wir die Kinder wieder für Werte gewinnen?

Indem wir beispielsweise Märchenbücher schreiben, in denen die geheimen Bedürfnisse ins Schwingen gebracht werden. Ich glaube, dass Kinder sich für die Frage interessieren, was nach dem Tod geschieht. Aber diese Fragen sind ja in der Tralala-Gesellschaft alle verdrängt. Wahrscheinlich musst du ein Buch schreiben, in dem das Kind nur mit Handy und Internet rum macht. Aber es könnte sein, dass da die Kinder falsch eingeschätzt werden von den Eltern.

Unterschätzt oder überschätzt?

Unterschätzt.

Westerwelle sagt, die FDP sei eine Jugendbewegung.

Ja. Es gab mal jemand, der in der FDP von der Partei

des Besserverdienenden sprach. Der Abstand zu diesem Programm ist nicht so groß. Westerwelle kann an einem Abend die besser Verdienenden meinen und am anderen die Jugendlichen. Nur, leider sind das zwei verschiedene Personenkreise. Es sei denn, Gedächtnis ist nicht gefragt.

Sie waren doch auch bei Big Brother *im Container eingeladen, sind aber nicht hingegangen.*

Ich habe etwas gegen das Verschwinden der Intimität.

Ich bin sicher, bei den Leuten von Big Brother *gibt es auch keine.*

Noch schlimmer finde ich diese nachmittäglichen Talkrunden. Die haben inzwischen ihr eigenes hochbezahltes Personal, das mit jedem Problem, das ihnen angeboten wird, auch darstellungsfähig ist. Obwohl das Probleme sind, die mich nicht interessieren. Zum Beispiel Sexualprobleme der Großmutter – dem kann ich gar nichts abgewinnen. Welche heilsame Einrichtung doch der Beichtstuhl früher war. Aber das ist ja heute gar nicht möglich, die Beichte muss ja öffentlich sein, muss interessant sein. Aufmerksamkeit ist alles. Geheimnis nichts.

Gibt es für Gott einen Platz im Internet?

Der ist leider im Internet nicht erreichbar. Das zeigt die wesentlichen Grenzen des Internet. Das meine ich nicht nur als Gag. Ich glaube, dass die Frage nach Gott im Internet nicht zu beantworten ist. Gott ist nämlich keine Informationsquelle. Das ist ein Irrtum, dass Gott uns Informationen gibt. Da wäre er ja wie wir. Gott kommt dir näher in großen Erzählungen. Beispielsweise in biblischen, in Bildern möglicherweise, aber mit Sicherheit nicht auf der digitalen Schiene.

Was ich meine, ist nicht wörtlich. Gott im Internet ist nur der Glaube.

Was ist eigentlich an der den Erdball umrundenden Fundamentalismuswelle anders als der Aufstand derjenigen, die mit dem westlichen Zivilisationsprojekt »immer mehr, immer weiter, immer schneller« offenbar nicht zurecht kommen? Wenn ich das richtig studiert habe, ist dieser Fundamentalismus keineswegs in den Armutsquartieren der Dritten Welt entsprungen, sondern eher das Kind von Hochintellektuellen und Naturwissenschaftlern, beispielsweise in den armen Ländern. Möglicherweise ist der Konkurrent zur übergeschnappten Internetwelt der übergeschnappte Fundamentalismus. Wer am Schluss der Stärkere ist, darüber bin ich mir gar nicht so sicher. Zumal die Internetwelt auch leicht aus den Angeln zu heben ist.

Stecker raus?

Diese Welt ist sehr störanfällig. Insofern hat diese Bewegung des Fundamentalismus eine Menge Macht, die man nicht unterschätzen soll. Vielleicht sind die großen Kämpfe der Zukunft Kulturkämpfe. Es könnte eine Entscheidung zwischen einer übergeschnappten Internetwelt und verrückt gewordenen religiösen Fanatikern sein. Die einen wandern aus in Irrationalität, die anderen fliehen in eine trockene, exakte Welt.

Und dabei bleibt es?

Die große Wende steht schneller vor der Tür, als wir glauben. Diese totale Mobilmachung und Flexibilisierung hat keine hundert Jahre eine Chance. Die Welt lässt sich nicht einebnen und die Menschen nicht nivellieren.

EPILOG

DIE WUNDERBARE QUALITÄT DER DINGE

Eines Tages kam mein Vater nach Hause und brachte einen Fernseher mit. Einen großen Schwarzweißfernseher mit einer der ersten Fernbedienungen. Genau genommen handelte es sich dabei um einen schwarzen Kasten mit vielen herausstehenden, geriffelten Stiften und einem mehrere Meter langen Kabel. Die Fernbedienung hatte das Ausmaß und das Gewicht eines Backsteins. Mein Vater ließ sich erst einmal auf das Puffkissen nieder und begann, die Sender einzustellen. Er drehte mit Daumen und Zeigefinger wie wild am Knöpfchen. Fast eine Stunde lang, immer leise vor sich hin stöhnend. Der Vorgang kostete Kraft und Nerven. Damals gab es ja nur drei Sender. Mein Vater liebte dieses Gerät und ließ es sich nicht nehmen, regelmäßig mit einem feuchten Lappen die Fernbedienung abzuwischen. In seiner Abwesenheit saß ich auf dem Puffkissen und hielt die Riesenfernbedienung mit dem langen Kabel auf meinem Schoß. Damals befand ich mich gerade im Grundschulalter, mit Siebziger-Jahre-Tolle, Seitenscheitel, Hemden mit flatternden Serviettenkragen und dem unvermeidlichen Pullunder. Nach einer Weile wurde das Puffkissen zu unbequem, und unmerklich glitt ich zu Boden und sah auf dem Bauch liegend einen halben Meter vor dem Fernseher weiter zu, bis mich Ermahnungen »Geh nicht so nah ran« oder »Du verdirbst dir noch die Augen« erreichten. Pflichtschuldig rutschte ich zwei Meter zurück und robbte mich langsam wieder nach vorne.

Ich hatte nicht viel Freunde. Und wer hielt es schon mit seinen Eltern aus. Durch das Fernsehen reiste ich mit Gary Cooper in den Wilden Westen, mit Burt Lancaster auf Pirateninseln oder mit Bruce Dern ins Weltall. Ich ließ keine Serie von *Immer wenn er Pillen nahm* aus, liebte *Percy Stuart* und kannte sämtliche Jerry-Lewis-Filme auswendig. An den Wochenenden lief *Lemmy und die Schmöker, Zugeschaut, mitgebaut* oder *Spiel ohne Grenzen*. Und wenn gar nichts kam, schaute ich mit den Eltern *Der blaue Bock* an.

Mein Vater sah nicht viel fern. Am liebsten saß er in seinem Sessel und schnitt mit seiner Kompaktanlage jeden Mittwoch das *Wunschkonzert* auf Kassette mit. Jede Kassette wurde mit einem winzigen Bleistift in pedantischer Schrift nummeriert und beschriftet. Darüber führte er Buch.

Eines Tages brachte mein Vater unseren ersten Farbfernseher von Grundig mit. Er fiel wesentlich kleiner als der Schwarzweißfernseher aus und führte an der Front äußerst schmale Sensortasten, die bei jeder Berührung sanft bizzelten. Mein Vater kniete vor der Kiste und stöhnte. Er hatte an der Seite eine kleine Tür geöffnet und betrieb jetzt die Senderwahl. Dazu hielt er ein winziges, schwarzes Plastikröhrchen in der Hand, stülpte es über die geriffelten Senderstifte und begann, mit Daumen und Zeigerfinger zu drehen.

Natürlich löste der Farbfernseher bei ihm euphorische Gefühle aus. Bei mir auch. Allein die blauen Augen von Elizabeth Taylor schien die Anschaffung wert. Der riesige Schwarzweißfernseher wanderte in mein Zimmer. Dort schaute ich mir dann in aller Ruhe schwedische Spielfilme an, die für ihre Freizügigkeit bekannt waren.

Dann kam die Scheidung. Mein Vater zog alleine in eine Zweizimmerwohnung. Den Fernseher nahm er mit.

Auch mein Vater hatte kaum Freunde. Außer Herrn Steinmann. Der betrieb ein Fernsehgeschäft und verkaufte meinem Vater einen kleineren, zweiten Fernseher für das Schlafzimmer und bald einen noch kleineren, dritten für die Küche. Es folgte ein Video-2000-Rekorder, der die Ausmaße einer großen Kompaktanlage einnahm. Doch dieses System konnte sich auf dem Markt nicht durchsetzen. Herr Steinmann lieferte ihm kurz darauf einen VHS-Rekorder. Außerdem ein silbernes Kofferradio, eine Stereoanlage mit Einzelkomponenten, einen Weltempfänger, einen Radiowecker und eine Handvoll kleiner Transistorradios mit Trageschlaufe.

Wenn ich meinen Vater besuchte, führte er mir, wie ein Jäger seine Beute, alle Geräte und ihre einzelnen Funktionen vor. Dabei hob er immer die »wunderbare Qualität« seiner Errungenschaften hervor. Er knipste sich mit der Fernbedienung durch alle Programme. Mittlerweile gab es Kabelfernsehen, sodass dieses Ritual einige Minuten in Anspruch nahm und gerne auch eine zweite, dritte und vierte Runde nach sich zog.

»Da«, sagte er bei jedem Sender voller Stolz »Da«.

Dann starb Herr Steinmann. In den nächsten Jahren wurde der Verkäufer in der Kaufhof-Fernsehabteilung sein Freund.

Der letzte Fernseher meines Vaters hatte einen automatischen Sendersuchlauf. Dennoch blieb der Vorgang nicht ohne Mühe, weil die Sender in einer willkürlichen Reihenfolge zusammenkamen. Die persönliche Sortierung der Sender erfolgte manuell auf der Fernbedienung. Dazu brauchte er mehr als Daumen und Zeigefinger. Das nennt man Fortschritt.

Mein Vater liebte technische Geräte. Er mochte den Toaster, die Kaffeemaschine, die Saftpresse, den elektrischen Brotschneider, seine Polaroidkamera, seinen Diaprojektor und seinen Rasierapparat von Braun. Außerdem vergötterte er sein Auto. Einen weißen DAF mit schwarzem Ralleystreifen. Automatik. Mit Radio, Kassettenteil und einer automatisch ausfahrender Antenne, die ihn jedes Mal entzückte.

Nur Fahrstuhl fuhr mein Vater nie.

Meine Mutter nie Rolltreppe.

Ein gemeinsamer Kaufhausbesuch wurde früher jedes Mal zum Fiasko.

Mit Mitte siebzig wünschte sich mein Vater ein Handy. Nur wozu? Zum einen verließ er nur einmal am Tag das Haus, um seine Zeitung zu holen, zum anderen litt mein Vater unter sehr starker Schwerhörigkeit. Schon ein normales Telefongespräch mit ihm war nicht möglich. Er konnte nichts hören.

Als mein Vater ins Krankenhaus kam, wurde mir klar, dass er wohl nie sehen würde, wie ich in Berlin lebe. Also erwarb ich ein älteres Modell einer Videokamera mit kleinem Display und nahm meine Wohnung, mein Büro und einfach alles auf. Am Krankenbett zeigte ich ihm den kleinen Film mit Hilfe des Displays. Seine dunklen Augen gingen hinter seiner Brille flink hin und her, den Rest konnte er nicht bewegen. Trotzdem schien es offensichtlich, dass er sich mehr für die Beschaffenheit der Videokamera als für den Film interessierte. Da er nicht mehr sprechen konnte, führte ich ihm alle mir bekannten Funktionen der Kamera vor. »Da«, sagte ich bei jedem Detail. »Da.«

Bei meinem nächsten Besuch hielt ihn eine Armada elektrischer Geräte noch so lange künstlich am Leben, bis ich das Krankenhaus erreichte.

*

Wenn das Leben ein Videofilm wäre, würde dieses Buch die Pausetaste sein wollen. Denn die Entwicklung ist so rasant, dass wir keine Zeit mehr haben, uns selbst zu beobachten. Die Beschleunigung hat uns komplett ergriffen. Wir sind von den faszinierenden Möglichkeiten und der Geschwindigkeit berauscht. Nur anhalten können wir nicht.

Die Technik frisst uns auf. Sie beherrscht alles. »Nun lassen Digitalismus, Gentechnologie und andere biofuturistische Ideologien keinen Platz mehr für aus kulturellen Entwicklungen geborene Forderungen und Ideen«, stellte Dietrich Diederichsen in der *Frankfurter Allgemeinen Zeitung* fest. Die *FAZ* wiederum hat das längst begriffen. Im Feuilleton ist die Technologie eingezogen und regte mit Inhalten über Fluch und Segen der Gentechnologie oder Robotik eine gesellschaftliche Diskussion nach der anderen an. Eine Morgen-Diskussion, in der darüber gesprochen wird, ob die künstliche Intelligenz eines Tages den Menschen ablöst, ganz unabhängig davon, dass wir eigentlich schon für jede Form von Intelligenz dankbar sein müssten. Es handelt sich dabei um eine wichtige, aber weitgehend zukunftsorientierte Diskussion, die sehr viel Raum für Fantastik lässt. Die Zukunft ist eben eine sehr bequeme Sache, weil sie auf keinen Erfahrungen fußt, keinen belegenden Widerspruch zulässt. Hans Magnus Enzensberger beschreibt das in seinem Gedicht »Zukunftsmusik« so:

Die Zukunft
»War nicht,
ist nicht für uns da,
ist nie dagewesen,
ist nie da,
ist nie.«

Die Zukunft liegt um so viel ferner als die komplizierte Gegenwart, in der die entscheidenden Entwicklungen vorangetrieben werden. Scheinbar haben wir Deutschen kein Bewusstsein für das Heute. Nur ist ja kein Volk der Welt, und hier auch die Deutschen, nicht einmal dazu in der Lage, eine Vergangenheit zu verarbeiten. Das erging uns beim Dritten Reich so und auch beim Mauerfall. Wenn böse Zungen behaupten, dass die DDR die Strafe für die Nazizeit ist, dann hat eigentlich die Strafe erst mit der Maueröffnung begonnen. Ost und West mögen sich nicht, was eigentlich gegen jegliche Vernunft spricht. Das wird, so die allgemeine Vermutung, erst in den nächsten Generationen verblassen. Das »verwächst« sich. Wollen wir mit unserer Zukunft widerspruchslos verwachsen?

»Die Internet-Generation« beleuchtet weniger das Internet als die Generation. Und nichts polarisiert die deutsche Gesellschaft so sehr wie der Computer und seine Ausläufer. Und weil die Computertechnik nie ausgereift ist und keine Endlichkeit erreicht, können wir dem Computer, dem Internet und der ganzen Industrie mühelos den schwarzen Peter zuschieben. Natürlich macht der Computer auch Probleme.

Aber Computer und Internet sind auch eine sehr gute Brille, durch die die in der Gesellschaft vorhandenen Schwierigkeiten erst richtig deutlich werden.

Die neuen Medien lassen sich hier wie ein Vergrößerungsglas anlegen.

Wenn den Deutschen die Technik nicht geheuer ist, wird das erst am Beispiel Computer richtig anschaulich.

Und wenn die Pädagogik den gegenwärtigen Entwicklungen nicht stand halten kann, macht der Computer das besonders deutlich. Viele Eltern merken erst durch das Internet, dass sich da eine Computerkindheit auftut, die an ihrem Alltag beinah spurlos vorübergeht. Das eigentliche Dilemma hat aber nichts mit dem Rechner zu tun.

Ähnlich ergeht es der Schule, die sich seit Jahrzehnten in ihren Problemen wie in einer Marinade wälzt. Computer und Internet sind modern genug, um die Rückständigkeit der Institution und der Lehrer mehr oder weniger eindrucksvoll zu dokumentieren.

Dietrich Dietrichsen hat mit seiner Einschätzung vollkommen recht. Die Neuerungen kommen aus der Technik: Computer, Internet, Kommunikation, Gentechnik, Biotech und Economy, um nur einige zu nennen, überschütten uns mit Veränderungen, die uns ein hohes Maß an Flexibilität abverlangen. Mehr noch: Wir benötigen ein ungeheures Wissen, um verstehen zu können, was rings um uns hervorgeht.

Die Deutschen brauchen zwei Dinge:

Zum einen müsste es in Schulen ein neues Fach wie »Tagesthemen« geben. Hier werden völlig außerhalb der Vorgaben der deutschen Lehrpläne aktuelle Dinge vorgestellt, erklärt und diskutiert. Was ist Sterbehilfe? Was sind Stammzellen, und welche Folgen hat das? Was geht gerade in Mazedonien vor?

Wissen ist der Schlüssel.

Und Technologiekritik. Um keine Missverständnisse aufkommen zu lassen: Technologiekritik heißt nicht, dass wir in die Birkenstockschuhe schlüpfen, uns das Essen über einem Lagerfeuer erwärmen und mit Bäumen reden.

Technologiekritik ist vielmehr der bewusste Umgang mit dem Heute, ja sogar zum Teil Konsumkritik. Die Dinge, die auf uns zukommen, werden nicht mehr länger als gegeben hingenommen, sondern einer genauen Prüfung unterzogen. Dabei wird nicht die Funktion getestet, sondern auch ihr tatsächlicher Nutzen. Und das aus ganz unterschiedlicher Sicht. Ein Gremium aus Wissenschaftlern, Philosophen, Pädagogen, Journalisten etwa beurteilt das entsprechende Produkt. Doch neben all dem hochkarätigen Fachwissen sollten wir auch eine Grundeigenschaft des Menschen berücksichtigen: gesunder Menschenverstand. Nicht gerade eine unserer schlechtesten Qualitäten.

Doch wer bringt uns das bei? Die Jugendlichen. Seitdem wir sie in der modernen Welt alleine lassen, leben sie uns ihre große Selbstständigkeit vor. Die heutige Jugend ist schwer in Ordnung. Das ergaben nicht nur die Umfragen dieses Buches, auch die »Shell-Studie« belegt dies. Trotzdem braucht uns die Jugend. Das ergibt zwar keine gute Schlagzeile, aber ein schönes Lebensmodell.

DANKSAGUNG

An dieser Stelle möchte ich mich bei meinen Interviewpartnern für die aufschlussreichen und erhellenden Gespräche bedanken:

Michael Ackermann, Meibrit Ahrens, Hermann Achilles, Stefan Aufenanger, Birgit Bachmann, Wolfgang Bergmann, Norbert Blüm, Ulrich Booms, Andreas Borrmann, Karlheinz Brandenburg, Patrick Brauch, Brigitte Briese, Edelgard Bulmahn, Franziska Cussnick, Andrea Dohmen, Roxana Frost, Peter Gerstenberger, Peter Glotz, Wilfried Goedert, Herbert Jacobs, Peter Jaklin, Knister, Klaus Mangold, Gabi Mankau, Marlene, Ralf Möllers, Stefan R. Müller, Sten Nadolny, Ulrich Norsch, Bernd Oehler, Elke Picker, Jens Reich, Klaus Ring, Janko Röttgers, Jan Uwe Rogge, Mike Sandbothe, Hans-Peter Sang, Ursel Scheffler, Nils Schiffhauer, Heike Schiller, Bernd Schorb, Thomas Schult, Kurt Sibold, Christian Spanik, Gregor Taxacher, Ulrike Timmler, Achim Ullrich, Christine Weiner, Joseph Weizenbaum, Ulrich Wickert, Heidemarie Wieczorek-Zeul, Kurt Wiessner, Dieter E. Zimmer

Ein gesonderter Dank an alle jene, die mich beim Schreiben besonders unterstützt haben oder auch sonst eine geradezu buddhistische Geduld bewahrt haben:

Anna Biedermann, Louise Carleton-Gertsch, Angelika Eckert, Bernhard Grander, Susanne Herda, Holger Hettwer, Hans-Jürgen Jansen, Ulrike Kassun, Julia Kronthaler, Gabi Mankau, Iris Praël, Florian Rath, Marlies Schiller, Klaus Schlagowsky, Marion Schökel, Bernhard Schön und meinem Lektor Harro Schweizer in tiefer Verbundenheit

Eine weitere Dankeszeile geht an die Marktforschungsagentur EARSandEYES, ohne die das Buch so nicht möglich gewesen wäre, namentlich: Rüdiger Arndt, Oliver Leisse, Frank Lüttschwager und Susanne Maisch, Ulrike Spanknöbel

REGISTER

Absolute Beginner 98
Adams, Bryan 97
Adenauer, Konrad 95
Afrob 98
Aggressivität 99 f.
Agostino, Paul 97
Aguillera, Christina 97
Ahrens, Meibrit 217 ff.
Aiken, Paul 197
Aktien 138
Alessi, Alberto 36
Ali, Muhammad 94
Alida 98
All 4 One 97
Allen, Tim 97
Amnesty International 341
Andersch, Alfred 277
Anderson, Gillian 97
Anderson, Richard Dean 97
Anglisierung 212 ff.
Angststudien 186
Aniston, Jennifer 98
Anonymität 174 f., 177 ff., 185
Antinori, Severino 241
Arbeitslosigkeit 332 f., 351
Armstrong, Lance 98
Ärzte, Die 97
Ashe, Arthur 98
Associated Press 28
Attachment 169 f.
Aufenanger, Stefan 281
Auflehnung 92
Augustus, Kaiser 98
Auktionen 134 f.
Ausnahmefehler 22, 184
Austen, Jane 98
Ayumi, Hamasaki 97

Baacke, Dieter 281
Backer, Kristiane 108
Bangemann, Martin 164
Banks, Tyra 98
Bannerwerbung 147 f.
Bartsch, Jürgen 97
Bauer, Gabi 222
Beckenbauer, Franz 94, 98
Becker, Boris 96, 203
Beckham, David 98
Beckham, Victoria 97
Beethoven, Ludwig van 97
Begrifflichkeiten 211 f.
Beigbeder, Frédéric 221
Benotung 288 ff.
Bergmann, Wolfgang 99 ff., 288 ff.
Bestseller 192 f., 195
Beust, Ole von 327
Biedermann, Jeanette 98
Big Brother 228 ff.
Bildungsinitiativen 303 ff.
Bissdorf, Ralf 98
Blair, Tony 321
Blöd, Hein 98
Blüm, Norbert 345 ff.
Bon Jovi 97
Bond, James 98
Booms, Ulrich 204 f.
Borrmann, Andreas 252, 279
Bowie, David 94
Brauer, Charles 86

Bravo Faktor Jugend 109 ff., 155 f.
Brieffreundschaften 126
Brockhaus 207 ff.
Bruyn, Günther de 212
Buchbranche 21
Bücher 192 f.
Buckley, Christopher 159
Buffett, Warren 98
Bulmahn, Edelgard 295 f., 333
Bum Ank MC 97
Bündnis 90/Die Grünen 15, 322 f.
Bush, George W. 32, 206

Caballero, Steve 98
Cage, John 98
Cage, Nicolas 98
Campino 98
Capek, Josef 209
Capek, Karel 209
Carrey, Jim 98
Carrey, Maria 98
Carter, Vince 97
Casta, Laetitia 98
CD-ROMs 20 f., 74, 219, 270, 283 ff., 296
CDU 320 ff., 326, 340
Cebit 45, 52 f., 337
Chadwick, Andrew 161
Chan, Jackie 98
Chat 41, 125, 133, 172 ff., 177 ff., 184, 327
Christiansen, Sabine 190, 227
Cisco 301
Clan, Wu-Tang 97
Clinton, Bill 98, 293, 325 f.
Cobain, Kurt 93, 98
Communities 138
Computerpresse 51 f.
Computerspiele 19 f., 73 f., 76, 134, 283 ff., 344
Content 218
Content-Rating 343
Cooper, Gary 103, 359
Cox, Alan 98
Croft, Lara 98
Curse 98
Cybercash 143

D21 304 f.
Datenschützer 337
Dawson 97
Dean, James 93
Deggerich, Markus 204
Deluxe, Samy 98
Demonstrationen 91 f.
Depardieu, Gerard 236
Dern, Bruce 359
Design 154
Destiny Child 98
Deutsche Bundesbahn 37 f.
Deutsches Patentamt 37
D-Flame 98
Diana, Prinzessin von Wales 97
Dietrichsen, Dietrich 362, 364
Dion, Celine 98
DJ Bobo 97
Downloads 128 ff., 344
Drais von Sauerborn, Karl Freiherr 15

Draisine 15
Drechsler, Heike 97
Duras, Marguerite 147
Durner, Heinz 308
Durst, Fred 98
Dutschke, Rudi 94
DVD-ROM 207
Dylan, Bob 94

EarsandEyes 119 f.
Ebner-Eschenbach, Marie 5
E-Book 193 ff.
Edutainment 283 ff.
EDV 24
Einkaufen 141 ff.
Einstein, Albert 97
Elber, Giovane 98
Elizabeth II., Königin von Großbritannien 98
Elliot, Carol 98
Elstner, Frank 224
Elvers, Jenny 98, 236
E-Mails 31 f., 125 ff., 166 ff.
Eminem 97
Emmerich, Roland 326
Emoticons 165
Encarta 207 ff., 277
Encyclopædia Britannica 207 ff., 213 f.
Enzensberger, Hans Magnus 362
Epstein, Brian 225
Erfindungen 16 f.
Erhard, Heinz 98
Erziehung 60 ff., 68 ff., 99 ff., 256 ff., 342 ff.

Fachwissen 274 ff.
FDP 320 ff., 326, 335, 355
Feldbusch, Verona 326
Fernsehen 75, 86, 223 ff., 228 ff., 235 ff., 359 ff.
Fernsehkonsum 239 f.
Fetzner, Steffan 98
Fiero del Libro 195
Filme 129
Filtersoftware 77, 342 ff.
Firewall 32
Fischer, Birgit 98, 222
Fischer, Joschka 208, 322
Fish, Richard 98
Flatrate 30
Flexibilität 23
Fliege, Jürgen 226
Flirten 173, 177 ff.
Foley, Mick 98
Ford, Harrison 97
Forrester Research 194
Fortbildungen 24
Fossey, Diane 97
Foster, Jodie 98
Frank, Anne 209
Frankfurter Kinderbüro 77 ff.
Franz, Kaiser von Österreich 97
Franzmann, Bodo 198
Frauen 44
Frenz-Röhl, Anna 97
Friedrich II. 97
Frost, Roxana 195 f.

Gabriel, Sigmar 98
Gakuto, Camui 97
Gameboy 75, 210

Gandhi, Mahatma 97
Gates, Bill 97
Gaulle, Charles de 95
Genforschung 16 f., 240 f., 265 ff.
Gerstenberger, Peter 343 f.
Gesellschaft für Konsumforschung 28, 42
Gesundheitsschäden 159 f.
Gewinnspiele 145 ff.
Gibson, Mel 98
Ginsberg, Allan 208
Globalisierung 267, 314 f.
Glotz, Peter 301, 329 ff.
Gore, Al 327
Gorny, Dieter 63, 108, 322
Gotteshand 98
Goya, Francisco de 98
Graf, Steffi 96, 98
Greenpeace 341
Griebe, Holger 245 f.
Guevara, Che 93, 97
Günther, Christian 98
Gysi, Gregor 324

Haider, Jörg 333
Hammet, Kirk 98
Hanks, Tom 98
Hardware 23, 104, 268 ff.
Harmoniesucht 64 f.
Harris, Xander 98
Hartung, Peter 37
Hausaufgaben 276 ff.
Hausmann 65 ff.
Hawk, Tony 97
Heartfield, John 98
Heck, Dieter Thomas 224
Heinrich, Jörg 98
Hendrix, Jimi 98
Hepburn, Katharine 222
Heppner, Peter 98
Herzog, Roman 325
Heß, Rudolf 98
HIM 98
Hitler, Adolf 94
Ho Chi Minh 94
Holmes, Katie 98
Homepages 139 ff.

IconKids&Youth 112
Identifikation 102
Idole 93 ff.
Ikea 85
Informationen aus dem Internet 138
Institut der deutschen Wirtschaft 18, 29
Intel 20, 301 f.
Internetwahl 337
Investitionen 295 f.
Ionesco, Eugène 244
ISDN-Karte 31

Jackson, Michael 96 ff., 102, 222
Jackson, Samuel L. 98, 249
Jaklin, Peter 256
Janette B. 98
Jauch, Günther 86, 223 f., 230, 237, 245
Jean, Wyclaf 98
Jimmi Pop Ali 97
Jolie, Angelina 98
Jones, Jennifer 249

Jones, Marion 98
Jordan, Michael 97
Jörn, Fritz 215 f.
Jovovich, Milla 98
Jugendschutz 342 ff.
Juhnke, Harald 98
Jürgens, Udo 97

Kafka, Franz 97
Kahn, Oliver 98
Kaltner, Oliver 285
Kaufkraft 82
Kempowski, Walter 212
Kennedy, John F. 94, 98
Kidd, Jodie 98
Kindererziehung 60 ff., 68 ff., 99 ff., 256 ff., 342 ff.
King, Martin Luther 97
King, Stephen 191 ff.
Kinofilme 20
Kinski, Nastassja 248
Klagen 253 ff.
Klebanoff, Arthur 196
Klimmt, Reinhard 338
Klinsmann, Jürgen 97
Klum, Heidi 97
Koch, Karl 98
Koch, Markus 97
Kohl, Helmut 208 f., 321
Kommunikationsrevolution 27
Kommunikationsrituale 72
Konsum 82 ff., 132, 141 ff.
Kopierschutz 129
Kostolanyi, André 97
Kraus, Franz 246
Kretschmar, Stefan 97
Krug, Manfred 86
Kunze, Reiner 212

Laarmann, Jürgen 212
Lancaster, Burt 359
Lange, Helmuth 223
Lauterbach, Heiner 236
Lehrer 245 ff., 271 ff., 288 ff., 297 f.
Lehrerfortbildung 280
Lehrpläne 308 f.
Leipziger Buchmesse 194
Leisse, Oliver 121 ff., 146
Lem, Stanislaw 152
Lembke, Robert 223
Lennon, John 93 ff., 98
Lernbereiche 137
Lernprogramme 20
Lernsoftware 74, 285 ff., 295 f.
Lesen 197 ff.
Levi Strauss 46
Lewis, Jerry 359
Lexika 84, 207 ff., 212 ff., 277 ff.
Lightmen, Alex 46
Lima, Adriana 98
Line, Peter 98
Literatur 201
Loest, Erich 212
Löffler, Sigrid 222
Lojewski, Wolf von 98
Lomba, Niombo 327
Loomit 98
Lopez, Jennifer 97
Loriot 223
Lottner, Dirk 97
Lustig, Peter 284

Lux, Amelie 98
Lynn, Jeff 98

Madonna 97, 102
Makatsch, Heike 108
Malkovich, John 98
Mangold, Klaus 94 f., 309 ff.
Mankau, Gabi 77 ff.
Manson, Marilyn 97
Markenbewusstsein 83, 89 ff., 108, 156
Marketing 303 ff.
Marley, Bob 98
Massachusetts Institute of Technology 53
Massenmedien 19 f., 34, 42
Matisse, Henri 218 f.
May, Karl 187
McDonald, Andy 98
Meat Loaf 97
Medienerlebnisse 78 ff.
Medienpädagogen 281 ff.
Meeger, Robert 111
Meiklokjes, Enie van de 98, 108
Merkel, Angela 98, 336
Merz, Friedrich 336
Micky Maus 97
Microsoft 23 f., 32 ff., 207, 303 ff.
Milano, Alyssa 98
Minsky, Marvin 53
Mirren, Helen 249
Mobiltelefone 46 f., 153 f., 300 ff.
Moby 97
Moderatoren 227
Möllemann, Jürgen 323
Monroe, Marilyn 98
Moore, Demi 97
MP3 129
Mulden, Rodney 98
Müller Westernhagen, Marius 98, 326
Multimedia-Branche 21 f., 212 ff.
Multimedia-Lexika 20
Müntefering, Franz 327
Murphy, Eddie 98
Musil, Robert 84

Nachhilfeunterricht 285 ff.
Nadolny, Sten 48 f., 169 ff.
Naidoo, Xavier 98
Neef, Paulus 203
Nehberg, Rüdiger 98
Newman, Paul 5
Newsgroups 41
Newsletter 41
Nielsen/NetRatings 28
NOFX 98
Norsch, Ulrich 228
Nüsslein-Vollhard, Christiane 241

Offspring 98
O-Mailey, Grace 98
Online-Einkauf 132
Online-Redakteure 203 ff.
Ott, Ulla 108
Otten, Dieter 328

Pacey 98
Palm Pilot 47, 193

Paltrow, Gwyneth 98
Parker, Colonel 96
Parker, Robert 196
Parks, Rosa 98
Patente 37 f.
PDS 323 f., 326
Pearl Jam 97
Perfektionismus 22
Pfeiffer, Michelle 249
Picker, Elke 255 ff.
Pohl, Florian 338 f.
Politik 312 f., 319 ff., 338 ff., 345 ff.
Portale 203 ff.
Postman, Neil 73
Potente, Franka 97
Prepaid-Karten 155
Presley, Elvis 96
Psion 47, 193
Pur 98

Quadflieg, Christian 248
Quizsendungen 223 ff.

Raab, Stefan 97
Rafter, Patrick 98
Rau, Anna 90
Rau, Johannes 90, 97, 325
Reagan, Ronald 326
Rebellion 188
Rechtschreibprogramme 213
Reebsch, Daniel 98
Reeves, Keanu 97
Reich, Jens 96, 216 f., 264 ff.
Reno, Jean 98
Richthofen, Manfred Freiherr von 98
Ring, Klaus 199 ff.
Ripploh, Frank 248
Risiken 32 f.
Rivaldo 98
Road Ahead Prize 305
Roberts, Julia 97
Roberts, Rachel 249
Roche, Charlotte 98, 109
Rodriguez, Robert 249
Rogge, Jan-Uwe 68 ff.
Römer, Bernd 98
Rose, Axel 94
Rosenthal, Hans 223
Rothe, Doreen 327
Roy, Richard 303 ff.
Ruge, Nina 236
Russel, Kevin 98
Ryan, Meg 98

Salesch, Barbara 226
Sandbothe, Mike 227
Sang, Hans-Peter 253 f., 259, 275 f., 281
Savas, Kool 98
Scan-Rating 343
Schadenersatz 254 f.
Scharping, Rudolf 327
Schäuble, Wolfgang 321, 327
Schily, Otto 327, 337
Schimanovich, Werner 220
Schlauch, Rezzo 322
Schlingensief, Christoph 327
Schmalbach, Ralf 97
Schmidt, Harald 150, 172, 237
Schneehorst, Rainer 308
Schneider, Bernd 98
Schneider, Romy 98

Schneidert, Elke 98
Scholl, Geschwister 98
Scholl, Mehmet 98
Schorb, Bernd 109, 183 ff., 235, 281 ff.
Schriftsteller 196 f.
Schröder, Gerhard 97, 247, 321, 328
Schröder-Köpf, Doris 79 f.
Schulbuchverlage 74, 284
Schulen 245 ff., 253 ff., 271 ff., 288 ff., 333
Schulen ans Netz 261 ff., 304
Schüler 245 ff., 274 ff., 288 ff.
Schumacher, Michael 97
Schwarzenegger, Arnold 97
Schweitzer, Albert 94
Schwenke, Dieter 246
Selbstverantwortung 105 f.
Setlur, Sabrina 97
Sex-Seiten 43
Sibold, Kurt 32 ff., 261 ff.
Simonyi, Charles 116, 132
Simpson, Bart 97
Sloterdijk, Peter 271
Smashing Pumpkins 98
Smith, Bryan 191 f.
Smith, Will 97
SMS 161 ff.
Software 33 f., 51, 207 ff., 214, 220, 280, 284 f.
Solidarität 345
Sommer, Ron 301
Sony 47
Spanik, Christian 52, 168
SPD 320 ff., 326, 334, 340
Spears, Britney 97, 102 f.
Spielberg, Steven 326
Sponsoring 306 ff.
Sprache 212 ff.
Sprachkurse 20
Standleitungen 41
Statistisches Bundesamt 45
Staudt, Erwin 328
Steinbrecher, Michael 222
Stiftung Lesen 197 ff.
Sting 98
Styron, William 196
Suchmaschinen 125, 216, 220
Surfen 128
Surfgeschwindigkeit 30 f.
Symbole 100 f.

Tabori, George 54
Talkshows 225 ff.
Tarantino, Quentin 98
Taschengeld 86 ff.
Taylor, Elizabeth 96, 360
Technologiefeindlichkeit 16 ff., 33, 49
Telefone 152, 300 ff.
Telefongebühren 30, 50
Telekom 30, 152 f., 298 f.
Theresa, Mutter 94
Thoelke, Wim 223 f.
Thoma, Helmut 203
TMI 161
Torch 97
Torvalds, Linus 98
Trittin, Jürgen 15, 322
Tupac 97

U2 98
Ullrich, Jan 98

Umfragen 119 f.
UMTS 44, 51, 160, 241
USA 32, 60, 351 f.

Vaio 47
Venter, Greg 241
Verfügbarkeit 28
Vernetzung 295 f.
Vicious, Sid 93, 98
Videoclips 129
Vincent, Jean-Michael 95
Viren 168 f.
Vonnegut, Kurt 196
Vorbilder 93 ff.

Walken, Christopher 98
Weaver, Sigourney 39
Webseiten 112 f., 121 ff., 147 f., 218 f., 342 ff.
Weidner, Stephan 97
Weir, Peter 249
Weizenbaum, Joseph 53 ff., 298
Weizsäcker, Richard von 325
Werbung 86, 125, 135 f., 268
Werthebach, Eckhart 212
Westerwelle, Guido 322 f., 355
Westfalen, Joseph von 194
White, Ruth 97
Wickert, Ulrich 17, 91, 263
Wiessner, Kurt 162
Williams, Robbie 97
Williams, Robin 249
Willis, Bruce 97
Winfrey, Oprah 5
Wirtschaftsnationen 18
Wissen.de 210 f.
Wogenburg, Michael Perin 219
Wolf, Margareta 322
Woods, Tiger 225
Word 23 f.
Word-Rechtschreibhilfe 22
Wosch, Tommy 97, 226
Wrobel, Reinhard 37
Wunderlich, Christian 97
Wussow, Klaus-Jürgen 218
WWF 341
Wyss, Beat 222

xipolis 209 f.

Yuko, Yamaguchi 97

Zeitvertreib 41 f.
Zickler, Alexander 98
Zimmer, Dieter E. 168, 212 ff.
Zlatko 229
Zukunftsorientierung 309 ff.
Zweig, Stefan 277